韓國往生傳(증보판)

극락 간 사람들

(상)

韓國往生傳 (증보판)

극락 간 사람들

(상)

- 삼국 · 고리 · 조선편 -

엮은이 보정(普淨) 서길수(徐吉洙)

천축국에 남아 있는 간다라시대(2세기) 관세음보살과 보관 위의 아미따불 모습
(파키스탄 페샤와르 박물관 간직, 2014년 3월 4일 엮은이 찍음)

13세기 서하(西夏) 시대 '아미따불이 극락으로 맞이하는 그림'.
(러시아 에르미타주 박물관 간직, 2014년 8월 30일 엮은이 찍음)

머리말

1. 현대에 맞는 붇다의 가르침이란 무엇인가?

불교佛教란 '붇다(佛)'의 가르침(教)' 이라는 뜻이다. 그렇다면 붇다의 가르침이란 무엇인가? 초기 경전인 『앙굿따라 니까야』의 「8가지 계행에 관한 경(Uposathaṅga-sutta, 八關齋戒)」에서 붇다의 가르침은 다음 5가지라고 새겨야 한다고 말씀하셨다.

'① 살아 있는 지금 이득이 있는 것이고(sandiṭṭhiko)

② (과거 · 현재 · 미래) 시간을 뛰어넘은 것이고(akāliko)

③ '와서 봐라' 할 만한 것이고(ehipassiko)

④ 최상의 목표(니르바나, 열반)로 이끄는 것이고(opaney-yiko)

⑤ 슬기로운 자라면 누구나 (스스로, 홀로) 알 수 있는 것 (paccataṁ veditabbo viññūhi)이다.'

초기 경전을 보면 붇다는 이러한 이야기를 수없이 많이 하고 있다. 실제로 붇다가 살아 있을 때는 많은 사람이 붇다의 말씀을 듣고 행하여 깨달았다. 출가하여 숲속에서 선정을 닦는 제자들 뿐 아니라 속가에서도 깨닫는 사람들이 많아 마을 전체에서 몇십 명, 몇백 명이 한꺼번에 깨달았다는 기록도 있다. 이처럼 부처님 시대에는 상근기 사람들이 많아 그 자리에서 깨닫는 사람들이 많아 위에서 본 가르침에 대한 5가지 설명은 딱 들어맞는다.

그러나 붇다가 돌아가신 지 2566년이 지난 오늘날 말세는 그때처럼 단박에 깨달을 수 있는 상근기 수행자들이 극히 드물다. 『대승기신론』에 보면 부처님의 가르침을 실천하는 데 두 가지 수행법이 있다. 하나는 참선하는 것이고 다른 하나는 염불하는 것이다. 참선은 현생에서 깨달음을 얻기 위한 것이고 염불은 아미따불의 도움을 받아 극락에 가서 다시는 6도 윤회를 하지 않고 안전하게 깨달음을 얻는 방법이다. 상근기 사람이 부족한 오늘날 우리에게 맞는 수행법은 정토수행으로, 이를 통해서 극락을 가는 길만이 오탁악세를 벗어나는 길이다.

염불하는 사람은 ① 정토법문은 극락 가는 목표가 있으므로 살아 있는 지금 편안한 마음을 갖는다. 그래서 살아 있는 지금 이득이 있는 것이고(sandiṭṭhiko) 안심법문이다. ② 정토법문은

(과거 · 현재 · 미래) 시간을 초월한 것이다(akāliko). 염불을 통해서 끊임없이 과거와 현재의 죄업을 소멸시키고, 남은 업은 극락에 가지고 가서 수행하여 상품상생을 거쳐 끝내는 성불하기 때문이다. ③ 정토법문은 '와서 봐라' 할 만한 것인데(ehipassiko), 바로 목숨이 다할 때 아미따불다가 맞이하여 극락에 가는 본보기들이 수없이 많기 때문이다. 다음에 보겠지만 치나(支那, China)[1]와 일본에서 나온『극락 간 사람들(往生)』을 모아 놓은 이야기들이 바로 '와서 봐라'라고 할 수 있는 증거들이다. ④ 정토법문은 최상의 목표로 이끄는 것이다(opaneyyiko). 염불수행자가 극락에 가면 물러나지 않는 자리에 오른 것이므로 끝내는 성불하게 된다. 이것보다 더 높은 목표는 없다. ⑤ 정토법문은 슬기로운 자라면 누구나 (스스로, 홀로) 알 수 있는 것(paccataṁ veditabbo viññūhi)이다. 정토법문에서는 선사들의 야릇하고 아슬아슬한 법거량이나 조사들의 공안을 들먹이지

---

1) 중국(中國) : 현재 나라 이름은 '중화인민공화국'이라고 쓰고, 그 이전 그 땅에 있었던 많은 나라 이름은 가능한 한 그 시기의 나라 이름을 그대로 쓰며(보기 : 한, 위, 수, 당), 역사에 나온 모든 나라를 한꺼번에 부를 때는 전 세계에서 가장 일반적으로 쓰이는 영어 차이나(China)의 원어인 산스크리트 치나(Cīna)를 쓴다. 역사에 나오는 치나(Cīna)의 나라 이름은 진 · 한 · 위 · 촉 · 오 · 진 · 송 · 제 · 양 · 주 · 수 · 당처럼 외자 이름이었지 '중국(中國)'이라는 나라 이름은 없었다. '중국'은 스스로 주변 나라들을 업신여기거나, 주변국들이 사대(事大)할 때 쓴 것이므로 치나(Cīna) 역사에 나온 모든 이름으로 모아서 부를 때 중국(中國)이라고 쓰는 것은 역사적 정의(定義)에 맞지 않는다.

않고, 오로지 붇다의 말씀에 따라 수행한다. 그리고 심지어 슬기롭지 않은 사람이라도 염불수행과 아미따불의 도움을 받아 극락에 가면 끝내 깨달아 괴로움의 바다를 여읠 수 있다.

정토수행에서 중요한 것은 믿음(信) · 바람(願) · 염불(行)이다. 먼저 '염불하면 극락에 간다'는 믿음(信)이 필요하고, '그 극락에 가겠다'는 스스로 바람(願)이 있어야 하며, 극락을 가기 위해 열심히 '염불수행(行)'을 해야 한다. 그런데 믿음이 없으면 바람이 생길 수 없고, 믿음과 바람이 없으면 염불수행을 이어갈 수 없다. 그래서 정토 수행에서는 먼저 극락을 갈 수 있다는 믿음과 가겠다는 바람을 일으키는 동기가 가장 중요하다. 수행자들이 믿음과 바람을 갖는 데 가장 크게 동기를 부여하는 것은 이미 '극락에 간(往生) 사람들'이야기다. 정토삼부경이 극락이 어떤 것이고, 어떻게 해야 갈 수 있는 것인지를 가르쳐 주는 경전이라면 '극락 간 사람들 이야기(往生傳)'는 경전에 나온 말씀을 믿게 하는 가장 좋은 감로수다. '나도 그렇게 하면 갈 수 있다'라는 확신을 심어 주기 때문이다.

2. "와서 봐라"라고 보여 줄 수 있는
   『극락 간 사람들』 이야기

　본문에서 보겠지만 일타 스님 외증조할머니가 염불하여 극락 가면서 빛을 낸 것 때문에 그 집안에서 41명이 출가하였다. 이것이 바로 '와서 봐라' 라는 것이다. 그리고 그런 이야기들을 모아 놓은 것이 『극락 간 사람들 이야기(往生集)』이다. 그런데 우리나라에서는 아직 그런 책이 나오지 않았다. 바로 엮은이가 14년 전부터 『극락 간 사람들』을 기획한 까닭이다. 그 까닭을 더 뚜렷하게 하기 위해 이웃나라의 『극락 간 사람들』 이야기들이 어떻게 전해지고 있었는지 보기로 한다. 이는 『극락 간 사람

---

2) 뒤에 천덕(天德) 2년(세차 戊午) 4월 29일 연력사(延曆寺) 도해 사문(度海沙門) 일연(日延) (大唐 吳越州 稱曰 賜紫惠光 大師) 권도전지사지(勸導傳持寫之) 전언(傳焉)이라고 되어 있다. 일본 천태종 산문파 대본산인 연력사(延曆寺) 사문 일연(日延)이 당나라에서 베껴 온 것이라고 했다. 세차 무오년은 958년인데, 천덕 2년이라고 했다. 이즈음 천덕이란 이름을 쓴 나라는 민국(閩國, 943~944년)이므로 세차 무오년과 들어맞지가 않는다. 그런데 일연이 대당 오월주에서 혜광 대사라고 불렸다고 한 것을 보면 민국이 틀림없는 것 같은데 이때는 당나라가 망하고 여러 나라가 다투고 있던 시대라 정확하게 기록이 어려워 당나라가 멸망한 해에 생긴 오월국을 대당(大唐) 오월주라고 한 것으로 보인다. 오월국(907~978)은 5대 10국 시기 10국 가운데 하나인데 이 기간 중 무오년은 958년이므로 이 연대가 맞다고 본다. 오월국은 현재의 절강성, 강소성 동남, 복건성 동북 지역을 아우른 곳이므로 일연이 오월국에서 베껴 온 것이라는 결론이 나온다. 그렇다면 이 책은 이미 당나라 때부터 내려온 것을 일연이 베껴 일본에서 유통했으므로 책은 당나라 때 펴낸 것이라고 보면 무방할 것으로 보인다.

들』이 나온 뒤로도 후학들이 어떻게 덧붙여 갈 것인지, 그 길을 안내하는 것이기도 하다.

그러므로 치나(支那, China)와 일본에서는 이미 오래전부터 '극락 간 사람들 이야기(往生傳)'가 나와서 일본만 해도 정토수행자가 불자의 70%에 이른다. 이하 이웃 나라에서 나온 '극락 간 사람들 이야기'를 살펴본다.

1) 치나(支那, China)에서 나온 '극락 간 사람들 이야기(往生傳)'

(1) 당, 『서녘 정토에 가서 태어난 상서로운 이야기(往生西方淨土瑞應刪傳)』

대정장(大正藏 第51册 No. 2070)에 실려 있는데, 『서녘 정토에 가서 태어난 상서로운 이야기(往生西方淨土瑞應傳)』, 『감응에서 나타난 상서로운 이야기(瑞應傳)』라고도 한다. 진나라 혜원부터 당나라 소원보邵愿保까지 48명이 서녘 극락세계에 가서 태어나길 바랐던 이야기를 기록하였다. 이 책의 저자는 알려지지 않았고 당나라 때 편집된 것으로 보인다. CBETA에서 원문을 쉽게 볼 수 있다.[2]

唐『往生西方淨土瑞應傳』

(2) 명, 연지대사 주굉(袾宏, 1535~1615) 엮음

『극락 가서 태어난 이야기(往生集)』

9가지로 나누어 썼는데 ① 사문 98명, ② 왕과 신하 32명, ③ 처사 28명, ④ 비구니 5명, ⑤ 부녀자 32명, ⑥ 악한 사람 8명, ⑦ 짐승, ⑧ 모든 성인이 함께 돌아감, ⑨ 살아서 얻은 감응으로 나뉘어 실려 있다.

이『극락 가서 태어난 이야기(왕생집)』는『대정장』(51책 No. 2072)에 실린 것으로 현재 CBETA에서 원문을 쉽게 볼 수 있다. 그리고 한국에서 하청(연관) 스님이 옮긴『왕생집』(도서출판 여래, 1991)이 발행되어 정토수행자들에게 많은 희망을 주었다.

무주선원 (https://cafe.daum.net/mujuseonwon/CC2K/1) 카페에서 번역된 왕생전을 보고 다운받을 수 있다.

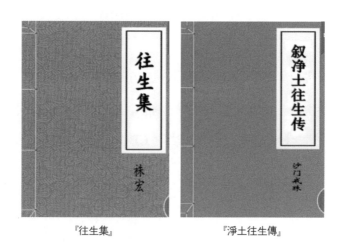

『往生集』 『淨土往生傳』

(3) 송, 계주(戒珠) 지음,

『정토 가서 태어난 이야기(淨土往生傳)』

대정장(大正藏 第51册 No. 2071)에 실린 『정토 가서 태어난 이야기』는 상·중·하 3권으로 되어 있는데, 상권 19명, 중권 20명, 하권 17명, 모두 56명을 싣고 있다. 동진 여산 혜원 이전에 서진西晉 강동 승현僧顯부터 시작하여 여산 혜영慧永을 먼저 싣고 혜원을 실었다. 당과 후당, 그리고 송나라 오은晤恩까지, 지은이 계주가 살아 있을 때까지 극락 간 스님들을 모두 싣고 있다. CBETA에서 원문을 쉽게 볼 수 있다.

(4) 송, 왕고(王古) 엮음

『새로 고친 극락 간 이야기(新修往生傳)』

『만신속장卍新續藏』(第78册 No. 1546)에 실린 『새로 고친 극락 간 이야기』는 상권에 25명, 하권에 31명, 모두 56명을 싣고 있다. 승현보다 혜원을 먼저 실었다. CBETA에서 원문을 쉽게 볼 수 있다.

(5) 청, 팽희속(彭希洸) 지음, 『정토에 계신 성현들(淨土聖賢錄)』

팽제청(彭際清, 1740~1796)이 시작하여 조카인 팽희속이 완성하였다. 본문 내용은 모두 9권인데, 정토교 교주 아미따불과 관세음보살 같은 9분의 성인을 1권에 실었고, 극락 간 빅슈(比丘) 혜원을 비롯한 252명, 부록에 혜지慧持 같은 24명, 모두 276명을 2권~6권의 절반에 실었다. 극락 간 비구니 41명을 7권에 싣고, 극락 간 거사 76명을 8권에 실었으며, 9권에는 기타 17명, 여인 위제희 왕비를 비롯한 79명과 위제희의 시녀 500명, 앵무새 같은 동물들이 실렸다. 『만신속장卍新續藏』(第78册 No. 1549)에 실렸으며 CBETA에서 원문을 쉽게 볼 수 있다.

모든 이야기는 다 그 출처를 분명하게 하였는데, 갖가지 저서, 불교사, 정사, 문집, 방지方志 같은 130부가 넘은 참고문헌과 11명의 구술자료도 활용하였다. 가장 방대하고 격식을 갖춘 『극락 간 사람들 이야기(往生傳)』다.

　이 책을 쉽게 풀이한 대만 고웅문수강당高雄文殊講堂 혜율慧律 스님이『쉽게 풀이한 정토에 계신 성현들(淨土聖賢錄易解)』을 1995년 online으로 발표하였으며, 1999년 책으로 펴냈다.

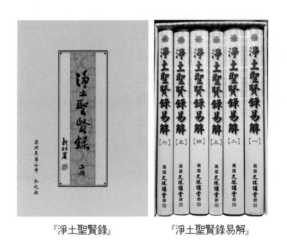

『淨土聖賢錄』　　　『淨土聖賢錄易解』

(6) 양혜경(楊慧鏡) 거사 집록,

『근대 극락 간 이야기(近代往生傳)』(上海佛學書局, 1934)

1996년 대만 청련출판사靑蓮出版社에서 나왔다. 청나라 이후 근대에 극락에 가서 태어난 사람들을 모은 것으로 철오 선사 법어와 극락 간 사람들 이야기를 싣고, 책 마지막에는 「염불에 대한 가르침(念佛法語)」, 「목숨이 다할 때 꼭 필요한 일(臨終要訣)」, 「아플 때 앓는 법(病中痛策)」 같은 법문이 실려 있다.

그밖에 『정토에 계신 성현들(淨土聖賢錄)』을 비롯한 많은 자료 가운데 극락에 간 선여인들만 뽑아 책으로 엮은 범부凡夫 거사가 옮긴, 『극락 간 선여인 이야기(善女人往生傳)』도 있고, 인터넷에 최근의 극락 간 보기들이 많이 올라와 있다.

2) 일본에서 나온 '극락 간 사람들 이야기'

(1) 요시시게 노 야스타네(慶滋 保胤),
『일본 극락 간 이야기(日本往生極楽記)』

헤이안(平安) 시대 중기에 요시시게 야스타네(?~1002)가 책으로 만든 '극락 간 이야기(往生傳)'로 관화(寬和 985~987) 연간에 쓰인 것으로 본다. 일본에서 가장 오래된 '극락 간 이야기'이다. 이 책은 성덕태자聖德太子를 비롯하여 황족·중·서민에 이르는 45명이 극락 간 이야기를 실었다. 일본 '극락 간 이야기'의 본보기가 되었다.

『日本往生極楽記』　　　　『続本朝往生伝』

(2) 오오에 노 마사후사(大江匡房),

　『이어 낸 우리나라 극락 간 이야기(続本朝往生伝)』

　헤이안(平安) 시대 후기, 오오에 노 마사후사(大江匡房, 1041~1111)가 1101년에 쓴 책이다. 『일본 왕생극락기日本往生極楽記』 이후 극락에 간 사람 42명의 이야기를 한문체로 쓴 것이다. 천황·공경公卿·승려·재가 남자·여자(비구니 포함) 순으로 썼는데 이런 순서는 독특한 것이다. 국사國史에서 찾아내 별건을 바탕으로 한 이야기도 있지만 마사후사 자신의 주변 사람 이야기가 많다. 그가 국사國司로 근무했던 다자이후(大宰府)·미마사카(美作)에 살다 극락 간 사람들이 더해지고, 스스로 들었던 것을 바탕으로 한 것이 많았다. (『世界大百科事典』第 2 版「続本朝往生伝」)

(3) 미요시타 메야스(三善爲康),

　「더한 극락 간 이야기(拾遺往生伝)」, 1123.

　『이어 낸 우리나라 극락 간 이야기(続本朝往生伝)』 뒤를 이어 극락 간 사람의 행업을 한문체로 적은 책으로 상·중·하 3권에 95명 이야기를 담았다. 찾아간 순서에 따라 썼는데 1111년(천영 2) 말 야마토국 아미따방으로 끝난다. 국사, 별전, 사원 유래, 『법화 체험기』를 소재로 하고, 전해 내려오는 글을 바탕으로 하고 있어, 지역도 광범위하다. 특히 이전 『극락 간 사람들(往生傳)』에서 극락 간 사람에 들어가지 않았던 고승, (법화경) 읽는 사람, 신선들을 더한 것은 정토수행 그 자체보다 극락 갈 때 일어나는 기이한 조짐이 있었는가 없었는가에 따라 결정했으므로 인원이 많았다.

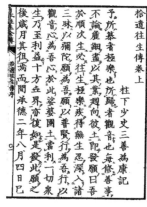 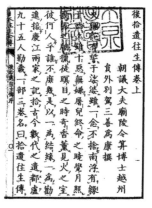

『拾遺往生伝』　　　　　　　『後拾遺往生傳』

(4) 미요시타 메야스(三善爲康),

　　「또 더한 극락 간 이야기(後拾遺往生傳)」, 1136.

　「더한 극락 간 이야기(拾遺往生伝)」를 완성한 뒤 계속해서 빠진 것을 모아 편집한 것으로, 메야스가 죽은 1139년까지 더한 것을 쓴 것이다. 극락 간 75명(겹친 것을 빼면 73명)을 실었다. 「더한 극락 간 이야기(拾遺往生伝)」와 견주어 문헌에 나온 것은 줄어들고 글쓴이 스스로 전해 들은 것이 늘어나, 같은 시대 사람이 54명이나 차지한다. 출가하지 않은 일반인이 33명으로 늘어나고 특히 지방에 사는 사람이 많은 것, 료닝(良忍)을 비롯한 오하라 벳쇼(大原別所) 염불인들이나 사천왕사四天王寺 염불 집단을 취급하는 등 (11세기 후반에서 12세기 말에 이르는) 인세이기(院政期) 정토교의 새로운 경향을 보여 준다.

(5) 렌젠(蓮禪),
　『세 책 밖에 극락 간 이야기(三外往生傳)』, 1135~1140.

　앞에서 본 세 저자의 '극락 간 이야기'에서 빠진 것을 메운 것으로, 글쓴이가 새롭게 전해 들은 이야기를 더하여 엮은 한문으로 쓰인 극락 간 이야기다. 성립 연대가 뚜렷하지 않지만 1139년 1월에 나온 양범전良範伝 이후 것이다. 1220년 이 책을 베껴 쓴 케이세이(慶政)가 「더한 극락 간 이야기(拾遺往生伝)」와 겹치는 5명을 지우고, 비구니와 재가 남녀 51명 이야기로 엮었다. 「더한 극락 간 이야기(拾遺往生伝)」「또 더한 극락 간 이야기(後拾遺往生傳)」와 겹친 이야기가 3가지 있지만, 이 책을 낸 시기와 같아서 이 책이 다 쓰지 못한 원고로 보기도 한다.

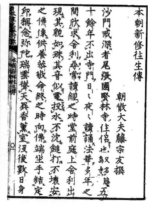

「三外往生傳」『史籍集覽』　　『本朝新修往生傳』

(6) 후지하라 무네토모(藤原宗友),

　『우리나라 새 극락 간 이야기(本朝新修往生傳)』, 1151.

　무네토모가 『우리나라 새 왕생전』에 40명을 더한 것이다.

　앞에서 본 6가지 극락 간 이야기 가운데 『세 책 밖의 극락 간 이야기(三外往生傳)』를 뺀 5가지는 모두 모아 낸 『일본 극락 간 이야기 모음(日本往生全伝)』에 합쳐져 있고 일본 국립국회도서관 디지털 컬렉션을 통해 한국에서도 연결해 보고, 읽고 다운 받을 수 있다.[3]

---

3) 慶滋保胤 等著, 『日本往生全伝』. 永田文昌堂, 明治 15年(1882).
　　https://dl.ndl.go.jp/info:ndljp/pid/822291.

(7) 뇨자쿠(如寂)『고야산 극락 간 이야기(高野山往生伝)

　서문에 따르면 1184년 고야산 참배 때 옛일을 잘 아는 노인으로부터 산 안에 염불하여 극락 간 사람이 있다는 이야기를 듣고 유적을 찾아가 일화를 모아서 이 책을 지었다고 한다. 첫 쿄카이(教懐, 1093년 입적)에서 마지막 쇼인(証印, 1187년 입적)까지 38명 이야기를 입적한 연대순으로 정리하였다. 모두 고야산에서 극락 간 사람들로, 카쿠반(覚鑁)에서 시작하는 전법원伝法院 · 엄밀원密嚴院 계통의 진언염불과 쿄카이 이래 오다와라 벳쇼(小田原別所) 계통의 염불자가 많다. 여인은 없고, 극락 간 사람의 출신이나 경력, 교학 계통도 일정하지 않다.[4]

『續群書類從』,「高野山往生伝」　　　　『高野山往生伝』

(8) 『근세 왕생전(近世往生伝)』15책, 1830.[5]

　이런 극락 간 이야기는 가마쿠라시대(鎌倉時代, 1185~1333)
『염불하여 극락 간 이야기(念仏往生伝)』를 마지막으로 끊어졌
으나 에도시대(江戸時代, 1603~1867)에 들어와 정토종이 막부
의 뒷받침을 받으면서 여러가지가 나오게 되었다.

---

4) 国立公文書館デジタルアーカイブ https://www.digital.archives.go.jp/item/731422.html
5) 国立公文書館デジタルアーカイブ https://www.digital.archives.go.jp/file/1243661.html

『近世往生伝』 『未公開 近世往生人伝』

9) 그 밖에 근년에 들어
  '극락 간 이야기'가 책으로 나오고 있다.

① 笠原 一男,『近世往生伝集成』〈1〉, 山川出版社, 1978.
② 牧 達雄,『未公開 近世往生人伝 ─ 江戸期庶民の信仰と
  死』, 四季社, 2004

3. 『극락 간 사람들』 집필 인연

1983년부터 불교를 가까이하면서 공부하다가 1992년부터 8년간은 제법 치열하게 체선體禪 수행을 통해서 기초를 닦았다. 돌이켜보면 당시 수행은 염법이었고, 8년 내내 백회에 아미따불을 염하는 것이었기 때문에 그때 이미 아미따불과는 하나가 되어 가고 있었다. 2000년 들어 체선반이 활동을 중지하였다. 그 동안 체선을 하면서 참선반에 들어가 참선을 해 보고, 2003년부터는 청견 스님 문하에서 절 수행과 참선을 공부하고, 춘단 스님에게 화두를 받아서 참구해 보기도 했다. 그러나 아무리 해도 깊은 선정을 경험해 보지 못했다.

2008년 일주일간 참회기도를 하면서 6일간 그동안 수없이 읽었던 금강경을 집중적으로 30번 읽고, 이어서 관계된 해설서들을 읽고 나니, 비로소 금강경에 대해 나의 관점이 분명하게 섰다.

"금강경은 나의 경계에서 닦을 수 있는 경이 아니라 보살, 그것도 상품상생의 경계에 있는 보살들을 위한 경이다."

그때 춘단 스님이 대만 정공淨空 스님, 『불설대승무량수장엄 청정평등각경 친문기』(삼보제자, 1996)를 주어 읽어 보며 처음

으로 정토수행의 길을 발견하였다. 정공 스님은 17년 동안 화
엄을 강의한 후에 등각보살과 상상上上의 최정상 인물들이 마
지막에는 모두 염불하여 정토에서 태어나기를 발원한 사실을
깨닫고, 다른 경전과 교학(經敎)을 모두 내려놓고 오로지 정토
법문만을 널리 전하고 있다고 했다. 그런데 정공 스님이 정토
를 선택한 이유 가운데 나에게 가장 설득력 있는 말은 다음과
같은 명확한 통계였다.

초기의 법을 전하는 대덕들은 대부분 3과三果를 증득하였으나 수 ·
당 이후는 과를 증득한 사람이 적었다. 당대에는 육조 문하에서 선
정을 얻어 깨달은 자가 43명이 있었다.
이에 반하여 혜원사와 여산에서 함께 참선을 한 도반 가운데 염불
하여 득도한 사람이 123명이 있었다. 원元 · 명明 이후로는 교리를
연구하여 발명한 사람은 있지만, 진정으로 수행하여 성취를 이룬
사람은 매우 적다. 민국 초기에는 선정을 얻은 사람 가운데 한번 앉
았다 하면 며칠 동안 일어나지 않은 사람은 있었지만, 진정으로 깨
달은 사람이 있다는 말은 지금까지 들어 보지 못했다.

그래서 당시 정토에 관한 모든 자료를 모아서 닥치는 대로 섭
렵하는 과정에서 나의 결심을 확실하게 해 준 것이 주굉의 『왕
생전』이었다. 그야말로 "와서 봐라"라고 외치면서 내민 사례가

책으로 한 권이었다. 그리고 그때부터 이미 『한국 왕생전』을 쓰겠다고 마음먹고 서울 창신동 안양암, 진주 연화사를 찾아다녔으니 이미 14년 전의 일이다. 그렇다면 어떻게 정토수행을 할 것인가? 인터넷에서 자료를 모을 때 『왕생전』과 함께 보내온 『정토선 원리』가 수행법이 뚜렷하고 로드맵이 분명해 마음에 와닿아 정토선을 수행법으로 골랐다.

2009년 정년퇴직을 하자마자 3년간 강원도 망경대산 만경사에 입산해서 정토선(염불선)을 수행하면서 원을 세워 염불하는 틈에 정토 경전 3부를 우리말로 옮기면서 아미따붇다와 극락의 진면목을 알기 위해 노력하였다. 수행의 틀로 삼은 염불이 무엇이고, 염念하는 아미따불은 어떤 붇다이고, 가려는 극락은 어떤 곳인가를 알면서 수행해야 하기 때문이다.

2012년 하산하여 동아일보와의 인터뷰에서 "3년간 수행해보니 내 근기로는 이승에서 득도할 수 없다는 걸 깨달았어요. 그것만으로도 큰 수확이죠. 그래서 남은 생 책 쓰며 자리이타의 삶 살겁니다."라고 말했다.

그리고 실제로 그동안 공부한 것을 바탕으로 집필에 전념하였다. 먼저 정토삼부경 가운데 『아미따경』과 『무량수경』 전반부를 발표하였다.

① 『아미따경』(전자책), 맑은나라, 2014. 05. 30.

② 『만화로 읽는 아미따경』(번역), 맑은나라, 2015. 09. 30.

③ 『아미따불 48대원』(공역), 비움과 소통, 2015.

그리고 나는 왜 "나모 아미따불"이라고 하는지 두 편의 논문을 썼다.

④ 「'南無阿彌陀佛'의 소릿값(音價)에 관한 연구」(1), 『정토학연구』(34집), 2020.

⑤ 「'南無阿彌陀佛'의 소릿값(音價)에 관한 연구」(2), 『불교음악연구』(2), 2021.

그리고 내가 수행법으로 택한 정토선에 대해서 책 4권과 논문 한 편을 썼다.

⑥ 『정토와 선』(편저), 맑은나라, 2014. 05. 30.

⑦ 『극락과 정토선』(편저), 맑은나라, 2015. 09. 30.

⑧ 『극락 가는 사람들』(편저), 맑은나라, 2015. 12. 25.

⑨ 『극락과 염불』, 맑은나라, 2016. 04. 08.

⑩ 「寬淨의 淨土禪 수행법에 관한 연구」, 韓國淨土學會 『정토학연구』, 2015. 6.

정토 수행은 철저하게 나의 죽음과 맞닥뜨린 실전이었다. 그래서 죽음을 맞이할 때 어떻게 할 것인가, 인광 대사의 「목숨이 다할 때 해야 할 3가지 중요한 일」을 꼼꼼하게 옮겨 공유하였다.

⑪『아름다운 이별 행복한 죽음』(공역), 비움과 소통, 2015.
⑫『조념염불법』(공역), 비움과 소통, 2016.

이처럼 차분히 집필을 계속하여 산스크리트본 대조『무량수경』과『관무량수경』(산스크리트본이 없음)을 마치고 마지막으로 한국판『극락 간 사람들(韓國往生傳)』을 낼 계획을 하고 있었다. 그러다가 2017년 이 계획을 중단해야 할 일이 생겼다. 시진핑 중공 주석이 트럼프 미국 대통령에게 "Korea는 중화인민공화국의 일부다."라고 이야기한 기사가 났기 때문이다. 불길한 예감에 8년 만에 북경 측 포털에 들어가 보고 깜짝 놀랐다. (고)조선 · 부여 · 고구리 · 발해 역사가 이미 중공의 국사로 취급되고 있었다. '조국이 침략당하니 붇다도 길에 나앉았는데, 내가 뭐라고 극락 가는 것만 추구할 것인가?' 그래서 그때부터 한쪽으로 미루어 두었던 고구리 역사와 동북공정 관련 자료를 다시 꺼내 연구하기 시작하였다. 그리고 2~3년 만에 5권의 책을 썼다.

① 『고구려 본디 이름 고구리(高句麗)』, 여유당, 2019. 12.

② 『장수왕이 바꾼 나라이름 고리(高麗)』, 여유당 2019. 12.

③ 『세계 속의 고리(高句麗) - 막북(몽골) 초원에서 로마까지』, 맑은 나라, 2020. 12.

④ 『실크로드에 핀 고리(高句麗)의 상징 닭깃털관(鷄羽冠)』, 여유당, 2020. 12.

⑤ 『사마르칸드에 핀 고리(高句麗)의 상징 닭깃털관(鷄羽冠)』 여유당, 2020. 12.

⑥ 『고구리의 독립운동과 발해건국 이후의 나라이름 고리(高麗)』

⑦ 『고리(高麗)와 조선시대의 나라이름 고리(高麗)』

⑧ 『통일 Korea의 나라이름 고리 · 高麗 · Kori-a』

이 책들은 두 가지 목적이 있었다. 하나는 고구리가 우리나라 역사라는 것을 확실하게 하고, 다른 하나는 '통일된 Korea의 이름을 무엇으로 할 것인가? 에 대한 답을 내는 것이다. 통일 뒤 한국 이름은 앞으로 ⑥⑦⑧ 3권을 더 펴내야 마무리된다.

그리고 금년 3월 1일 자로 중국공산당이 지난 30년간 우리 역사를 어떻게 침탈해 갔는지를 밝히는 900쪽짜리 백서를 냈다.

① 『동북공정 백서』, 맑은나라, 2022. 3. 1.

② 『역사침탈 40년 백서』

③ 『고구리는 치나(China)의 지방정권이 아니다.』

그리고 3월 1일 「동북공정 백서 학술발표회」를 마친 뒤 바로 ②『역사침탈 40년 백서』 집필에 들어가 1979년 이전 중공에서 나온 자료들 분석에 들어간 상태였다. 그즈음 대구 자운사 혜명 스님으로부터 전화가 왔다.

"이번 붇다 오신 날에 『한국 왕생전』 3,000권을 법보시하려고 하니 지금까지 모은 자료를 마무리해 주실 수 있습니까?"
"알았습니다. 일단 정리해 보겠습니다."

2017년 이후 고구리 연구 때문에 너무 오래 밀어 놓았으므로 이번에 모은 것만이라도 한 보름쯤 작업하여 간단히 묶어 내자는 생각이 들었기 때문이다. 특히 책을 못 낸 업도 크지만 '3,000권의 법보시를 무산시키는 업'은 감당하기 어렵다는 생각이 들었다.

작업을 시작하면서 생각지도 않는 일들이 일어나기 시작하였다. 각 마당 머리말에서 자세히 쓰겠지만 고리(高麗) 시대 18명의 성현은 완전히 새로 발굴한 자료들이다. 거의 한 달 반이 걸렸다. 그리고 조선 시대에 들어가니, 10년 동안 4~5편 정도였던 사례가 지난 15일 동안 무려 30명 가까이 더 추가하는 기적이 일어났다. 결과적으로 책을 상(신라 · 고리 · 조선시대) · 하

(해방 이후) 2권으로 나누어야 되는 상황이 되고, 동북공정 문제를 일단 접어두고 3개월 동안 그야말로 불철주야 매달렸다. 아무리 잠을 줄인다고 해도 3개월에 책을 한 권 낸다는 것은 불가능한 일이다. 그런데, 시간 허비 없이 필요한 자료들이 줄줄이 나오고 검색을 하면 국립중앙도서관, 국사편찬위원회, 한국문화재연구원 같은 기관에서 D-base한 자료들이 쏟아져 나왔다. 아미따붇다와 보살들의 명령이고 가피라고 생각하고 새로운 성현이 나타날 때마다 스릴과 환희를 느끼면서 집필을 마칠 수 있었다. 나모아미따불, 나모아미따불, 나모아미따불.

다만 이번에 실은 성현들은 우리나라에서 극락에 간 많은 성현 가운데 극히 일부라는 것이 분명하다. 그런 측면에서 보면 이미 극락에 가서 수행하고 계신 다른 성현들에게는 부끄럽고 죄송하기 그지없다. 다만 이번 나오는『극락 간 사람들』은 우리나라에서 극락에 가신 성현들을 밝히는 첫걸음이라고 생각하고 앞으로 후학들에게 길을 열어 주는 데 뜻이 있다고 보시고 용서해 주시기 바랍니다.

끝으로 이 책에서는 '붇다', '사꺄무니' 처럼 한문식 산스크리트 낱말을 본디 소리로 바로잡았고, 현대인이 이해할 수 없는 용어나 잘못 옮겼던 낱말들을 가능한 한 바로잡았으며, 될 수 있으면 쉬운 우리말로 옮겨 중학교 학생 정도면 이해할 수 있도록 하였다. 용어 문제는 이 책과 동시에 도서출판 맑은나라에서 출판한 『모든 붇다가 보살피는 아미따경』에서 산스크리트 원문을 대조하여 자세하게 해설하였으니 참고하시기 바랍니다.

나모아미따불!

2022년 6월 4일
맑은나라 서길수

고치고 더 보탠 판 머리말

　6월 말 자운사 혜명 스님에게 넘긴 원고는 상·하 2권이었으나 "법보시 특성상 2권으로 할 경우 번거롭기 때문에 이번에는 한 권으로 묶어서 내고, 시판용 책은 나중에 다시 편집하여 2권으로 내기로 한다."고 해서 그렇게 하기로 했다. 그리고 7월 21일부터 8월 10일까지 일본을 다녀오니 법보시품 4,500권이 발행되어 8월 12일 백중이고 미타재일을 맞아 발송이 완료되었다고 하였다.

　다만 출판된 책 판권지에 "이 책의 저작권은 이 책을 읽는 모든 이들에게 있습니다. 따라서 누구나 이 책의 일부 또는 전부를 옮겨 쓸 수 있습니다. 다만 꼭 출처를 밝혀주십시오."라고 넣어 달라고 했는데 들어가지 않아 아쉬웠다. 지금까지 엮은이가 낸 모든 불교책에는 모두 그 문구를 넣었기 때문이다.

　책이 나간 뒤 40일 정도 다시 교정을 보고 빠지거나 새로운 제안을 받아 새로운 분들을 더했다.

하권 셋째마당 : 최근 2000년대 극락 간 사람들

그밖에 등원 스님과 공원 스님이 아주 꼼꼼하게 교정해 주어 책
의 완성도가 높아졌다. 그리고 이 책을 잘 만들어 준 맑은소리
맑은나라 김윤희 대표에게도 감사드린다.

2022년 9월 20일

맑은나라(普淨) 서길수

차례

첫째 마당

신라 시대 극락 간 사람들

삼국시대 극락 간 이야기 머리말

삼국시대는 당시 세운 비문 같은 기록이 극히 드물어 그런 유물에서 극락 간 이야기(往生記)를 찾아내기 어려웠다. 비록 몇백 년 뒤의 기록이지만 3국에 대해서는 『삼국사기』(1145) · 『삼국유사』(1281) 같은 역사서에서 그 실마리를 찾는 작업을 할 수 있었다.

먼저 『삼국유사』에 나온 원효 대사가 무애無㝵 박을 두드리며 노래와 춤으로 전국을 돌아다니며 염불을 폈던 이야기부터 시작한다. 사실 이 이야기만 가지고도 원효 대사가 극락에 갔다고 할 수 있다. 그러나 원효 대사는 워낙 많은 저서를 남겼으므로 꼬리말에서 그 저서 가운데 정토에 관한 글을 나름대로 분석하여 원효 대사가 극락에 갔다는 것을 증명하였다.

유학에 바탕을 둔 김부식의 『삼국사기』는 사마천이 확립한 이후 정사의 기본체계가 된 기전체紀傳體 형식을 따르면서 전설이나 설화 같은 이야기를 모두 빼 버렸다. 반대로 일연 스님이 쓴 『삼국유사』는 김부식이 유교적 합리주의 때문에 빼 버린 신기한 일도 늘이거나 줄이지 않고 기록했다. 일연 스님이 책을 쓴 것은 13세기 후반으로 고리(高麗)가 몽골의 침략을 받아 속국으로 떨어진 때였다. 일연 스님은 민족의 자부심을 높이고, 전란에 지친 민중에게 구원이란 희망을 주고, 현실의 괴로움을 받는 백성들이 바라는 죽은 뒤의 평화와 안정의 바람도 외면하지 않았다. 그 때문에 『삼국사기』에는 한편도 없는 '극락 간 사람 이야기(往生記)' 가 『삼국유사』에 5편이 실려 있었다. 이미 많은 연구가 있었고, 여러 번역본이 있었지만, 엮은이가 원문과 다른 번역본들을 모두 견주어서 나름대로 꼼꼼하게 다시 우리말로 옮겨 보았다.

마지막으로 「대한국 간성 건봉사 10,000일 연꽃모임(萬日蓮會)에 관해 내려오는 이야기(緣起)」에 우리나라 첫 10,000일 연꽃모임(萬日蓮會)에 대한 내용이 자세하게 기록되어 있어 찬찬히 옮겨서 정리하였다, 이런 모임을 통해 많은 염불 행자들이 한꺼번에 극락에 가서 태어나는 경사가 드라마처럼 펼쳐진다.

■ 안양安養 = 극락極樂

삼국시대와 고리(高麗) 시대는 극락極樂이란 낱말보다는 안양安養이란 낱말을 많이 썼다. 여기서는 현재 많이 쓰이고 있는 극락으로 옮기면서 가끔 괄호 안에 한문으로 안양安養을 덧붙이기도 했다.

극락이나 안양은 산스크리트 쑤카바띠(Sukhāvatī)를 한문으로 옮긴 것이다. 소리로는 소가부제蘇訶嚩帝 · 수마제須摩提 · 수아제須阿提로, 뜻으로는 극락정토極樂淨土 · 극락국토極樂國土 · 서녘정토(西方淨土) · 서녘西方 · 안양정토安養淨土 · 안양세계(安養世界 · 안락국安樂國이라고 옮겼다. 그 뒤 3~4자로 긴 것은 2자로 줄여 극락 · 서방 · 안양 · 안락이라고 썼는데 모두 쑤카바띠를 옮긴 것이다. 경기도 안양安養도 극락이란 뜻으로 불교에서 비롯된 것이다.

■ 서방西方 = 서녘

원 사료에 보면 '서방西方'이란 표현이 아주 많은데 우리말로 '서녘'이라고 옮겼다.

우리가 '동녘에 해가 뜬다.' '해는 서녘으로 진다.' '북녘 동포' '남녘 들판'처럼 '서녘 극락'이라고 하는 것이 우리말에 가깝고 자연스럽기 때문이다. '녘'이란 낱말은 '어떤 쪽이나 가'

를 뜻하므로 어떤 쪽의 가(가장자리, 언저리)는 단순한 방향을 떠나 가리키는 쪽의 어느 한 부분을 나타낼 수 있다. 그러므로 서녘은 서쪽에 있는 어느 부분, 다시 말해 '서쪽 극락'의 준말로도 아주 알맞은 낱말이라고 본다. 아울러 우리말에 '서방'이란 '남편의 낮은말'이고 고리(高麗) 시대 관청도 같이 썼으므로 이런 말을 피하는 좋은 대안이라고 보았다.

1. 686년, 원효 대사는 무량수국(無量壽國)으로 갔다

『삼국유사』 권4, 제5 의해(義解第五) 「원효불기(元曉不羈)」

굴레 벗은 원효(元曉不羈)

성사聖師 원효의 속성은 설薛씨이다. 할아버지는 잉피공仍皮公 또는 적대공赤大公이라고 한다. 지금 적대연赤大淵 옆에 잉피공 사당이 있다. 아버지는 담내談㮈 내말乃末이다.

처음에 압량군押梁郡 남쪽, 지금의 장산군章山郡 불지촌佛地村 북쪽의 율곡栗谷 사라수娑羅樹 아래서 태어났다. 마을 이름은 불지佛地로 또는 발지촌發智村이라고도 한다. 속어로 불등을촌佛等乙村이라고 한다.

사라수에 관해서는 민간에 이런 이야기가 있다. 성사의 집은 본래 이 골짜기 서남쪽에 있었는데, 어머니가 아이를 가져 만삭이 되어 마침 이 골짜기 밤나무 밑을 지나다가 갑자기 해산하고 급하여 집으로 돌아가지 못하고, 우선 남편의 옷을 나무에 걸고 그 안에 누워 있었으므로 (그) 나무를 사라수라고 하였다. 그 나무의 열매도 보통 나무와는 달랐으므로 지금도 사라밤(娑羅栗)이라고 한다. 예부터 전하기를, (사라사) 주지가 절의 한 종에게 저녁 끼니로 하루에 밤 2개씩을 주었다. 종은 관가에 소송을 제기하였다. 이를 이상하게 생각한 관리가 밤을 가져다가 조사해 보았더니 한 개가 바루 하나에 가득 찼다. 이에 도리어 한 개씩만 주라는 결정을 내렸다. 이 때문에 이름을 율곡이라고 하였다.

성사는 출가하고 나서 자기 집을 절로 내놓아 초개初開라 하고, 밤나무 옆에도 절을 지어 사라娑羅라고 하였다. 성사의 행장에는 서울 사람이라고 했으나 할아버지를 따른 것이고, 『당승전(唐僧傳=宋高僧傳)』에서는 본래 하상주下湘州 사람이라 하였다. 살펴보면 다음과 같다. 인덕麟德 2년(665)에 문무왕이 상주上州와 하주下州 땅을 나누어 삽량주歃良州를 두었는데, 곧 하주는 지금의 창녕군昌寧郡이고, 압량군은 본래 하주의 속현이다. 상주는 곧 지금의 상주尙州 또는 상주湘州라고도 한다. 불지촌은 지금의 자인현慈仁縣에 속해 있으니, 곧 압량군에서 나뉜 곳이다.

성사가 태어나 아이 때 이름은 서당誓幢이고, 동생 이름은 신당新幢이었는데, 당幢은 속된 말로 털이란 뜻이다. 처음 어머니가 별똥별이 품속으로 들어오는 꿈을 꾸고 태기가 있었는데, 낳으려 할 때는 오색구름이 땅을 덮었다. 진평왕 39년 대업 13년 정축년(617)이었다.

태어날 때부터 총명이 남달라 스승을 따라서 배우지 않았다. 그가 사방으로 다니며 닦은 줄거리와 널리 가르침 펼쳤던 크나큰 업적은 『송고승전』과 행장에 자세히 실려 있다. 여기서는 자세히 기록할 수 없고, 다만 향전鄕傳에 실린 한두 가지 특이한 사적만 쓴다.

성사는 어느 날 보통 예법에서 벗어나 거리에서 노래를 부르기를, "누가 자루 빠진 도끼를 허락하려는가? 나는 하늘을 받칠 기둥을 다듬고자 한다."라고 하였다. 사람들이 모두 그 뜻을 몰랐는데 태종이 그것을 듣고서 말하기를 "이 스님이 귀부인을 얻어 훌륭한 아들을 낳고 싶어 하는구나. 나라에 큰 현인이 있으면 그보다 더한 이로움이 없을 것이다."라고 하였다. 그때 요석궁[지금의 학원學院]에 홀로 사는 공주가 있었다. 궁중 관리를 시켜 원효를 찾아서 맞아들이게 하였다. 궁중의 관리가 칙명을 받들어 그를 찾으려고 하는데, 벌써 (그는) 남산에서 내려와 문천교[蚊川橋: 사천沙川이나, 세간에서는 연천年川 또는 문천蚊川이라고 하고, 또 다리 이름을 유교楡橋라 한대를 지나고 있어 만나게 되었다. (원효는) 일부러 물에 떨어져 옷을 적셨다. 관리는 스님을 궁으로 인도하여 옷을 벗어 말리게 하니, 이 때문에

(궁에서) 묵게 되었다.

공주가 과연 태기가 있어 설총薛聰을 낳았다. 설총은 나면서부터 명민하여 경서와 역사서에 두루 환히 통하니 신라 10명의 현인 가운데 한 분이다. 우리말로써 중화와 오랑캐(華夷)의 각 지방 풍속과 물건 이름에 훤히 통하여 6경 문학을 풀어 썼으니(訓解), 지금까지 우리나라에서 경학을 공부하는 이들이 이어 받아 끊이지 않는다.

원효가 이미 (스님이 갖추어야 할) 계를 잃고(失戒) 설총을 낳은 뒤부터는 속인 옷으로 바꾸어 입고 스스로 '소성거사小姓居士'라고 하였다. 우연히 광대들이 놀리는 큰 박을 얻었는데 그 모양이 괴이하였다. 그 모양대로 도구를 만들어 『화엄경華嚴經』에 나오는 "아무것도 걸림이 없는 사람은 단박에 삶과 죽음을 벗어난다(一切無㝵人 一道出生死)"라는 (문구에서 따내) '무애無㝵'라고 이름 붙이고 노래를 지어 세상에 퍼뜨렸다. 일찍이 이것(무애)을 가지고 수많은 마을(千村萬落)에서 노래하고 춤으로 바꾸어 읊으며 다니다 돌아오니 가난하고 아는 것이 없고 사리에 어두운 무리까지도 모두 붇다의 이름(아미따불)을 알게 되었고, 모두 '나모(南無)'를 부르게 되었으니 원효의 교화가 컸다.

그가 태어난 마을 이름을 불지佛地라고 하고, 절 이름을 초개
初開라고 하며, 스스로 원효라고 부른 것은 대개 붇다를 처음으
로 빛나게 하였다(初輝佛日)는 뜻이다. 원효도 사투리이니 당
시 사람들은 모두 제 고장 말로 그를 '첫새벽' 이라고 불렀다.

일찍이 분황사芬皇寺에 살면서 화엄소華嚴疏를 짓다가 제4 십
회향十廻向 품에 이르자 마침내 붓을 꺾었다. 또 일찍이 시비를
다투다 몸을 백 그루의 소나무로 나누었으므로 모두 (그의) 수
행 정도를 초지(보살)라고 하였다. 또 바다 용의 권유에 따라 길
에서 (왕의) 조서를 받아 『삼매경소三昧經疏』를 지으면서 붓과
벼루를 소의 두 뿔 위에 놓아 두었으므로 이를 각승角乘이라고
했는데, 또한 본각本角과 시각始角, 두 각의 숨은 뜻을 나타낸 것
이다. 대안大安 법사가 배열하여 종이를 붙인 것임을 알고 노래
로 부른 것이다.

[원효가] 입적하자 설총이 유해를 부수어 (그의) 진용眞容을
빚어 분황사에 모시고, 공경·사모하여 지극한 슬픔의 뜻을 표
하였다. 설총이 그때 옆에서 예배하니 소상이 갑자기 돌아보았
는데, 지금도 여전히 돌아본 채로 있다. 원효가 일찍이 살던 혈
사穴寺 옆에 설총의 집터가 있다고 한다.

기려서 말한다.

角乘初開三昧軸(각승초개삼매축)

　각승角乘은 비로소 삼매경을 열고

舞壺終掛萬街風(무호종괘만가풍)

　표주박 매고 춤추며 온갖 거리 교화했네

月明瑤石春眠去(월명요석춘면거)

　달 밝은 요석궁에 봄 잠 깊더니

門掩芬皇顧影空廻顧至(문엄분황고영공회고지)

　닫힌 분황사엔 돌아보는 모습만 허허롭구나.

『삼국유사』, 「굴레 벗은 원효」　　　『三國遺事』, 「元曉不羈」

권 보정의 꼬리말

원효의 마지막에 대한 기록은 아주 간단하여 그것으로 극락
에 갔는지 알 수 없으나 원효는 실로 엄청나게 많은 책을 지어
남겼다. 그 가운데 정토 · 극락에 관한 책은 『양권무량수경 종
요兩卷無量壽經宗要』『불설아미따경 소佛說阿彌陀經疏』이고, 특히
『양권무량수경종요』에서 정토와 정토에 가서 태어나기 위한 씨
앗(往生因)에 대해 많이 논의하였다.

원효는 정토를 설명하면서 여러 대승경전에 나오는 정토를
통합하여 설명하고 있어 쉽게 이해하기 어렵다. 간단히 표로 만
들어 보면 다음 4가지 정토를 들고 있다.

〈표 1〉『무량수경종요』와 『불설아미따경소』의 4가지 문

	무량수경종요	불설아미따경소	소의경전	가서 난 이
1	인(因)과 과(果) 상대문(相對門)	원만문	인왕경 · 본업경	오직 붇다
2	일향(一向)과 불일향(不一向) 상대문	일향문	섭대승론(석)	8가지 보살 이상
3	순(純)과 잡(雜) 상대문	순정문	유가사지론 · 해밀심경	3가지 보살 이상
4	정정(正定)과 비정정(非正定) 상대문	정정취문	무량수경	정정취 (십해초발심 주)

위의 4가지 정토는 각각 대승보살의 수행 단계에 따라 각 정토에 가서 날 수 있는 인과가 결정되는데 대승보살의 수행단계는 보살영락본업경菩薩瓔珞本業經에 52단계로 나누고 있다.

1) 10신十信 : ①신심信心 ②염심念心 ③정진심精進心 ④정심定心 ⑤혜심慧心 ⑥계심戒心 ⑦회향심廻向心 ⑧호법심護法心 ⑨사심捨心 ⑩원심願心

2) 10해十解 : ⑪초발심주初發心住 ⑫치지주治地住 ⑬수행주修行住 ⑭생귀주生貴住 ⑮방편구족주方便具足住 ⑯정심주正心住 ⑰불퇴주不退住 ⑱동진주童眞住 ⑲법왕자주法王子住 ⑳관정주灌頂住

3) 10행十行 : ㉑환희행歡喜行 ㉒요익행饒益行 ㉓무에한행無恚恨行 ㉔무진

행無盡行 ㉕이치란행離癡亂行 ㉖선현행善現行 ㉗무착행無著行 ㉘존중행

尊重行 ㉙선법행善法行 ㉚진실행眞實行

4) 10회향十廻向 : ㉛구호일체중생리중생상회향救護一切衆生離衆生相廻向 ㉜

불괴회향不壞廻向 ㉝등일체불회향等一切佛廻向 ㉞지일체처회향至一切處

廻向 ㉟무진공덕장회향無盡功德藏廻向 ㊱수순평등선근회향隨順平等善根

廻向 ㊲수순등관일체중생회향隨順等觀一切衆生廻向 ㊳여상회향如相廻向

㊴ 무박무착해탈회향無縛無著解脫廻向 ㊵법계무량회향法界無量廻向

5) 10지十地 : ㊶환희지歡喜地 ㊷이구지離垢地 ㊸발광지發光地 ㊹염혜지焰

慧地 ㊺난승지難勝地 ㊻현전지現前地 ㊼원행지遠行地 ㊽부동지不動地 ㊾

선혜지善慧地 ㊿법운지法雲地

6) 51등각 : 보살 수행이 대개 붇다와 같다고 등각等覺이라 한다.

52묘각妙覺(佛) : 무명을 끊고 붇다가 된다.

엮은이가 보살수행 52단계를 이처럼 자세하게 밝히는 것은
원효 자신이 만든 4가지 정토문 기준 가운데 어떤 단계에 있었
는가를 볼 필요가 있기 때문이다. 앞서 본『삼국유사』에서 "모
두 (원효의) 수행 정도를 초지(보살)라고 하였다."고 했다. 원효
의 수행 단계를 판단할 수 있는 드문 자료이고 엮은이는 원효의
수행 경계를 가늠할 능력이 없으므로『삼국유사』의 기록을 그
대로 써서 검토하려 한다. 보살 수행 52단계에서 초지보살은
㊶ 환희지歡喜地 단계이다. 환희지는 1지 보살이므로 3지 보살

이상이 갈 수 있는 원만문·일향문·순정문은 해당이 되지 않고 제4문인 정정취문正定聚門에만 갈 수 있다. 『무량수경종요』에서 스스로 규정한 '정정正定과 비정정非正定 상대문'이다. "이 경에서 설하는 무량수국無量壽國(극락)은 바로 제4문에서 말하는 정토이다(今此經說無量壽國 就第四門 說爲淨土)." 그러므로 원효 대사는 무량수국에만 갈 수 있고, 무량수국이란 『무량수경』에 나오는 아미따붇다의 극락極樂=안양安養이다.

그렇다면 원효 대사는 무량수국(극락, 안양)에 갔는가? 하는 마지막 질문이 나온다. 이에 대해서는 원효 대사가 규정한 극락에 가는 씨앗(往生因)을 자세하게 볼 필요가 있다.

<표 2> 『무량수경종요』의 인과(因果) 상대문

인과(因果) 상대문	위 동아리 (上輩)	가운데 동아리 (中輩)	아래 동아리 (下輩)
1	정인(正因) 방편	出家	×	×
2	바른 인(正因)	發菩提心	發菩提心	發菩提心
3	돕는 만업(助滿業)	專念阿彌陀佛	專念阿彌陀佛	乃至十念 專念佛
4	돕는 만업(助滿業)	作諸功德	多少修善	
5	바람(願)	願生無量壽國	願生無量壽國	願生無量壽國

　『무량수경』에서 "윗 동아리(上輩)는 ① 집을 버리고 사문이 되어 깨닫겠다는 마음을 내어(發菩提心), ② 한결같이 오롯이 무량수불을 염念하고, ③ 갖가지 공덕을 닦아 그 나라(극락)에 나고자 하는 중생들은 ④ 목숨을 마칠 때 무량수불이 여러 대중과 함께 그 사람 앞에 나투시면, 붇다를 따라 그 나라에 가서 난다(往生)고 했다. 원효는 이 내용을 5가지로 나누어 앞의 4가지는 실천(行)과 마지막 바람(願)이 합쳐 극락 갈 수 있는 씨앗(往生因)이 된다고 했다.

　이 기준을 가지고 원효 대사의 극락 가는 씨앗(往生因)을 검토해 보기로 한다. 우선 4가지 행을 보면 출가를 했고, 깨닫겠다는 마음을 내서(發菩提心) 바른 인(正因)을 확립하였다. 그리고 전국을 돌아다니며 '나모아미따불'을 노래하고 춤을 추어 온 백성들이 염불하게 했으니 돕는 만업(助滿業)도 충분하다고 할 수 있다. 따라서 행하는 씨앗(行因)으로 볼 때는 위 동아리(上輩) 가서 태어났을 것이다. 다만 말년 파계 문제를 어떻게 해석해야 할지는 아미따붇다께서 결정할 문제이다.

끝으로 원효 대사가 극락을 가려면 반드시 극락을 가겠다는 바람(願)이 있어야 한다. 전국을 돌아다니며 모든 사람에게 염불하여 극락 가라고 권했으니 본인도 당연히 바람이 있었다고 봐야 한다. 그리고 그런 사실을 더 뚜렷하게 뒷받침해 주는 것이 바로 아미따붇다의 본성을 증명하는 게(彌陀證性偈)이다. 이는 고리(高麗) 때 보조 지눌普照知訥(1158~1210)의 저서 『법집별행록 절요 병입사기法集別行錄節要幷入私記』에서 인용하여 우리에게 알려졌다.

乃往過去久遠世(내왕과거구원세)
　지난날 오랜 먼 옛날 세상에
有一高士號法藏(유일고사호법장)
　법장이라는 한 고결한 선비 있었으니
初發無上菩提心(초발무상보제심)
　마침내 위 없는 깨달음 마음 내
出俗入道破諸相(출속입도파제상)

세속 떠나 도에 들어 모든 상 깨트렸네.

雖知一心無二相(수지일심무이상)

한마음에 두 개 상 없음을 알았지만

而愍群生沒苦海(이민군생몰고해)

괴로움 바다에서 나고 죽는 무리 가여워

起六八大超誓願(기육팔대초서원)

48가지 크고 높은 다짐과 바람 일으켜

具修淨業離諸穢(구수정업이제예)

정토업 모두 닦아 온갖 더러움 떠났네.

한편, 최자崔滋(1188~1260)가 쓴 원묘 요세(圓妙了世, 1163~
1245)의 비명, 「만덕산 백련사 원묘국사萬德山白蓮社圓妙國師碑銘幷
書 비명 및 머리말」에는 원효의 징성가澄性歌를 인용하였다.

法界身相難思議(법계신상난사의)

법계 모습(신상) 알기 어려우니

寂然無爲無不爲(적연무위무불위)

감감하여 하는 것도 안 하는 것도 없다.

至以順彼佛身心(지이순피불신심)

저 (아미따) 붇다의 몸과 마음 그대로 따르면

故必不獲已生彼國(고필불획이생피국)

그 때문에 틀림없이 그 나라(극락)에 나리라.

증성게가 법장이 48가지 바람으로 중생을 구하는 정토업을 닦아 깨달음을 얻었다는 것을 증명하여 믿음과 염불행을 하도록 한 것이라면, 징성가는 증성게에서 깨달은 아미따붇다를 그대로 따르면(나모, namo, 南無) 모두 극락에 간다는 것을 강조하여 믿고 가려는 마음을 내도록 하여 열심히 염불하도록 하는 노래이다.

이 두 가지 게송은 원효가 이론은 물론 실천적인 면에서 극락에 가서 태어날 씨앗(因)을 쌓기 위해 노력하였고, 그런 원효가 후대 고리(高麗) 때에도 극락 가서 태어난 본보기로 쓰고 있다는 것을 알 수 있다. 그러므로 엮은이는 원효 대사를 『극락 간 사람들』에 망설이지 않고 모셨다.

2. 문무왕(661~681) 때 16관법으로 극락 간 광덕과 엄장

문무왕(661~681) 때, 광덕과 엄장이라는 사문이 있었는데, 두 사람은 서로 친하여 밤낮으로 약속하기를 "먼저 극락(安養)으로 돌아가는 사람이 꼭 서로 알리도록 하자."라고 하였다. 광덕은 분황사(芬皇) 서쪽 마을(西里) [또는 황룡사에 서거방(西去房)이 있다고 하는데, 어느 것이 옳은지 알 수 없다.]에 숨어서 짚신 삼는 일을 업으로 하면서 처자와 함께 살았고, 엄장은 남악南岳에 암자를 짓고, 힘써 큰 농사를 지으며 살았다.

하루는 해그림자가 붉게 노을 지고 소나무 그늘이 고요히 저무는데, 창밖에서 알리는 소리가 들렸다.

"나는 이제 서녘(극락)으로 가네, 그대는 잘 지내다가 빨리 나를 따라오게나."

엄장이 문을 밀치고 나가 쳐다보니, 구름 밖에서 하늘의 음악 소리가 들려오고, 밝은 빛이 땅까지 비쳤다. 이튿날 엄장이 광덕이 사는 곳을 찾아가니 광덕이 정말로 세상을 떠났다. 이에 그의 아내와 함께 광덕의 주검을 거두어 장사를 지냈다. 일을 마치고 그 부인에게 "남편이 죽었으니 나와 함께 지내는 것이 어떻겠소?"라고 하니, 부인이 "좋다."고 하였다. 그렇게 하여 그 집에 머물게 되었는데, 밤에 자면서 관계하려 하니, 그 부인은 원망하며 말했다.

"스님께서 (서녘) 정토를 찾는 것은 마치 나무에 올라가 물고기를 구하는 것과 같습니다."

엄장이 놀라고 괴이쩍어 물었다.

"광덕도 이미 그렇게 지냈는데, 나와는 어찌 꺼리는가?"

부인이 말했다.

"남편은 나와 10년 넘게 살았으나 아직 하룻밤도 한자리에서 잔 적이 없었는데 어찌 몸을 더럽혔겠습니까? 오로지 밤마다 바르게 앉아서 한결같은 목소리로 아미따불을 불렀고, 언젠가는 (관무량수경) 16관법을 닦으며 관법이 무르익어 달빛이 창으로 들어오면 그 빛 위에 올라 그 위에서 가부좌하였습니다. 이처럼 정성을 쏟았는데, 비록 서녘 정토에 가지 않으려 한들 어디로 가겠습니까? 무릇 천 리 길을 가고자 하는 사람은 그 첫걸음부터 알 수가 있는 것인데, 지금 스님 하는 것을 보면, 동녘으로 가는 것이지 서녘으로 간다는 것은 알 수가 없는 일입니다."

엄장은 이 말을 듣고 부끄럽고 무안하여 물러 나와, 그 길로 원효 법사가 계시는 곳으로 가서 도를 닦는 고갱이(津要)를 간곡하게 구했다. 원효는 삽관법鍤觀法을 만들어 그를 지도했다.

엄장은 자기 몸을 깨끗이 하고 잘못을 뉘우쳐 스스로 꾸짖고, 한 뜻으로 관법을 닦았기 때문에 그 역시 서녘 정토로 가게 되었다. 삽관법은 원효 법사의 전기와 해동승전海東僧傳에 나와 있다.[6]

그 부인은 바로 분황사의 계집종이었는데, (관음보살) 19응신 가운데 한 분이었다. 광덕에게는 일찍이 이런 노래가 있었다.

달아, 이제 서녘까지 가시어
무량수불 앞에 사뢰어 주소서.
다짐 깊으신 부처님께 우러러 두 손 모아
"(극락) 가서 나기 바랍니다(願往生),
가서 나기 바랍니다."
라고 바라는 사람이 있다고 아뢰소서.
아아, 이 몸 버려두고, 버려두고,
48가지 큰 바람(四十八大願) 이루실까 저어합니다.

6) 삽관법은 원효 법사의 『본전(本傳)』과 『해동고승전(海東高僧傳)』에 있다. "믿음은 씨앗이며, 고행은 비이며, 지혜는 나의 멍에와 쟁기이며, 마음은 멍에의 끈이며, 부드러움은 막대기이며, 마음 챙김은 보습과 소몰이 막대일세. 몸을 단속하고, 말을 조심하고, 음식을 알맞게 먹는다. 진실은 나의 풀 깎는 기계이며, 온화함은 멍에를 벗음이네. 정진은 나의 짐을 진 소이며, 속박으로부터 안온함으로 이끈다네. 쉼 없는 정진으로 슬픔 없는 곳에 이르네. 이렇게 밭갈이가 끝나면 불사의 열매를 거두며, 모든 괴로움에서 벗어난다네. [네이버 지식백과] 삽관법 [鍤觀法] (문화원형 용어사전, 2012.)

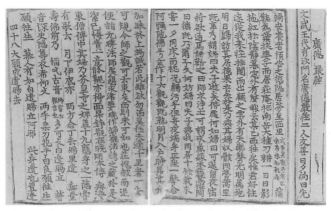

자료 : 『삼국유사』5권, 7 감통(感通), 광덕 · 엄장(廣德 · 嚴莊)

ꆙ 보정의 꼬리말

엄장이 원효 대사 지도를 받은 것으로 보아 같은 시대 인물이라는 것을 알 수 있다. 극락 간 시기는 원효보다 앞서지만, 엄장을 지도했으므로 원효를 먼저 보았다. 극락 가겠다는 뚜렷한 바람(願)으로 소리 내서 이름을 부르는 칭명염불과 『관무량수경 16』관법을 수행하여 극락 간 이야기다.

3. 717년, 불상을 남기고 정토로 간
   노힐부득과 달달박박

「백월산에서 두 성인이 도를 이룬 이야기(白月山兩聖成道記)」에 이런 기록이 있다.

"백월산은 신라 구사군仇史郡 북쪽에 있다(옛날 굴자군이고, 지금의 의안군이다). 산봉우리는 기이하고 빼어났으며, 산줄기가 수백 리 뻗어 있어 참으로 큰 진산이다."

옛 노인들이 전하여 말한다.

"옛날 당나라 황제가 일찍이 못을 하나 팠는데, 달마다 보름 전에 달빛이 밝으면, 못 가운데 있는 산에 사자처럼 생긴 바위가 꽃 사이로 은은하게 비치며 그림자가 못 가운데 나타났다. 황제는 화공에게 명하여 그 모양을 그려 사신에게 주고 천하를 돌며 찾게 했다. 그 사신이 신라(海東)에 이르러 이 산을 보니 큰 사자암이 있고, 산 서남쪽 2보쯤 되는 곳에 삼산三山이 있는데 그 이름이 화산이고 생김새가 그림과 같았다. 그러나 그 산이 진짜인지 아닌지는 알 수 없으므로 신발 한 짝을 사자암 꼭대기에 걸어 놓고 돌아와 아뢰었다. 그런데 신발 그림자 역시

못에 비치므로 황제는 이상히 여겨 그 산의 이름을 백월산이라고 했다. 그 뒤로는 못 가운데 나타났던 산 그림자가 없어졌다."

(이) 산 동남쪽 3천 보쯤 되는 곳에 선천촌仙川村이 있고, (그) 마을에는 두 사람이 살았다. 한 사람은 노힐부득努肹夫得[득得은 등等이라고도 한다.]인데, 아버지의 이름은 월장月藏이고, 어머니는 미승味勝이었다. 또 한 사람은 달달박박怛怛朴朴인데, 아버지 이름은 수범修梵이고, 어머니 이름은 범마梵摩였다. 향전鄕傳에 치산촌雉山村이라고 한 것은 잘못이다. 두 사람의 이름은 사투리인데, 두 집에서 각각 두 사람의 마음 수행이 오르고 또 올라 지조를 지켰다는 두 가지 뜻을 가지고 이름 지은 것이다.

이들은 모두 풍채와 골격이 범상치 않고 세속을 벗어나 큰 뜻이 있어 서로 좋은 벗이었다. 20세가 되자 마을 동북쪽 고개 밖에 있는 법적방法積房에 가서 머리를 깎고 중이 되었다. 얼마 뒤 서남쪽 치산촌 법종곡 승도촌에 옛 절이 있는데 마음을 닦을 만하다는 말을 듣고, 함께 가서 각각 대불전大佛田과 소불전小佛田이란 두 마을에 살았다. 부득은 회진암懷眞庵에 살았는데 양사壤寺라고도 했다. 박박은 유리광사瑠璃光寺[지금의 이산梨山 위에 있는 절터]에 살았다. 모두 처자를 거느리고 와 살면서 생업에 종사하였으며, 서로 오가며 수행하고, 속세를 떠나고 싶은 마음이 잠시도 떠나지 않았다.

그들은 몸과 세상이 덧없음을 보며 서로 말했다.

"기름진 밭과 풍년 든 해는 참 좋으나, 옷과 밥이 마음 따라 생겨 저절로 배부르고 따뜻함을 얻는 것만 못하고, 부인과 집이 참 좋으나 (비로자나불) 연지화장蓮池花藏에서 여러 성인과 노닐고, 앵무새·공작새와 함께 서로 즐기는 것만 못하다. 하물며 불도를 배우면 마땅히 붇다가 되고, 참된 것을 닦으면 반드시 참된 것을 얻는 데에 있어서랴! 이제 우리는 이미 머리를 깎고 중이 되었으니 마땅히 몸에 얽매여 있는 것을 벗어 버리고 무상의 도를 이루어야 할 터인데, 이 속된 일에 파묻혀서 세속 무리와 함께 지내면 되겠는가?"

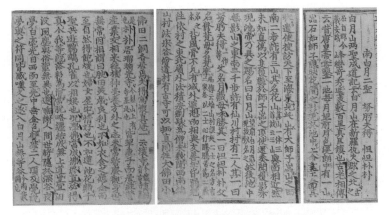

『삼국유사』3권, 4 탑상(塔像), 남백월이성(南白月二聖), 노힐부득 달달박박(努肹夫得怛怛朴朴)

이들은 마침내 인간 세상을 떠나 깊은 산골에 숨으려 했다.

그런 어느 날 밤 꿈에 서녘에서 두 눈썹 사이에서 나온(白毫) 빛이 오더니, 그 빛 속에서 금빛 팔이 내려와 두 사람의 이마를 쓰다듬어 주었다. 깨어나 이야기하니 두 사람이 똑같은 꿈을 꾼지라 오랫동안 감탄하더니, 드디어 백월산 무등곡으로 들어갔다.

박박 스님은 북쪽 고개 사자암을 차지하여 판잣집 8자 방을 짓고 살았으므로 판잣집(板房)이라고 하고, 부득 스님도 동쪽 고개 돌무더기 아래 물 있는 곳에 방을 만들어 살았으므로 돌무더기방(磊房)이라 했다. 이들은 각각 암자에 살면서 부득은 열심히 미륵불(彌勒)을 구했으며, 박박은 예를 갖추어 아미따불(彌陁)을 염念했다.

3년이 채 못된 경룡 3년 기유(709) 4월 8일은 성덕왕이 임금자리에 오른 지 8년이 되는 해다. 날이 저물 무렵 스무 살쯤 된 한 낭자가 매우 아름다운 얼굴에 난초와 사향의 향기를 풍기면서 문득 북쪽 암자에 와서 자고 가기를 청하며 말했다.

"갈 길 먼데 해 떨어져 온 산이 저물고,
길 막히고 인가 멀어 사방이 고요하네.
오늘 밤 이 암자에 묵어가려 하오니,
자비하신 화상이여 노하지 마오."

박박은 말했다.

"절은 깨끗해야 하니, 그대가 가까이 올 곳이 아니오. 이곳에서 시간 끌지 말고 어서 다른 데로 가보시오."

하고는 문을 닫고 들어가 버렸다.

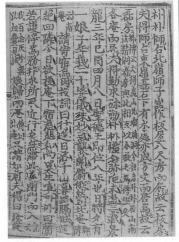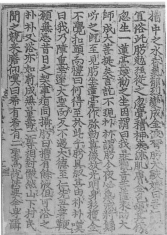

낭자는 남쪽 암자로 가서 전과 같이 청하자 부득은 말했다.

"그대는 이 밤중에 어디서 왔는가?"

"근본이 본디 텅 빈 것인데 어찌 오고 감이 있겠습니까! 다만 어진 선비가 바라는 뜻이 깊고 덕행이 높고 굳다는 말을 들었기로 깨달음(菩提)을 이루게 도우려 할 따름입니다."

그리고는 게偈로 말했다.

깊은 산길 해 저물었는데
가도 가도 인가가 없으니,
소나무 대나무 그늘 한층 그윽하고
골짜기 시냇물 소리 더욱 새로워라.
길 잃어 갈 곳을 찾는 것이 아니라
높은 스님의 뜻 인도하려 함이니,
부디 나의 청만 들어주시고
길손이 누군지 묻지 마오.

부득 스님은 이 말을 듣고 몹시 놀라면서 말했다.

"이곳은 여자와 함께 있을 곳이 아니나, 중생을 따름도 역시
보살행의 하나일 것이오. 더욱이 깊은 산골에서 날이 어두웠으
니 어찌 소홀히 대접할 수 있겠소."

이에 그를 맞아 읍하고 암자 안에 있도록 했다. 밤이 되자 부
득은 마음을 가라앉히고 정신을 가다듬어 희미한 등불이 비치
는 벽 아래서 고요히 경을 읽고 염불했다. 날이 새려 할 때 낭자
는 부득을 불러 말했다.

"내가 불행히도 마침 해산기가 있으니 스님께서는 짚자리를 마련해 주십시오."

부득은 가엽게 여겨 물리치지 못하고 촛불을 들고 정성껏 도왔다. 낭자는 아이를 낳고 몸을 씻겠다고 했다. 부득은 부끄럽고 두려웠지만 가엽게 여기는 마음이 더 커서 마지못해 또 목욕통을 준비하였다. 낭자를 통 안에 앉히고 물을 데워 목욕을 시키는데 잠시 후에 통 속 물에서 향기가 나면서 물이 금물(金液)로 바뀌었다. 부득이 크게 놀라자 낭자가 말했다.

"우리 스님께서도 이 물에 목욕하는 것이 좋겠습니다."

마지못해 부득이 그 말에 좇았다. 그러자 갑자기 정신이 상쾌해지면서 피부가 금빛으로 바뀌었다. 그 옆을 보니 문득 연꽃자리(蓮花臺)가 있고, 낭자가 부득에게 앉기를 권하며 말했다.

"나는 관음보살인데 이곳에 와서 대사를 도와 큰 깨달음을 이루도록 한 것이오."
말을 마치더니 이내 보이지 않았다.

한편 박박은 '부득이 지난밤에 틀림없이 계를 더럽혔을 것이 므로 가서 비웃어 주리라.' 하고 가서 보니 부득은 연꽃자리에 앉아 미륵존상이 되었고, 금빛으로 꾸며진 몸에서는 찬란한 빛이 나고 있었다. 박박은 자기도 모르게 머리를 조아려 절하며 말했다.

"이게 어떻게 된 것입니까?"

부득이 그 까닭을 자세히 말해 주자 박박은 탄식하며 말했다. "나는 업장이 무거워서 큰 성인을 만나고도 못 만난 것이 되었습니다. 큰 덕 있고 지극히 어진 그대가 나보다 먼저 뜻을 이루었군요. 부디 지난날의 교분을 잊지 마시고 나도 함께 될 수 있도록 도와주셔야겠습니다."

"통 속에 금물이 남았으니 목욕하면 됩니다."

박박이 목욕하자 부득처럼 무량수(불)이 되어 두 분이 서로 뚜렷이 마주보고 있었다. 산 아랫마을 사람들이 이 말을 듣자 다투어 달려와 우러러보며 감탄하였다.

"참으로 드문 일이로다!"

두 성인은 그들에게 불법의 고갱이를 설하고 온몸이 구름을 타고 가 버렸다.

천보 14년 을미(755) 신라 경덕왕이 왕 자리에 올라 이 일을 듣고 정유(757)에 사자를 보내 큰 절을 세우고 이름을 백월산 남사라 했다. 광덕 2년 갑진(764) 7월 15일에 절이 완성되므로, 다시 미륵존상을 만들어 금당에 모시고 액자를 〈몸을 나타내 도를 이룬 미륵 법당(現身成道彌勒之殿)〉이라 했다. 또 아미따불상을 만들어 법당에 모셨는데 남은 금물이 모자라 몸에 골고루 바르지 못한 탓으로 아미따불상에는 얼룩진 자국이 있다. 그 편액에는 〈몸을 나타내 도를 이룬 무량수 법당(現身成道無量壽殿)〉이라 했다.

(『삼국유사』) 편자의 생각을 말한다.

낭자는 참으로 여인 몸으로 나투어 교화한 것이다. 화엄경에서 선지식 마야부인이 십일지十一地에서 부처를 낳아 해탈문解脫門을 여환如幻(환은 여러 방법으로 코끼리·말·인물 등을 나타내어 사람들에게 사실이 아닌 것을 사실처럼 느끼게 하는 것)한 것과 같다. 낭자가 아이를 낳은 뜻이 여기에 있으며, 그녀가 준 글은 슬프고 간곡하며 사랑스러워 하늘의 선녀 같은 깊은 맛이 있다. 아, 만일 낭자가 중생을 따라서 다라니를 깨치어 알지 못했다면 과연 이처럼 할 수 있었겠는가?

이 글 끝 구절은 마땅히 '맑은 바람 한 자리하니 꾸짖지 마오.' 라고 해야 하지만, 그렇게 하지 않음은 세속의 말처럼 하고 싶지 않은 탓이다.

기리어 읊는다.

푸른 빛 드리운 바위 앞에 문 두드리는 소리
날 저물었는데 어느 길손 구름 빗장을 두드리는가.
남암이 가까우니 그곳으로 가시지
나의 뜰 푸른 이끼 밟아 더럽히지 마오.

이상은 북쪽 암자를 기린 글이다.

산골에 어두우니 어디로 가리
남창 아래 빈자리에 머물다 가오.
깊은 밤 백팔염주 가만가만 굴리니
길손 시끄러워 잠 못 들까 두려워라.

이것은 남쪽 암자를 기린 것이다.

10리 솔 그늘 길 헤매다가
밤 절간 찾아 중을 시험했네.
세 차례 목욕 끝나 날 새려 하니
두 아이 낳아 두고 서녘으로 갔네.

이것은 성인 낭자를 기린 것이다.

권 보정의 꼬리말

많은 보살이 수행할 때 붇다가 되어 중생을 건지는 방편으로 더럽혀지지 않은 맑은 나라(淨土)를 발원하고, 그 정토를 이루어 중생을 구제한다. 약사여래, 아촉불 같은 붇다의 정토를 비롯하여 미래 붇다가 될 미륵의 도솔천으로 가는 미륵정토도 있다. 신라 때는 미륵정토와 아미따 붇다의 극락정토가 크게 유행하였다. 노힐부득은 미륵정토를 달달박박은 극락정토를 발원하여 수행한 결과 두 사람 모두 바라는 정토를 간 이야기다.

우리가 수행할 때 자기가 가려는 정토를 뚜렷하게 하여야 하는 것(願)을 잘 보여 주는 이야기다. 그 바람(願)에 따라 신행(行)이 달라지고 그에 따른 열매(證果)도 다르기 때문이다.

이 이야기에서는 관세음보살의 시험과 도움으로 각각 미륵존상과 아미따붇다의 상을 남기고 간 이야기가 특이하다.

4. 경덕왕(742~765) 때 불보살이 극락으로 맞이한 포천산 다섯 비구

삽량주歃良州 동북쪽 20리쯤 떨어진 포천산에 석굴이 있는데, 기이하고 빼어나 마치 사람이 깎아 놓은 것 같다. (그곳에) 이름을 알 수 없는 다섯 비구가 와서 아미따불을 염하며 서녘 (정토)를 구한 지 몇십 년 만에 갑자기 서쪽으로부터 불보살들(聖衆)[7]이 와서 그들을 맞이했다.

이에 다섯 비구는 각각 연화대에 앉아 하늘을 타고 가다가, 통도사 문밖에 이르러 머물렀는데, 이따금 하늘에서 음악 소리가 울렸다. 절 중들이 나와 보니, 다섯 비구는 "(삶이란) 덧없고 (無常) 괴로우며(苦) 공空하다."는 이치를 설명하고, 죽은 몸뚱이를 벗어 버리더니, 큰 빛을 내뿜으며 서녘으로 가 버렸다. 절 중들이 그들이 죽은 몸뚱이를 버린 곳에 정각을 짓고 치루置樓라 불렀는데 지금도 남아 있다.

---

7) 성중(聖衆) : 성자의 무리란 뜻으로 부처님 및 성문, 연각, 보살을 말함. 사람의 목숨이 다할 때 정토에서 아미따불 및 성중(聖衆)이 맞이하러 오는 것은 성중래영(聖衆來迎)이라고 한다.

『삼국유사』「포천산 5비구」「염불 스님」

∞ 보정의 꼬리말

짧은 내용이지만 염불하여 극락에 간 뚜렷한 기록이다.

5. 피리사 염불스님(念佛師)은 극락에 가셨나?

남산 동쪽 기슭에 피리라는 마을이 있어 그 마을에 있는 절을 피리사避里寺라고 했다. 그 절에는 이름을 알 수 없는 기이한 중이 있었다. 늘 아미따불을 염하였는데 그 소리가 성 안까지 들려 360방 17만 호에서 그 소리를 듣지 않은 이가 없었다. 높고 낮음이 없는 소리는 한결같이 낭랑하였다. 그 때문에 그를 기이하게 여기며 공경하지 않는 사람이 없었으며, 그를 모두 '염불 스님'이라 불렀다.

그가 죽자 그의 흙으로 상을 만들어 민장사敏藏寺 안에 모시고 그가 본디 살던 피리사를 염불사라고 이름을 고쳤다. 이 절 옆에 또 절이 있는데 이름을 양피사라 했으니 마을 이름을 따서 얻은 이름이다.

ꇙ 보정의 꼬리말

염불 스님이 마지막 극락에 가는 장면은 빠졌지만 심은 씨앗(因)이 뚜렷하여 극락 간 것(果)은 당연한 것이므로 모셨다. 연대를 알 수 없으나 포천산 다섯 비구 이야기 다음에 기록되어 있어 그 순서에 따랐다.

6. 경덕왕(742~765) 때 계집종 욱면이 염불하다 서녘 극락으로 오르다

경덕왕(742~765) 때 강주康州(지금의 영주) 남자 신도 수십 명이 서녘(정토)을 정성껏 구하여 주의 경계에 미타사란 절을 세우고 10,000일(萬日)을 정하여 계契를 만들었다. 그때 아간 (벼슬을 한) 귀진貴珍의 집에 계집종 하나가 있었는데 욱면이라 불렀다. 욱면은 주인을 모시고 절에 가면 마당에 서서 중을 따라 염불했다. 주인은 그녀가 자신의 직분에 맞지 않는 짓을 하는 것이 못마땅하여 하룻밤에 곡식 2섬을 다 찧게 했는데, 계집종은 초저녁에 다 찧어 놓고 절에 가서 염불하기를 밤낮으로 조금도 게을리하지 않았다. ['내 일 바빠서 큰집 방아 서두른다.' 라는 말이 여기서 나온 듯하다.]

그녀는 뜰 좌우에 긴 말뚝을 세우고 두 손바닥을 뚫어 노끈으로 꿰어 말뚝 위에 매고는 합장하면서 좌우로 흔들면서 스스로 격려했다. 그때 하늘에서 '욱면 낭자는 법당 안에 들어가 염불하라.' 라는 소리가 들렸다.

절 중들이 이 소리를 듣고 계집종에게 권해서 법당에 들어가 법식에 따라 정진하게 했다. 그러자 얼마 안 되어 서녘에서 하늘 음악 소리가 들려오더니, 욱면은 몸이 솟구쳐 집 대들보를 뚫고 올라가 서쪽 교외에 이르러 몸뚱이를 버리고 진신眞身으

로 바뀌어 연꽃자리(蓮花臺)에 앉아 큰 빛을 내면서 천천히 가
버렸는데, 오랫동안 하늘에서 음악 소리가 그치지 않았다. 그
법당에는 지금도 뚫어진 구멍 자리가 있다고 한다. (이상은 마
을에서 전해 내려오는 이야기다.)

　『해동고승전』을 살펴보면, "동량棟梁 팔진八珍이란 관음보살
이 (중생의 바람에) 맞추어 나타난 것이었다. 무리를 모으니 1
천 명이 되었는데, 두 패로 나누어 한패는 일하고, 한패는 힘껏
수행하였다. 그 일하는 무리 가운데 일을 맡아 보던 이가 계戒
를 얻지 못하여 짐승길(畜生道)에 떨어져 부석사浮石寺 소가 되
었다. (그 소가) 일찍이 경전을 싣고 갔기에 경전의 힘을 입어서
바뀌어 태어나 아간 귀진의 집 계집종이 되어 이름을 욱면이라
고 하였다. 일이 있어서 하가산下柯山에 갔다가 꿈에 감응을 받
고 드디어 도심道心을 냈다. 아간의 집은 혜숙 법사惠宿法師가 세
운 미타사와 거리가 멀지 않아 아간은 늘 그 절에 가서 염불했
는데, 계집종도 따라가 마당에서 염불하였다."라고 했다.

---

8) 보리사(菩提寺)는 잘못 읽은 것이므로 보디사로 바로 잡는다. 자세한 것은 다음 자료를
　볼 것. 서길수, 「반야심주(般若心呪) 소릿값(音價)에 관한 연구」, 한국불교학회 『한국불
　교학』 (96), 2020. 서길수, 『모든 붇다가 보살피는 아미따경』, 맑은나라, 2022.

이처럼 9년 동안을 했는데, 을미년 정월 21일 예불하다가 집 대들보를 뚫고 올라갔다. 소백산에 이르러 신발 한 짝을 떨어 뜨렸으므로 그곳에 보디사(菩提寺)[8]란 절을 지었고, 산 밑에 이르러 몸을 버렸으므로 그곳에는 두 번째 보디사를 지었다. 그 법당에는 '욱면이 하늘로 오른 법당(郁面登天之殿)'이라는 현 판이 붙었다. 지붕 용마루에 뚫린 구멍은 열 아름이나 되었는 데도, 세찬 비나 눈이 아무리 내려도 집안이 젖지 않았다.

나중에 일 벌이기 좋아하는 이들이 금탑 1좌를 본떠 만들어 그 구멍에 맞추어서 먼지받이(承塵) 위에 모시고 그 기적을 기 록했는데, 지금도 그 현판과 탑이 그대로 남아 있다.

욱면이 간 뒤 귀진도 그의 집이 비범한 사람이 의탁해 살던 곳이므로 집을 보시해 절을 만들고 이름을 법왕사라 했으며 밭 과 밭 갈 사람을 바쳤다. 오랜 뒤 절은 허물어져 쓸쓸한 빈터가 되자 대사 회경懷鏡이 승선承宣 · 유석劉碩 · 소경小卿 · 이원장李 元長과 함께 원을 세워 중창하였는데, 회경이 몸소 토목공사를 맡았다. 재목을 처음 옮기던 날 회경의 꿈에 어떤 늙은이가 삼 과 칡으로 삼은 신을 각각 한 켤레씩 주었다. 또 회경은 옛 신사 에 가서 불교의 이치로 타일러 그 신사 곁에 있는 재목을 베어 다가 5년 만에 공사를 마쳤다. 또 노비까지 더하여 이 절은 매 우 융성해졌고, 그 뒤 동남지방에서 이름난 절이 되었는데 사람들은 희경을 귀진이 다시 태어난 사람이라 했다.

논평하여 본다. 고을 안에서 나온 옛 책을 살펴보면 욱면의 일은 경덕왕 시대의 일이다. 징(徵: 珍일 수 있다)의 본전에 따르면 원화 3년 무자(808) 애장왕 때의 일이라 했다. 경덕왕 이후 혜공왕 · 선덕왕 · 원성왕 · 소성왕 · 애장왕 같은 5대까지 모두 60년이 넘는다. 귀 징徵=珍이 먼저이고 욱면이 뒤가 되므로 그 차례가 마을에서 전하는 것과 어긋난다. 여기서는 두 가지를 다 실어 의심을 없앤다.

기리어 읊는다.

서녘 이웃 옛 절에는 등불 밝은데
방아 찧고 갔다 오면 밤은 깊어 이경이네.
한 마디 염불마다 붇다 되고,
손바닥 끈을 꿰니 그 몸 바로 잊네.

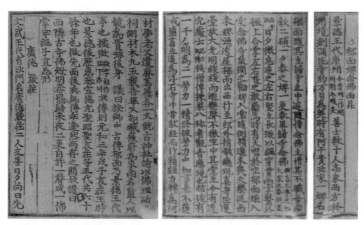

『삼국유사』권5-7 감통(感通) 욱면비염불서승(郁面婢念佛西昇)

권 보정의 꼬리말

극락 가는 염불을 하기 위해 만일계萬日契를 만들었다는 기록과 함께 계원인 귀진의 계집종이 극락으로 간 이야기다. 일연 스님은 마을에서 전해 내려오는 자료(鄕傳)와 『해동고승전』의 기록을 모두 싣고 있다. 비록 기이한 일이라 계집종 욱면이 극락으로 간 이야기만 나왔지만, 만일계에 참석한 많은 계원도 극락에 갔을 것이 틀림없다.

7. 초기 경전(아함경) 읽고 나서야 극락이 받아 준 신라 스님 유(兪)

승려 유(兪)는 신라 사람이다. 어려서 출가하여 정토교에 진심으로 귀의하였다. (초기 경전인) 아함경을 외는 사람이 있으면 헐뜯고 꾸짖었으며 가져다 버리라고 말했다. (어느 날) 꿈속에서 극락 동쪽 문에 이르러 문 안으로 들어가려 하였다. 이때 수많은 하늘 동자들이 문밖에 서서 보물 지팡이로 승유를 쫓아내며 말했다.

"작은 도(小道)가 망해 없어지면 큰 가르침(大敎)도 모두 사라진다(滅相)[9]. 작은 법(小法)으로 사다리를 삼아 큰 도(大道)로 올라가는 것이 너희 나라 법식이다. 교만한 마음에서 아함

---

9) 멸상(滅相) : 사상(四相)의 하나로 현재의 상태가 쇠멸하여 과거의 상태로 돌아가는 모양을 이른다. 쉽게 말해 인연에 의해 생긴 일체의 존재가 사라짐을 일컫는 말이다.
10) 싸하세계(Sahā-lokadhātu, 娑婆國土) : 한자는 소리 나는 대로 사바(娑婆) · 사하(沙訶) · 사하(沙呵) · 색하(索訶)라고 했고, 뜻으로는 참고 견딤(堪忍) · 참는 나라(忍土)로 옮겼다. 사꺄무니 붇다가 태어난 이 세상을 말한다. 이 땅의 중생은 여러 가지 번뇌를 참고 나가야 하고, 또 성인도 이곳에서 어려움을 참고 교화해야 하므로 이 세상을 '참고 견디는 나라'라고 했다. 우리가 흔히 싸하세계라고 하는데, 한자에서 사바(娑婆)와 사하(沙訶 · 娑呵)가 다 나온다. 홍법원 사전에는 싸하(Sahā)와 싸바(Sabhā) 두 개의 산스크리트 낱말이 다 나오는데, 불광사전에서는 싸바(Sabhā)는 나오지 않는다. 산스크리트-영어 사전에는 싸하세계를 나타내는 낱말로 싸하(Sahā)만 들고 있고, 싸바(Sabhā)는 모임(assembly), 회합(congregation), 만남(meeting), 회의(council) 같은 뜻

경을 하찮게 여겨 버리고 외지 않으면 대승의 문에 들어갈 수가 없다."

　이런 얘기들이었다. 꿈을 깨고 나서 슬프게 울면서 잘못을 뉘우치고 (장아함경, 중아함경, 잡아함경, 증일아함경 같은) 4가지 아함경을 모두 가지고 외우고 나니 (아미따불이) 오셔 정토로 맞이하게 되었다. 제자들도 꿈을 꾸었는데, 스승께서 연꽃을 타고 와서 말씀하셨다.

　"내가 싸하(娑婆)세계[10]에서 아함경을 모두 외어 본습本習[11]을 따랐기 때문에 먼저 작은 길(小道)을 깨닫고 머지않아 다시 큰 도(大道)에 들어갔다."[12]

만 있고 '참고 견디다'는 뜻이 없다. 홍법원 사전에는 또 싸바-빠띠(Sabhā-pati)가 '싸하세계 주, 곧 범천을 말함'이라고 했는데, 산스크리트-영어사전에는 모임의 우두머리(the president of assembly)라는 뜻만 나와 있고 그런 뜻이 없다. 결과적으로 사바세계는 '싸하세계'라고 하는 것이 옳다고 보아, 여기서는 '싸하세계'로 옮겼다.

11) 본습(本習) : 여태까지 익혀 배워서 습관적으로 몸에 밴 것.

12) 〈第九新羅僧俞誦阿含生淨土感應(新錄)〉, 三寶感應要略錄,「釋子非濁集」卷之中(大正藏第 51 册 No. 2084). 〈僧俞者。新羅人也。少出家歸心於淨土敎。見諸誦持阿含者。毀呵言捨。夢至極樂東門。將入門中。爾時有無量天童子。在門外立。以寶杖驅出俞曰。小道滅沒。卽大敎滅相。以小法爲梯橙登大道。是汝國式也。輕慢阿含捨不誦。不可入大乘門云云。夢覺悲泣悔過。兼持誦四阿含。得淨土迎。弟子亦夢。師坐蓮花。來語曰。我娑婆兼誦阿含。依本習故。先得小道。不久還入大矣。〉

권 보정의 꼬리말

간추린 삼보가 감응한 이야기(三寶感應要略錄)는 송나라 때 승려 비탁非濁이 여러 문헌에서 삼보, 곧 붇다(佛) · 가르침(法) · 쌍가(僧)와 관련된 감응 이야기들을 모아 엮은 책이다. 3권으로 구성되어 있으며,「불보 모음(佛寶聚)」상권에는 불상에 대한 감응담 50편,「법보 모음(法寶聚)」중권에는 경전 감응담 72편,「승보 모음(僧寶聚)」하권에는 보살들이 감응하여 나타난 보기 42편이 실려 있다. 이 이야기는 중권에 실린 내용으로 신라시대 정토신앙과 아함경에 대한 인식을 알게 하는 중요한 자료이다.

이 이야기는 극락을 가려는 정토 수행자에게 아주 중요한 점을 보여 주고 있다. 정토 행자들은 염불만 강조하고 참선을 비롯하여 다른 수행은 무시하거나 심지어는 잡행雜行이라고 비판하는 경우가 많다. 어떤 특정 조사나 스님이 경전의 한 구절을 자의적으로 해석하여 내세운 법문을 맹종하여 일어난 일들이다.

『아미따경』을 보면 극락 가서 공부하는 과목이 모두 초기경전에 나오는 수행법이라는 것을 알아야 한다.

"사리뿌뜨라여, 또한 그 나라에는 늘 온갖 기묘한 빛깔의 새들

이 있는데, 고니 · 공작 · 앵무 · 사리 · 깔라빙까(Kalaviṅka) · 공
명共命 같은 여러 새들이 밤낮 여섯 때 서로 어울려 우아한 소리
를 낸다. 그 소리는 5가지 뿌리(根) · 5가지 힘(力) · 7가지 깨치
는 법(菩提分) · 8가지 괴로움을 없애는 길(聖道分) 같은 가르침
을 펴는 것이기 때문에, 이 소리를 들은 중생들은 모두 마음에 붇
다(佛)를 새기고, 가르침(法)을 새기고, 쌍가(saṁga, 僧伽 · 僧)를
새긴다."

정토법문도 대승법문 가운데 하나이고 모든 법문은 다 붇다
가 설하신 방편이므로 속으로는 다 통하게 되어 있다. 그러므
로 정토 행자도 붇다가 말씀하신 가르침이 무엇인지 그 바탕을
공부하여 알고, 정토법문이 그런 붇다의 가르침에서 어떤 방편
인지 알고 수행해야 한다. 정토를 강조한 나머지 다른 수행법을
헐뜯는 것은 쌍가의 화합을 깨는 5역죄에 해당하기 때문이다.
우리나라 문헌에 흔히 없는 자료라서 한문 원문도 주에 싣는
다.

8. 786년, 건봉사 만일연꽃모임이
극락에 새 연못을 만들었다

「대한국 간성 건봉사' 아미따불 만일 연꽃모임' 에 대해

전해 내려오는 이야기」

「大韓國杆城乾鳳寺萬日蓮會緣起」[13]

숭록대부 의정부찬정 내부대신 겸 홍문관학사 조병필이 짓고 숭록대부 의정부찬정 농상공부대신 김가전이 짓다. 통정대부 전 행대구판관 정학교가 전서로 쓰다.

불전에 이르기를 "여기서 10만 억 분다나라를 가면 한 세계가 있으니 이름이 쑤카마띠(須摩提)[14]다. 극락 나라(極樂國)라고 옮기며, 아미따불이라는 분다가 계시는데 가없는 목숨(無量壽)이란 뜻이다. 실로 위로는 현겁賢劫 7불[15]을 잇고, 아래로는

---

13) 「大韓國杆城乾鳳寺萬日蓮會緣起」,『국역건봉사의 역사적 발자취』, 고성문화원, 2000.
14) 산스크리트 쑤카마띠(Sukhāmatī) 또는 쑤카바띠(Sukhāvatī)를 한자로 소리 나는 대로 옮기면서 수가제(須阿提) · 수가마제(須呵摩提) · 수가마지(須呵摩持)라고 했다. 쑤카(Sukha)는 즐거운(pleasant), 기분 좋은(agreeable), 편한(comfortable), 행복이 가득한(happy), 번창한(prosperous)이란 뜻이고 Sukha 즐거운(pleasant), 기분 좋은(agreeable), 편한(comfortable), 행복이 가득한(happy), 쑤카바띠(Sukhāvatī)는 '기쁨이나 즐거움이 가득하다(full of joy or pleasure)' 는 뜻이다.

중생을 괴로움의 바다에서 건져 주시는 큰 성인이다."라고 하였다.

때는 당나라 숙종 건원 무술(758)[16]에 신라국 (강원도) 고성현 원각사에 발징發徵이라는 큰스님이 있었는데 법명은 동량棟樑이었으며, 산문에 주지였다. 큰 발원을 세우고 정신·양순 같은 두타승 31명을 불러 '아미따 만일 연꽃모임(彌陀萬日蓮會)'을 만들고 향도 1,820[17]명과 결연하였다. 1,700명은 먹을 것을 바라지하고, 120명은 입을 것을 바라지하였는데, 해가 바뀔 때 집마다 쌀 1말, 기름 1되 반, 굵은 베 1단씩을 내어 오랫동안 바라지 하였다.

29년이 지나 병인년(786) 7월 17일 밤중에 큰물이 도량 문밖까지 넘쳤다. (이때) 아미따불과 관음·세지 두 보살이 자금색

---

15) 현겁 7불 : 현겁은 삼겁(三劫)의 하나. 현세(現世)의 대겁(大劫)을 이른다. 이 시기에는 많은 붇다가 나타나 중생을 구제한다고 한다. 사꺄무니붇다가 나기 이전 붇다 6명을 합해 7명을 현겁 붇다라고 했다.

16) 원문에는 무자년이라고 했으나 숙종 건원(乾元) 연간에는 무자년이 없다. 건원은 무술년(758)과 기해년(759)밖에 없고, 사적비에 무술이라고 했으므로 758년으로 옮긴다.

17) 원문에 1,828명으로 되었으나 다음에 이어지는 1,700+120=1,820명과 달라 1,820명으로 정리하였다.

연꽃자리(蓮臺)를 타고 문 앞에 다다라, 금빛 팔을 펴서 염불하던 대중들을 이끌어 맞이하시는 것을 대중들이 보고 모두 기뻐서 펄쩍펄쩍 뛰었다. 이는 지금까지 본 적이 없는 일로, 붇다께서 대중을 거느리고 슬기배(般若船)에 올라 48가지 바람(四十八願)을 노래하며 흰 연꽃 세계로 가서 상품상생에 태어나도록 하셨다.

그때 발징 큰스님은 돌아다니다 금성에 이르러 양무良茂 아간阿干[18] 집에서 잤다. 그날 밤 큰 불빛이 그 집을 환히 비추자 동량棟樑(발징)은 깜짝 놀라 일어나서, 양무 아간과 집안 남녀가 함께 밖으로 나와 보니 관음보살이 나투셔서 동량에게 말씀하셨다.

"너의 도량 스님들은 붇다가 맞이하셔서 서녘 정토 상품상생에 태어났으니 빨리 가 보아라!"

말을 마치자 온데간데가 없었다. 동량이 곧 가 보려고 하자, 양무가 말하였다.

"우리 스님께서 처음 발원을 하셨을 때 '나는 어리석은 무리를 먼저 제도한 뒤 세상을 뜨겠다고 하셨고, 저희 역시 29년 동

---

18) 신라 때에 둔, 십칠 관등 가운데 여섯째 등급. 육두품이 오를 수 있었던 가장 높은 관등이다.

안 자못 작으나마 정성을 기울였는데, 오늘 어찌 이같이 저희를 버리고 홀로 가려 하십니까?'

이처럼 온몸으로 땅을 치며 울음을 그치지 아니하자 동량은 양무 등을 데리고 가서 31명 스님을 보니, 육신은 이미 올라가 사라져 버렸다. 마음이 맑아지고 기뻐 도량을 향하여 1,300번이 넘게 절을 한 뒤 다비하였다. 그리고 (향도들 가운데서도) (염불) 수행을 계속한 향도 913명은 도량의 대중과 함께 단정히 앉아서 한꺼번에 세상을 떠나고(극락에 가서 태어났고) 나머지 907명은 아직 남아 있었다.

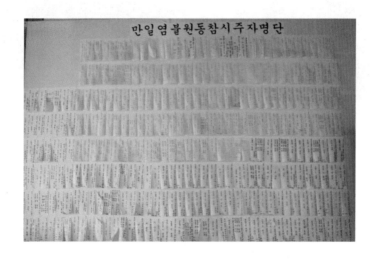

동량이 도량에 돌아온 지 7일 만에 또 아미따불이 나타나 배를 가지고 함께 타라고 하니 동량이 아뢰었다.

"우리 향도를 아직 제도하지 못하였는데 어떻게 혼자 갈 수가 있겠습니까? 이는 본원本願이 아닙니다."

붇다께서 다시 말씀하셨다.

"18명은 상품중생으로 태어날 수 있고 나머지는 왕생할 수 있도록 업을 더 닦게 한 뒤 다시 와서 제도하겠다."

이렇게 말씀하시고 홀연 자취를 감추었다.

33인 등공유적 기념탑   31명이 하늘로 올라간 것을 기념하는 등공비
(2008년 10월 30일 찍음)

향도들이 듣고 눈물을 흘리며 뉘우치고 괴로워하였다.

"우리가 어떠한 죄업을 지었는지도 모르지만 홀로 (극락에) 가서 태어나지 못하게 되지 않았는가!"

이렇게 서로 이야기하고, 더욱 부지런히 정진하여 밤을 지새

워가며 게으름을 피우지 아니하였다. 또 7일이 지난 밤중에 아미따불이 다시 슬기배를 가지고 와 동량에게 말하셨다.

"내가 본원의 힘으로써 너를 맞아 극락에 가도록 하려 한다."

동량은 감사의 말을 올리고, 눈물을 흘리며 말했다.

"만약 단월檀越들이 무거운 죄가 있어 극락에 갈 수가 없으면 맹세코 지옥에 들어가 대신 그들의 괴로움을 받아 그 죄를 영원히 없애고 모두 다 왕생케 한 다음에야 왕생토록 하겠습니다."

붇다는 말을 멈추게 하고 말씀하셨다.

"31명을 상품하생에 가서 태어나게 하겠다. 그 나머지는 네가 먼저 왕생하여 붇다의 수기를 받아 무생법인을 깨닫고 지혜와 신통을 갖춘 뒤 다시 사람으로 태어나 모두 제도하도록 하여라."

동량은 붇다가 타이르는 가르침을 듣고 믿음으로 받아들인 뒤, 머리를 숙여 붇다의 발을 받들고 배에 올라 서녘 정토에 가서 태어났다.

大韓國杆城乾鳳寺萬日蓮會緣起

崇祿大夫議政府贊政內部大臣兼弘文舘學士　趙秉弼撰
崇政大夫議政贊政農商工部大臣　金嘉鎮書
通政大夫前行大邱判官　丁學喬篆

經曰。此去十萬億刹。有世界。名須摩提。譯云極樂國。有佛。號阿彌陁。譯云無量壽。寔上承賢刼七佛。下度苦海衆生之大聖人也。維時唐肅宗乾元戊子。新羅國固城縣開覺寺。刱設彌陁萬日蓮會結徒千八百二十八人。千七百人爲粥飯施主。百二十人。爲衣服施主。住持山門。發誓弘願。請頭陁僧貞信良順等三十一人。每歲斂諸家家。出米一斗香油一升五綜布一端。爲長年供具。至二十九人丙辰七月十七日夜半。大水暴漲于道塲門外。阿彌陁佛與觀音勢至二菩薩。乘紫金蓮臺。至門前白蓮花世界。接引念佛大衆。于是佛領大衆。上殿若船。唱四十八願。往符金色門。令生上上品。時棟樑。巡到金城。宿良茂阿干家。是夜大光明。普照其室。棟樑驚起。與良茂阿干及家內男女出見。觀普菩薩。現身告棟樑。漿佛捧引。西方淨土上上品生。速往見之。言記遴邅。棟樑欲往。良茂曰我師最初發願。謂如我愚迷等先度然後出世。我等亦謂二十九年。遠徔見之勞。今日何得棄我等。獨自往也。舉身擗地。唱泣不己。棟樑乃牽良茂等。徔見三十一僧。與道塲三十一僧。一時遴邅。肉身勝化。頗有徵生欣慶。向道塲千三百餘拜。然後茶毘之。因行歷香徒家。則九百十三人。我香徒。猶有未度者。獨先九百七人尙存。棟樑還至道塲七日。又見阿彌陁佛。持船命同載。棟樑自言。我香徒。一時遴邅。餘往者。非本願。佛復告言。十八人。可上品中生。其餘復令作業熟。然後來度之也。告己遴邅。香徒聞之。悲泣懷惱。相謂曰我等不知作何罪業。更加精勤。曉夜匪懈。又七日夜半。阿彌陁佛。復以船謂棟樑言。我以本願力。故迎汝與俱往也。棟樑謝而泣曰。若檀越有重罪。無往生分。譬入地獄。代受其苦。悟無生忍。然後當往生也。佛言止止。三十一人。上品下生。其餘汝宜先往。衆佛授記。智慧神通。還到人生。乃能度衆生。棟樑聞佛敎勅。信受稽首。即奉佛足。上船往生西方淨土。其後至高麗。故固城爲烈山縣。寺名西鳳。于時有康州阿干長者。再設蓮會。與二十一人。同心

대한국 간성 건봉사 '아미따불 만일 연꽃모임'에 대해 전해 내려오는 이야기 원문

■ 건봉사 남은 발자취(乾鳳寺事蹟)

「대한국 강원도 금강산 간성 건봉사 남은 발자취」
「大韓國江原道金剛山杆城乾鳳寺事蹟碑」[19]

대한황국大韓皇國 동쪽에 금강산이란 산이 있으니 빼어난 명승지로 천하에 소문이 났다. 붇다의 보궁과 스님들 요사채가 있으며, 산으로 둘러싸인 이곳에 사는 사람들이 자그마치 1,000명이 넘었는데, 간성 건봉사가 으뜸이라 하였다.

신라 법흥왕 7년(520)에 세워졌는데, 때는 양나라 천감 19년 경자년이다. 무릇 건봉사는 이름이 세 번 바뀌었으니 처음에는 원각圓覺이라고 했고, 고리(高麗) 때는 서봉西鳳이라 했으며, 오늘날 건봉乾鳳이라 부르고 있다. 이는 절 서북 모퉁이에 봉황 같은 돌이 있어 그렇게 붙였다 한다.

---

19) 「大韓國杆城乾鳳寺萬日蓮會緣起」, 『국역건봉사의 역사적 발자취』, 고성문화원, 2000.

당나라 숙종 건원 무술년(758), 신라 경덕왕 17년에 이르러 발징發徵 동량棟樑(법명) 화상이 만일연꽃모임(萬日蓮會)을 만들어 29년이 된 병인년(786)에 만일을 채우자 아미따 붇다가 나투셔, 두타행 하던 31인을 제도하니 몸뚱이가 공중으로 날아 올라갔다. 향도 961명도 잇따라 해탈하여 서녘 나라(극락)로 갔다. 절 북쪽 5리에 몸을 벗은 다비 터가 있고, 떨어진 뼈가 아직도 남아 있다.

김부식(옮긴이 주: 일연의 잘못)이 지은 『삼국유사』를 살펴보니 발징은 관음이 중생 구제를 위해 나타난 것이라 했다. 또 강주康州 아간 귀진阿干貴珍은 발징을 뒤따르려 미타사 혜숙소惠宿所에 가서 마음을 내 염불할 때마다 계집종 욱면郁面이 따라가 뜰에서 참여하였는데, 말뚝에 노끈을 걸고 손바닥에 걸고 부지런히 정진하며 물러나지 않았다. 이때 공중에서 "절 안으로 들어가라."라고 일러, (들어간 지) 얼마 되지 않아 하늘에서 음악 소리가 나며 (욱면이) 집 들보를 뚫고 올라갔다고 『삼국유사』에 실려 있으니, 이는 사관史官 필법으로 알린 뒤에 쓴 것이니, 발징의 다짐과 바람이 얼마나 넓고 깊었는지 상상할 수 있다.

大韓國江原道金剛山杵城郡乾鳳寺事蹟碑

大匡輔國崇祿大夫宮內府大臣持進官金根命撰
崇祿大夫宮內府大臣弘文館學士題頎閔丙奭書
通訓大夫前行大邱判官羅州丁學敎篆

大韓國之東。有山。曰金剛。秀脫名勝。時僨天下。佛宮寶刹。稱乾鳳爲第一。新羅法興王七年所創建。有鳳石焉云。面阿彌陀佛現身。零介浦寺也。凡三易名。琛山面居者。無慮十百計。以杵城之乾鳳爲第一。新羅法興王七年所創建。至唐真宗乾元戊戌。新羅景德王十七年。在高麗日西偏。今稱乾鳳。蓋貝寺之遷也。開於天下。佛宮寶刹。發心念佛。每到彌陀寺直官所。遺事所載。即是史筆之面。隨性願念。面發微之管。與秀徒九百六十一人。隨現也。又云康州有阿△寺△△。嘉發微芳開。穿屋樑壁去。遺事中載之。以石柱承軒檻也。乃普陀組師悟道處也。木朝乙酉。世祖東幸至設萬日蓮會。至二十九年丙寅。寺北五里。滿萬日。度頂陞三十一人。肉身勝化。養微。觀音應現也。有穽中數人入空。未嘗從天墨。頼弘深可思也。屬寺有普陀庵。盤隱陟紆。情勢不退。前後解體。零片存處。按金粘所僕三國遺事云。

건봉사 등공대

등공이란 육신이 살아있는 그대로 허공으로 날아오르면서 몸은 벗어버리고 마음만 부처님의 연화세계로 들어가는 것을 말한다. 등공은 열불만일회에서 이루어진다.

불기 1785인 신라경덕왕 17년 무술(서기 758)년 발징화상에서 원각사를 중수하고 염불만일회(염불수행을 목적으로 살아서는 편안한 생활을 하고 죽어서는 극락왕생할 것을 기원하는 법회)를 베푸니 이것이 한국불교 만일염불회의 효시이다. 이때 발징화상이 정신, 양순동 스님 31명과 아미타 열불 정진을 하였는데 신도 1,820명도 뜻을 같이하여 동참 하니 그 가운데 120인은 외호를, 1,700명은 음식을 공양하며 기도하였다.

서기 787년(신라 원성왕 3년) 만일 째 되는 날 염불만일회에서 염불정진을 하던 스님 31명이 아미타불의 가피를 입어 극락 정토에 태어났으며 기도에 동참 했던 신도들도 여생을 편하게 살다가 차츰 극락왕생 하였다.

건봉사 북북에 있는 등공대(민통선 내)에는 만일(27년 5개월)동안 기도하던 스님들이 서기 787년 회향 할 때 건봉사를 중심으로 사방으로 허공을 1.5km지점까지 날아가, 육신은 땅에 버리고 마음만 둥공한 스님들의 법구(시신)를 수습하여 봉사리 대(臺)가 있다. 오랜 세월 비바람에 씻기고 허물어져 패허가 된 상태로 있자, 이곳에서 기도하던 알씬 성을 가진 연대원이라는 보살이 이를 안타까이 여겨 백원의 돈을 내 놓으면서 이곳에 기념탑을 세워 봉안 할 것을 서원하자, 이에 스님들이 호응하고, 신도들이 협조하여, 순식간에 모인 돈이 천원이 되어 갑인년 4월에 불사를 시작하여 을묘년 5월에 공사를 마친 등공기념 탑이 있는 곳이다.

따라서 이곳은 성지 중의 성지로서, 참배를 하는 모든 이들의 업장이 소멸되고 삶의 길상함이 더해져 큰 복락을 누릴 수 있는 곳이다. 등공대는 6.25전쟁 이후 민통선에 가려 민간인 출입이 통제되어 있다가, 2005년 이후 부터는 출입이 자유로워져 사찰관리자 인솔 하에 누구나 함께 할 수 있게 되었다.

건봉사 연꽃모임비(蓮會)(2008.10.30.)　　　건봉사 사적비(2008.10.30.)

권 보정의 꼬리말

만일연꽃모임(萬日蓮會)이란 10,000일이란 기한을 정하고 염
불수행에 정진하는 모임을 말한다. 만일은 27년 145일이라는 긴
세월이므로 염불에 전념하는 팀과 그 팀을 뒷바라지하는 팀으
로 나누어 조직적으로 진행하였다는 것을 알 수 있다. 출가자와
재가자를 가리지 않고 많은 인원이 참가하고, 그 기간이 만일이
나 되고, 조직적으로 수행에 전념하는 팀과 바라지하는 팀을 나
눈 이런 모임은 불교사에 일찍이 없던 처음 있는 일이었다.

비록 29년이라는 세월이 들었으나 그 결과는 놀라울 만큼 빛났다. 두타승 31명과 향도 1,820명, 모두 1,851명이 시작하여, 31+913명=944명이 상품상생으로, 18명이 상품중생으로, 31명이 상품하생으로, 모두 993명이 한꺼번에 극락에 가서 태어났으니, 그 수가 많아 극락에 새로운 연못이 생겨나지 않을까 해서 엮은이가 "건봉사 만일연꽃모임(萬日蓮會)이 극락에 만든 연못"이라고 이름을 붙였다.

나머지 858명도 머지않아 극락으로 갔을 것이다. 첫째, 바로 보는 앞에서 993명이 극락 가는 것을 직접 보았으니 그 믿음이란 생사를 걸 만큼 단단했을 것이고, 그러한 믿음을 바탕으로 세운 극락 가겠다는 발원은 폭풍에도 흔들릴 수가 없었을 것이며, 그런 믿음과 발원을 가진 향도들의 수행 강도는 하늘을 찔렀을 것이다. 하물며 발징화상이 극락 가서 상품상생으로 태어나 아미따 붇다를 뵙고 무생법인을 얻은 뒤 돌아와 나머지 향도들을 이끌었을 것이니, 어떻게 못 갈 수 있겠는가!

둘째 마당

고리(高麗) 시대 극락 간 사람들

고리(高麗) 시대 극락 간 이야기(往生記) 머리말

이번 『韓國 往生傳, 극락 간 사람들』을 쓰면서 가장 많은 소득을 얻었고, 가장 많은 시간을 쓴 것이 바로 이 고리(高麗) 시대 극락 간 사람들 이야기다.

14년 전인 2008년 왕생전을 쓰기 시작하여 입산한 2009년까지 고리 시대 왕생기는 단 한 편도 찾지 못했다. 2012년 하산하여 역사서를 섭렵하면서, 고리(高麗) 시대 극락 가서 태어난(往生) 사람들을 찾기 위해 『고리사』, 『고리사절요』 같은 정사와 『제왕운기帝王韻紀』, 『파한집破閑集』, 『보한집補閑集』, 『역옹패설櫟翁稗說』 같은 꽤 여러 문집에서 아미따불, 정토, 극락, 왕생, 염불 같은 낱말로 검색해 보았으나 결과가 없었다. 『고리사』와 『고리사절요』에는 아미따불이 딱 1번씩 나오는데, 다 불교를 비판하는 글에서 나온다. 문집들이 대부분 유학자들의 역사 · 시평 · 수필 · 시화가 주를 이루기 때문이다.

그러다가 이번에 마음을 먹고 논문과 책들을 검색하는 과정에서 다음 두 자료에서 금맥을 찾아냈다.

박윤진, 「고려시대 정토왕생(淨土往生)에 대한 믿음과 그 의미의 확
장」, 한국사상사학회 『한국사상사학』(67) 2021.04.

金龍善, 『高麗墓誌銘集成』, 한림대아시아문화연구소, 2012.

김용선, 『역주 고려 묘지명 집성』 개정 3판, 한림대학교 출판부, 2021.

불과 1년 전에 발표한 박윤진의 논문에서 몇몇 극락 간 보기
를 인용하였고, 그 밖에 관련된 무덤돌 글(墓誌銘)도 이름을 소
개하였다. 고리시대 당시 무덤돌에 새겨진 글에 극락 간 보기
들이 나온다는 사실을 알고 바로 고리시대 무덤돌에 관해 가장
권위 있는 한림대 김용선 교수의 저서를 검색해 보았다. 김교
수와는 이미 1999년 고구리연구회가 주최하는 '서희와 고리의
고구리 계승의식' 학술대회에서 엮은이가 「서희의 가계 연구」
를 발표하고 김용선 교수가 토론을 맡은 인연을 가지고 있어 김
교수가 무덤돌에 대해 깊이 연구한다는 것을 알았지만 당시만
해도 엮은이는 고리 시대보다는 고구리 시대를 집중 연구하고
있었고, 더구나 극락 가는 이야기를 연구할 생각도 없었기 때문
에 크게 관심을 갖지 않았다. 그런데 이번에 검색을 해 보니
2001년에 『고리묘지명집성』을 처음 펴낸 뒤 꾸준히 보강하여
2021년에 325개의 무덤돌 글을 우리말로 옮겨 최신판을 낸 것
이다. 바로 책을 사서 상·하권 1,180쪽을 사흘 만에 다 보고, 그
책에서만 극락 간 사람 10명을 찾아내는 데 성공하였다. 그다

음 한문 원문을 찾아서 찬찬히 대조하면서 새로 옮겨 보았다. 특히 한문식 표현을 우리말식으로 옮기려고 노력하였다. 극락 가는 이야기와 상관이 없는 내용도 빼지 않고 모두 넣었다. 극락을 가면 불퇴전이고 언젠가는 성불이 되는 성현들이기 때문에 그런 성현들의 자취를 한 자라도 더 찾아서 넣어야지 빼면 안 되기 때문이다.

글을 모으는 과정에서 역대 스님들의 비문을 모은 李智冠 譯註, 『校勘譯註 歷代高僧碑文』[高麗篇](伽山佛敎文化硏究院, 1996) 3권에서 3편을 더 추가할 수 있었고 원문과 번역문이 국립문화재연구원 금석문 검색과 국사편찬위원회, 고리시대 금석문·문자자료에도 올라 있어 크게 도움이 되었다.

무덤돌 글 가운데 대각국사 의천에 관한 것은 특별하게 본문보다 훨씬 긴 꼬리말을 붙였다. 이는 극락 간 사람을 판단하는 기준을 어떻게 할 것인가 하는 문제를 짚어보기 위한 것이다. 결국 여러 자료를 검토한 결과 의천도 극락에 갔다는 결론이 나왔다. 이렇게 연구를 진행하면서 극락 간 사람들에 대한 기준이 마련되어 백련사 결사를 주도한 요세了世를 비롯하여 더 많은 극락 간 사람을 찾을 수 있었다.

「대한국 간성 건봉사 만일연회 연기大韓國干城乾鳳寺萬日蓮會緣

起」가운데 고리 시대 부분을 따로 검토해 보았다.

그렇게 해서 모두 18분의 극락 간 사람을 실었으나 앞으로 자료를 더 자세히 검토하면 더 많은 분들이 나오리라고 본다. 고리(高麗)[20]를 가리켜 흔히 불교 나라라고 말한다. 불교가 나라와 왕실의 의례에 중요한 역할을 하였을 뿐 아니라 일반 백성들의 생활에도 깊이 뿌리내렸기 때문일 것이다. 이처럼 불교가 신앙은 물론 정치적으로도 큰 기능을 했으나 고리의 위정자들과 지식인에게 정치는 유교라는 기본의식이 꾸준히 이어져 내려왔다. 그러므로 고리가 불교 국가처럼 보이지만 깊이 들여다보면 유교와 불교의 두 축이 공존했으며 도교까지도 용인한 다양한 전통과 신앙이 공존한 다원적 사회였다. 이번에 검토한 무덤돌 글들을 보면 대부분 불자가 쓰지 않고, 글 잘 쓰는 선비들에게 부탁하여 썼으므로 벼슬을 비롯하여 평생의 일대기는 자세하지만, 신앙생활과 마지막 숨을 거둘 때의 생사 문제에 대한 언급은 크게 모자라는 것을 알 수 있다. 그런 글의 행간을 읽고 신앙에 관한 자료를 보강하여 다시 평가하면 극락 간 사람들이 더 많이 나올 것이라고 믿는다.

---

20) '高句麗=고구리', '高麗=고리'라고 읽는다. 서길수,『고구려 본디 이름 고구리(高句麗)』(여유당, 2019. 12.)를 볼 것.

강원도 금강산 건봉사 전경 (2008.10.30. 엮은이 찍음)

1. 건봉사 만일연회 아간의 계집종 왕생

대한국 간성 건봉사 만일연회 연기(大韓國杆城乾鳳寺萬日蓮會緣起)

고리(高麗) 시대에 이르러 고성固城을 고쳐 열산현烈山縣이라 하고 절 이름을 서봉西鳳이라 하였다. 이때 강주康州에 살던 아간阿干이란 장자가 다시 연꽃모임(蓮會)을 만들어 21명이 모두 한마음으로 다짐하였다. 이때 아간의 계집종이 하루에 1섬 쌀을 찧어 이바지를 올리는 일을 하면서 틈이 나면 대중을 따라 염불하였다.

어느 날 밤 뜰 좌우에 말뚝을 박고 새끼줄을 이어 손바닥을 묶어 놓고 있는데 홀연히 공중에서 말소리가 들려왔다.

"정진하러 온 여인은 왜 도량에 들어오지 않는가? 빨리 가서 알리도록 하여라."

야간 및 도량에 있던 대중은 한꺼번에 놀라고 두려워 여인을 도량으로 들어가라고 하였다. 그때부터 그 여인은 일념으로 정근하여 (3×7=)21일이 되자 몸뚱이가 솟아올라 대들보를 뚫고 5리쯤 날아가 몸을 버리고 정토로 갔다.

절 북쪽 5리 되는 곳에는 소신대燒身臺라는 돌무지로 쌓은 탑이 있는데 버린 허물이 아직도 남아 있다. 그 뒤 집 들보를 뚫고 날아오른 일은 저절로 모여 대대로 이어 전해 내려왔다.

동량 (스님)이 연회蓮會를 만들었을 때 감원監院에 계율을 어긴 사람이 있었는데 몸이 바뀌어 부석사 소로 태어나 화엄경을 싣고 다녔다. 이같이 몸이 변하여 여자가 된 것도 염불하는 사람에게 이바지한 인연을 맺어 얻은 업보라고 한다. 이상 첫째 만일연꽃모임(蓮會)과 둘째 만일연꽃모임 모두 이 절 옛 자취(故蹟)에 함께 실려 있다.[21]

권 보정의 꼬리말

　머리말에서도 보았듯이 고리(高麗)는 불교 나라였다. 그러므로 신라부터 전통을 가졌던 만일연꽃모임이 이어졌으리라는 것은 쉽게 알 수 있다. 이 자료에는 21명이 연꽃모임을 만들었다고 했는데, 앞에 10,000일이란 말이 빠졌지만 만일연꽃모임이라고 볼 수 있다. 그리고 마지막에 이것을 둘째 연꽃모임이라고 하며 이 절의 옛 유적에 실려 있다고 했다.

　그러나 현재 학계에선 두 번째 만일연꽃모임은 조선 후기 1801년에 다시 이어졌다고 보는 경향이다.[22] 엮은이는 비록 신라 때처럼 규모가 크지는 않지만 모임이 계속 이어졌다고 본다. 여기서 21명이 모임을 가졌다고 했으나 그 21명이 극락에 간 이야기는 없고, 아간의 계집종 이야기를 들었다. 그러나 계집종 이야기는 앞의 신라편을 보면 「계집종 욱면이 염불하다 서녘으로 오르다(郁面婢 念佛西昇)」의 내용과 거의 같다는 것을 알 수

---

21) 「大韓國杆城乾鳳寺萬日蓮會緣起」, 『국역건봉사의 역사적 발자취』, 고성문화원, 2000.
22) 이종수, 「건봉사 제2차 萬日念佛會 재검토」, 『불교학연구』 제25호, 2010, 142쪽.
23) 목정배, 「만일염불회의 성립과 의미」, 『韓國淨土思想研究』, 동국대불교문화연구원, 1985; 한보광, 「건봉사의 만일염불결사」, 『불교학보』 33, 동국대불교문화연구원, 1996; 한보광, 『信仰結社研究』, 如來藏, 2000; 한보광, 「新羅 · 高麗代의 万日念佛結社」, 『佛教學報』(31), 동국대 불교문화연구원, 1994. 신종원, 『삼국유사』 「욱면비

있다. 그러므로 고리시대 21명에 대한 열매(證果)가 없고, 신라의 보기를 든 것 때문에 학계에서는 인정하지 않고 있다고 본다.

그러나 엮은이는 기록이 전하지 않아서 그렇지 고리시대 만일연꽃모임은 이어졌다고 보는 것이 옳다고 본다.[23]

方淨土。其後至高麗。改固城爲烈山縣。寺名西鳳。于時有康州阿干長者。再設邌會。與二十一人。同心誓願。阿干婢子。曰春一石米。供奉作務。隨大衆念佛。一日夜。於庭中左右釘橛。貫索繩次。忽空中有聲曰。精進女。阿放不入道場。速徃赴也。主阿干及道場衆。一時驚悸。命女赴道場。時其女。一念精勤。至三七日。肉身騰起。透穿屋橡。去五里許。乘身而徃淨土也。有燒身為磊塔。寺北五里許。遺說俏存。其後。屋橡之透穿者。自台而不漏和存。棟橡連會中者。轉身作浮石寺牛。戴持華嚴經。如是身轉爲女。以供養念佛人因緣。獲是報云。以上第一第二邌會。供裁本寺故蹟。至本朝。改然

2008년 10월 30일 등공 기념비 앞에서 엮은이(이은금 찍음)

2. 939년, 여산 혜원 좇아 극락 간 진공(眞空) 대사

있는 곳 : 경상북도 연주시 풍기읍 삼가로 661-29 비로사

참고 : 『校勘譯註 歷代高僧碑文』高麗篇1(1994)

(깨짐) 상주국上柱國 신臣 최언위崔彦撝가 왕명을 받들어 짓고,
(깨짐) 병부대감兵部大監 상주국上柱國 사단금어대賜丹金魚袋 신臣
이환추李桓樞는 교서에 따라 비문을 쓰다.

(깨짐) 그러나 (사꺄무니 붇다) 니르바나는 너무 빠르고, (미
륵불) 용화龍華가 널리 사람과 하늘을 맡겠지만, 너무 늦게 나오
는 것을 못내 슬퍼하지 않을 수 없다. 우리나라에서 천축까지
거리는 너무나 멀고, 설산은 더욱 멀고 험한 길이다. 그러므로
불교가 인도에서 일어나 이미 오래되었으나, 붇다의 말씀(伽
譚)이 동녘 나라에 전해 오지 못하였다. 옛날 (주나라) 성왕이
불교 전래에 대한 비결을 적어 남교사南郊祀 곁에 묻어 두었는
데, (후한) 명제(AD 60년) 때 비로소 임금의 꿈에 나타났다. 그
리하여 고승의 자취가 이어져 (깨짐) 동쪽 나라(震旦 : 인도 동쪽
은 한나라)로 와서 불교가 자리를 잡기 시작하자 기존 세력인
도교의 반발이 시작되었다. 이 때문에 영평 10년(AD 67) 도교
지도자와 불교 고승이 법력을 판가름하였는데, 마침내 도교가

지자 도교인들은 변경으로 도망가거나 스스로 목숨을 끊었다. 이로써 점차 천성이 밝아져, 불교로 눈을 돌려 법안을 엿보게 되었다.

이때 아라한·보살인 원각대사(달마대사)가 동쪽으로 양나라에 들어와 국경을 넘어 위나라 갔다. 처음으로 혜가가 팔을 바치는 정성 때문에 능가경과 마음의 고갱이를 전했다. (깨짐) 그 뒤 모두 그 도를 우러러보게 되었고, 6대에 가서 종宗을 세우니 거듭 빛이 나고 적통의 줄기가 이어져 꽃부리와 빛깔이 함께 피어나 더욱 향기로웠다. 남악에 이르러 그 빛을 이어 강서에 퍼지면서 그의 법손도 낱낱이 헤아릴 수 없을 정도이다.

(깨짐) 대사의 이름은 □운□運이요, 속성은 김씨이니, 계림 사람이다. 그의 선조는 성한聖韓에서 강등하여 내물왕 때 다시 일어났고, 뿌리에서 가지까지 약 100세 동안 아름다운 길을 걸었다. 할아버지 산극(珊〈玉+余〉)은 관직이 본국의 집사시랑執事侍郎에 이르렀으며, 아버지 확종確宗은 여러 번 벼슬하여 본국의 사병원외司兵員外에 이르러 함께 조상의 덕을 선양하면서 가문의 명예를 빛냈다. 어머니 설씨薛氏는 일찍이 (깨짐) 을 꾸고는 훌륭한 아들을 낳기를 발원하여 사슴 왕을 보는 특별한 상서를 얻어, 드디어 대중 9년(855) 4월 18일에 태어났다. 스님은 선천적으로 태어날 때부터 성스러운 모습을 지녔고, 어렸을 적에

도 전혀 장난하지 않았다.

8살 때 아버지가 돌아가시자 슬퍼하면서 누구를 의지하여 살 것인가 하고 피눈물을 흘렸으며, 그 슬픔을 이기지 못하여 늘 짠 것(醢)을 안 먹었다. 공부할 때가 되어 책을 끼고 가서 가르침을 받을 때는 (깨짐) 천재로서 다섯 줄을 한꺼번에 읽어 내려가도 한 글자도 빠뜨리지 않았다. 감라甘羅가 벼슬할 나이에 이미 그 명성이 고향에 널리 퍼졌고, 왕자 진晉이 신선의 도리를 찾아 떠나려던 나이에 서울까지 명성을 떨쳤으니, 어찌 불법에 대한 깊은 전생의 인연이 아니겠는가. 마음에 깊이 세속을 싫어하여 어머니에게 입산 출가할 것을 허락해 주십사하고 간절히 요구하였으나, 어머니는 아들의 간절한 정성을 끝내 막아 허락하지 아니하였다. 그러나 스님은 더욱 그 뜻을 굳혔으며, 어머니는 어릴 때 학업을 중단하는 것은 마치 베틀의 베를 끊는 것과 같다고 설득하였으나 처음 마음먹었던 뜻을 바꾸지 않았다. 마침내 출가하여 명아줏대 지팡이 짚고 산 넘고 물 건너 구도의 길을 떠났다.

가야산에 가서 많은 스님을 찾아뵙고, 선융善融 화상에게 예를 올리고 스승이 되어 달라고 간청하여 화상이 머리를 깎아 주었다. 함통 15년(874) 가야산 수도원에서 구족계를 받았다. 이어 (깨짐) 산에서 여름 안거를 닦으며 부지런히 정진하였으니 어찌 가득 찬 바리때의 기름을 넘치게 했으리요. 그뿐 아니라 (계를 지키길) 바다에 뜬 주머니도 망가뜨리지 않았으니 그윽이 사의四依를 우러러 삼장(경·율·론) 연구를 발원하였다. 수도할 때는 밤잠을 자지 않았고, 글을 읽을 때는 깊고 얕음을 모두 깨달았다.

(어느 날) 선융 화상이 "노승老僧은 대중을 떠나 고요히 지낼 곳을 찾으려 한다. 더 가르칠 능력이 없어 가르치는 일을 그만두려 하니 너희들은 모두 사방으로 떠나라."라고 하니 대중들은 갑작스러운 말씀이었지만 어쩔 수가 없어 바위굴을 떠나 행각을 떠났다.

우연히 어떤 선방 옛터에 이르러 잠깐 가던 길을 멈추고 자세히 살펴보니 이전에 어떤 선사가 안거하던 곳이었다. 안개가 걷힌 후 사방을 살펴보니 옛날 자신이 살던 곳과 완전히 같았기에 자세한 행적을 듣고 아주 편안한 느낌을 가졌다. 그곳에서 얼마 동안 머물다가 다시 운잠雲岑에 가기로 했으니 바로 설악산이다. "동해 곁에 있는데 선조인 (깨짐) □□대사가 적수赤水에서 구슬을 찾다가 (지장 선사) 서당西堂의 법인을 전해 받고 청구靑丘(신라)로 돌아와서 해동의 스승이 되니, 그는 후생을 위하는 선철先哲의 당부를 깊이 간직하였다.

그 뒤 왕명을 받아 진전사陳田寺에 이르러 기꺼이 직접 도의 국사의 허물어진 터를 찾아 그 영탑에 예를 올리고, 스님의 진영을 기리며 영원히 제자가 되는 의식을 펴니, 마치 공자가 (깨짐) 을 스승 삼은 것과 같이 인덕을 그리워했으며, 맹자가 안자顔子를 만나고자 하는 것처럼 의를 소중히 여기고 마음으로 돌아간 것과 같다고 하겠다. 진리가 있으면 능히 알아서 스승 없이 스스로 깨달았다. 한동안 교종敎宗에 머물었다가 선림禪林에서 살았다. 도의道義 스님보다 먼저 고향 스님인 항수선사恒秀禪師가 일찍이 바다 건너 서쪽에 이르러 강표江表지방에 유학하여 서당 지장西堂智藏에게 묻기를 "서당의 법이 만약 동이로 흘러간다면 어떤 아름다운 징험이 있는지 그 묘법을 들려주실 수 있겠습니까?" 하였다. 지장이 대답하되 "불교의 교의가 쑥대밭 속에 깊이 묻혀 있는 것을 찾아내고 불은 쑥 봉오리에서 왕성하게 타니 청구의 도의선사가 그 기운을 이어받아 선법禪法을 전파하리니, 그로부터 모든 것이 스스로 화창하리라." 하였다. 그리하여 그 성문聖文을 추인하니, 100년 뒤 이 사구四句가 널리 전하여, 마치 신선이 서로 만나 단구丹丘라는 곳을 알게 된 것과 같았다. (깨짐) 한 번 이르면 홀연히 (신선이) 밝은 대낮 하늘에 오르는 것을 볼 수 있을 것이다.

그리하여 그는 (깨짐) 봄에 병을 차고 고리 여섯 달린 지팡이를 짚고 중현重玄 언덕에서 숨어 살 곳을 찾았고, 모든 진리 속에서 깊고 깊은 것을 찾았다. 남쪽으로 경주에 이르러 어머니를 위로하고, 서쪽으로 김해를 찾아가서 초은招隱이 머물던 곳을 고쳐 대중 법회를 여니 찾아드는 학인이 구름과 같고, 받아들인 대중은 바다 같았다. 그는 (깨짐) 유가瑜伽 의룡義龍과 (깨짐) 두 영납英衲 대덕으로부터 지난날의 도풍을 듣고, 오묘한 진리를 터득하고는, 간절히 마음을 두고자 하여 함께 제자가 스승을 향하는 정성을 펴게 되었다. 이때 높이 하늘 끝을 우러러보고 멀리는 지구의 밖을 보았다.

(고리 태조) 왕의 기운이 크게 일어나 패도覇圖가 널리 동남에 떨쳤으니, 여광呂光 (깨짐) 을 보지 못하였으나, 정征 (깨짐) 수레를 관사官舍에 머무르고 왕능王能인 장좌승長佐承에게 4가지 공양을 올리게 하며 지극 정성으로 공경하였다. 드디어 잠깐 위급한 상황을 뒤로 제쳐 놓고 대중 스님을 시봉함에 온 힘을 기울였다. (견훤으로부터 왕건에게 넘어온) 국부 최선필 대장은 굳건한 성처럼 불법을 보살피고 돌기둥과 같이 단단한 자실慈室이었는데 (대사를) 경치가 좋은 영경靈境으로 모셔 머물게 하였다. 스님은 여기서 몇 해를 지낸 뒤 무더운 (깨짐) 달빛은 군영을 밝게 비추었으니, 전단향栴檀香 나무가 향기를 풍기고, 구름이 궁전에 일어나니 첨복향薝蔔香이 가득하게 하였다. (깨짐) 대사는 멀리 남녘에서 북녘 경계로 와서 소백산사小伯山寺를 고

쳐 세우고 (스님들을) 청하여 머물게 하였다. 갑자기 조서가 내려와 왕의 간청에 따라 궁전으로 옮겨 가서 기대에 어긋나지 않게 하였다. 절 문을 열자마자 대중이 벼와 삼(稻麻)처럼 줄을 이었고, 뗏집을 넓히니 (깨짐)

(궁예와 견훤 같은) 오랑캐 세력이 바야흐로 태조에게 돌아오게 되었다. 왕은 붇다께 예를 올리는 정성을 펴고자 잠시 수레를 멈추고 공손히 절로 나아가니, 마치 황제가 공동산崆峒山 가서 광성자廣成子에게 도를 묻는 것과 같고, (진나라) 노오盧敖가 도사에게 묻는 것과 같았다. 정성을 다하여 대사를 우러러 (법문) 듣기를 바랐다. 그때 진공대사가 이르되 "제나라 황제가 북녘으로 행차하여 (깨짐)" 문득 기꺼워하였고, 그는 크게 부끄러워하였으니, 어찌 서로 비교할 수 있으리요.

청태 4년(고리 태조 천수 20년, 937) 봄 2월에 대중을 모아놓고 이르되 "서울(京華)에 오는 것은 조계曹溪의 종지에 어긋나는 것이므로 부끄러움을 금치 못하겠다. 서울에서 노니는 것은 실로 (혜원이) 여산에서 (30년 동안 나오지 않은) 마음은 아니다."라고 하였다. 그러나 노승과 대왕은 (깨짐) 이때는 (궁예와 견훤이라는) 두 적이 평정되고, 삼한三韓은 태평성세가 되었으니 먼저 오랑캐를 없앤 신책神策을 경하하고, 또 성스러운 위의威儀를 축하하였다. 임금께서 다시 스님을 찾아 뵙고 용안龍顔에 감회가 더욱 간절하였으며, 거듭 스님이 걸어가는 것을 보고 자주 찾아뵙지 못함을 애석하게 생각하였으나 대사가 (깨짐) 덕산德山으로 옮기고 난 뒤 서로 자주 만나게 되었다.

대사는 이미 죽음이 가까웠음을 알고 하루라도 빨리 산으로 돌아가서 바위 골짜기에서 지낼 수 있게 하여 달라고 엎드려 빌었다. 임금이 스님의 말씀에 대하여 마음 아프게 생각하고 여러 번 선방 문으로 나아가 문안하였다. 대사가 전도前途에 전핍轉逼 후 (깨짐) 학인學人들이 함께 스님을 모시고 공부하기를 원하므로 옛 산(소백산)으로 돌아가서 새로 집을 지었다. 길이 서로 이끌어주고 열심히 수행하라고 하자 모두 통발과 올무를 버렸다. 어느 날 학인이 묻되 "가섭이란 어떤 분입니까?" 하니, 스님이 대답하되 "가섭이니라." 또 "석가는 어떤 분입니까?" 하니, 스님이 대답하되 "석가일 뿐이다." 라고 하였다. 부대不待 (깨짐)

<u>원래 담란曇鸞의 뜻을 따르지 않고, 미리 '목숨이 그지없는 곳 (壽域[24] = 극락)' 에 가기로 마음먹고 혜원慧遠의 뜻을 따라 좋았다.</u> 그러므로 날마다 오묘하고 깊은 이치(玄理)를 이야기하여

---

24) 대보적경 머리말을 비롯하여 많은 논서에도 극락을 '목숨이 그지없는 곳(壽域)' 이라고 썼다.

법을 전할 제자를 구하다가 홀연히 가벼운 병이 생기고 점점 심해져서 천복 2년(937) 9월 1일 (깨짐)에서 입적하였다.

햇빛은 슬프고, 구름은 우울하였으며, 강물은 마르고, 땅은 흔들려 산이 무너지는 듯하였다. 사방 멀리까지 모든 사람은 슬픔에 잠겼을 뿐만 아니라, 이웃 모든 사람은 먹고 마시는 것을 끊었다. 임금께서도 갑자기 스님의 열반 소식을 들으시고 깊이 슬픔에 잠겼다. 특사를 보내 조문하는 한편, 장례에 필요한 자재와 양식을 함께 보냈으니, 왕이 보낸 사람과 문상객들이 오가는 길이 서로 이어졌다. (깨짐) 오직 300보 남짓한 거리였다. 대나무숲에서 나는 소리와 서리 맞은 계수나무처럼 곧은 맵시는 맑고 빼어난 스님의 덕을 나타냈고, 허공에 가득한 그 모습을 우러러봄은 높은 산 같았으며, 헤아리는 슬기는 바다보다 깊었다. 그러므로 사방으로 다니면서 덕화를 베풀어 사람들을 이롭게 하면서 도저히 생각할 수 없는 경계에 머물렀으니 (깨짐) 모든 백성의 인자한 아버지가 되고 모든 중생을 이끄는 스승이 되었다.

법을 전해 받은 제자弟子인 현양 선사玄讓禪師와 행회 선사行熙禪師를 비롯하여 4백 명이 넘게 모두 정법안장(髻珠)을 얻고 함께 심인心印을 전해 받아서 마침내 붇다의 제자가 되었으니, 길이 (깨짐) 속마음은 금과 같고, 지극한 정성은 옥과 같았다.

바라는 바는 서로 보존하여 이름을 후세에 전하여 사라지지 않게 하고, 함께 의논하여 경사스러움을 미래에 무궁토록 보여 주고자 함이다. 이러한 이유로 외람되게 표창장을 내려 주도록 천자(天鑒)에게 아뢰어 청하였다. (깨짐) 그리하여 왕은 시호를 '진공 대사眞空大師'라 하고 탑 이름을 '법을 널리 펴는 탑(普法之塔)'이라 내리시니, 이것이 어찌 그냥 칙명을 반포한 것이라고만 하겠는가. 신하에 명하여 빛나고 고상한 문장을 엮어 법답게 스님의 빛나는 행적을 기리도록 하라 하셨으나, (이 글을 쓰는) 언위彦撝는 문단의 한 잎사귀이고, 학계에서도 한낱 잔살이에 불과하다. (깨짐) 그러나 하는 수 없이 거칠지만 훌륭한 내용의 글을 지으니, 글월(銘)은 이렇다.

(깨짐)(깨짐)(깨짐)

(깨짐) 허공과 같구나.
하늘사람 덕화 사모하고, 승속 덕풍 흠모하며
대천세계 빠짐없이 모두 들어맞네.
이 한 송이 꽃에서 조계의 조사 나오니,
뛰어나고 빼어난 도의국사道義國師다.

(깨짐)(깨짐)(깨짐)(깨짐)(깨짐)(깨짐)(깨짐)(깨짐)(깨짐)(깨짐)

배우는 이 피로 잊고 의원 문 앞 아픈 사람 많네

도에 뜻을 두었으나 이젠 앉을 힘도 없구나.

열반에 드니 재상들이 (부음을) 듣고

(깨짐)(깨짐)(깨짐)

기해년(939) 8월 15일 (비를) 세움, 새긴 사람 : 최환규崔煥規.

【뒷면(陰記) 줄임】

진공대사 비 탁본　　　　　　　진공대사 비풍기 비로사
(국립중앙박물관 e뮤지엄)

卍 보정의 꼬리말

이 비문은 첫 부분은 사꺄무니 이후 불교사로 시작하여 선의 역사가 많이 나온다. 그러나 자세히 들여다보면 왕이 서울로 모셨을 때 "서울에서 노니는 것은 실로 (혜원이) 여산에서 (30년 동안 나오지 않은) 마음은 아니다."라고 해서 수행의 모델이 여산의 혜원이라는 것이 뚜렷하게 보인다. 그리고 말년에는 극락을 목적으로 하여 담란의 수행법과 혜원의 수행법을 견주어 보고 혜원의 수행법을 택했다는 것을 알 수 있다. 날마다 법을 전할 제자를 구하기 위해 깊은 이치를 설한 것은 바로 여산 혜원처럼 함께 산문을 나서지 않고 수행하여 극락에 가는 것이었다.

3. 945년, 대중에게 염불시키고 들으며 입적한 광자 대사

있는 곳 : 전라남도 곡성군 죽곡면 태안로 622-215. 태안사
참고 : 『校勘譯註 歷代高僧碑文』高麗篇1(1994)]
(국립문화재연구원 금석문 검색)
이능화, 『역주 조선불교통사 전8권』, 동국대학교출판부, 2010. 09. 10.

유당有唐 고리국(高麗國) 무주武州 동리산桐裏山 대안사大安寺
광자대사 비문廣慈大師碑文과 아울러 머리말.

태상太相 전수예빈령前守禮賓令 원봉령元鳳令 겸지제고兼知制誥
상주국上柱國 사자금어대賜紫金魚袋 신臣 손소孫紹가 왕명을 받들
어 비문을 짓고, 사찬沙粲 (깨짐) 監 (깨짐) 賜緋魚 (깨짐) 는 비
문을 쓰다.

허공을 쳐서 메아리치게 하는 것은 진실로 깨달음으로 나아
가는 능력에 응하는 진실만은 취하고 소리를 감추려 한 것이니,
어찌 이것이 미혹에 처하는 술문術門이 아니겠는가. 비록 넓으
나 저 언덕으로 나아갈 수 없고, 비록 밝으나 그 경지를 넘기는
어려운 것이다. 지극한 이치가 그 가운데 있으니 그루터기만 지
는 자는 견성할 수 없으며, 참 마루는 마음 밖에 있어 식견이 좁
은 사람은 심인心印을 전해 받을 수 없다. 여러 삶 동안 도의 씨

앗을 심었으므로 비로소 여러 살이 법의 그릇을 만들었다.

불교가 일어나서 1천 년쯤 뒤 비로소 밝은 지혜를 만났다. 그로부터 약 5백 성상을 지난 뒤, 다시 슬기로운 분을 만났는데, 그 가운데 7가지 맑음(七淨)을 이어받아 난 사람도 있고, 10가지 슬기(十智)를 쌓아 높이 빼어난 분은 예부터 드물고 지금도 높고 귀한데, 선과 교에서 모두 완전하게 뛰어난 분이 곧 우리 스님이시다.

대사의 법명은 윤다允多요, 자는 법신法信으로 서울에서 태어났다. 그의 조부모는 귀족으로 높은 벼슬을 했고, 효도와 의리를 소중히 여겨 충효의 본이 되었다. 이렇게 가문을 지켰지만, 난리가 나서 몰락하였다. 그러나 명성과 칭송은 많은 사람의 귀와 귀로 들렸고, 입과 입으로 옮겨 자자하였다. 어머니 박씨는 성품이 따뜻하고 부드러워 사람됨이 맑고 깨끗하였다. 어릴 때부터 속되지 않았으며 미장未長 (깨짐) 경經.

성심성의로 불사를 닦아 산 같은 정기를 받아 태어나고, 또 날 때 괴로움 없이 효감孝感으로 탈 없이 태어나니, 마치 가을에 서리 맞은 씀바귀가 쉽게 뽑히듯 낳는 괴로움 없이 함통 5년(신라 경문왕 4년, 864) 4월 5일에 태어났다. 대사가 처음 태어난 날 쌍기둥이 빼어났다. 포대기 속 나이를 지나니 생김새(三亭)가

우아하여 (깨짐) 멀리 집 밖에 나가서 놀되, 항상 노는 곳이 같았고, 아무리 위급한 경우라도 예와 법도를 그르치지 아니하였다. 지극히 효도하여 베개에 부채질하고 이불을 따뜻하게 한다는 칭송은 어려서부터 고향 주변에 널리 알려졌으며, 재를 던지듯 재빠른 말재주는 바람을 타고 멀리까지 퍼져 갔다.

나이 겨우 7~8세에 이미 불·법·승에 귀의할 뜻을 품어 부모에게 속세(蝸門)를 떠나 불교(禪敎)에 입문하기를 청하였다. 이때 부모는 더욱 애절하여 배倍 (깨짐) 전(前). 더욱 애정에 얽혀 허락하지 못하였다. 허락을 받지 못한 대사는 말없이 실망하여 말했다. "집 떠나 마음을 닦는 이익이 (한나라) 옹자翁子 주매신朱買臣이 비단옷 입고 출세하는 것보다 값어치 없는 것이 아니고, 산골 중의 누더기(毳衲)가 분명히 뛰어납니다."라고 슬피 울며 두 번 세 번 상의드리므로 어버이는 아들 뜻이 굳고 굳어 돌이킬 수 없음을 알고 마침내 허락하였다.

대사는 다음 날 부모의 슬하를 떠나 (깨짐) 걸어서 구름처럼 사방으로 떠돌았다. 다니거나 머무름에 오직 외로운 자신의 그림자와 벗할 뿐이었다. 어느덧 더위와 추위가 바뀌어 수년이 지났다. 이로부터 다시 요동遼東에서 발길을 돌려 (전라남도 곡성군 태안사가 있는) 동리산桐裏山으로 가서 상방 화상上方和尙을 뵈었다. 서로 얼굴을 맞대고 생김새를 돌아보았는데, 며칠 뒤 상방 화상을 모셔 받들게 되었다.

화상이 말했다

"(깨짐) 옛사람이 마음이 오롯하면 돌도 가히 뚫을 수 있고, 뜻이 간절하면 땅에서 갑자기 샘물이 솟아오른다고 했다. 도는 몸 밖에 있지 않고 부처님 마음에 있는 것이다. 전생부터 익힌 사람은 찰나에 깨닫게 되고, 어리석은 사람은 1만 깔빠(劫)에도 생사윤회를 벗어나지 못하니, 붇다가 일러 주시되 '정신이 어두운 자는 재삼 여러 번 일러 주어야 하지만 근기가 뛰어난 사람은 말이 필요 없다' 하였으므로, 너는 스스로 잘 살펴보고, 나의 말에 걸려 있지 말라."

스스로 (깨짐). 가야산 새 절(伽耶岬新藪=공주 普願寺)에서 구족계를 받은 뒤로는 원숭이 같이 단단히 얽어맸고, 말 같은 의식도 놓아 두지 아니하였다. 계를 받은 후로부터 기름사발(油盆)이 기울어지지 않게 하였다. 계를 지키려는 굳은 마음은 주야로 한결같고, 수도하려는 강철 같은 마음은 순간에도 쉬지 않았다. 대문과 창문을 열고 들어가지 아니하여도 대도를 보았으며, 곤륜산에 오르거나 여해驪海에 들어가지 않고도 쉽게 신주神珠를 얻었다. 도덕 또한 높고 빼어나 아름다운 명성은 사방

에 떨쳤고, 법을 배우고자 하는 법려法侶들이 8도 구석에서 모여들었다. (깨짐)

법조法祖 서당西堂 지장智藏이 혜철慧徹에게 전하고, 혜철은 돌아가신 스승인 여如(道詵)에게 전하였으며, 여如는 우리 스승(廣慈)에게 전하였으니, 바로 서당의 증손曾孫이다. 대사는 서당西堂의 법통을 이으니 힘들게 서학西學을 하지 않고도 세상 인연을 동성東城에 베풀었다. 참으로 실제實際가 본디 공空한 줄 깨달았으며 (깨짐). 동인東人을 바른길로 이끌었다. 무학無學의 종지인 선禪을 배우되 끝까지 (경전의) 게야(geya, 祇夜=게송)에 따르고, 무사無師의 취지를 스승으로 하되 반드시 수트라(sūtra, 修多羅=경전)를 빌어서 했다.

드디어 한마음(一心)으로 닦는 자에게 한소리(一音) 교리를 믿게 하며, 9가지 번뇌(九結)에 얽힌 사람을 9가지 업(九業)에서 차츰 벗어나게 하려고 여러 가지 방편으로 이끄셨으니, 위력으로 삿된 견해를 꺾고 교화한 인연이 나라 안에 두루 하였으며, (깨짐) 스승을 찾아 도를 구한 자취가 복숭아밭(桃野)까지 두루 닿지 아니한 곳이 없었다. 돌아다니면서도 늘 본사를 잊지 아니하다가 고향 산으로 돌아왔다.

이틀째 되던 날 밤에 갑자기 절에 산적이 쳐들어와 옷과 물건을 빼앗고자 상방화상上方和尙의 방으로 들어왔다. 대사는 우연히 뜻밖의 일을 당하였으나 조금도 두려워하지 않을 뿐만 아니라, 선좌禪座에서 움직이지 아니하였고, 칼끝으로 위협했으나 그들의 악한 마음을 버리게 하여 지혜의 칼로써 마라魔羅들을 항복시켰다. 도둑 무리 (깨짐) 충돌함이 없었다. 대사가 도적들에게 "죄란 본래 없는 것"이라며 허물을 탓하지 아니하니 스님의 말이 끝나자 도적들은 공손히 절하고 물러갔다.

이 광경을 지켜본 대중들은 감탄하였다. 그날 밤 꿈에 한 전장의 장수가 법당에 들어가 칠척 장신의 물타나勿陀那를 보았는데, 맨 끝에 있는 물타나勿陀那가 대사를 향하여 (깨짐) '두 번 참는다(重忍)' 라는 두 글자를 적었다. 꿈을 깨고 놀라 일어나 세수한 다음 단정히 앉아 생각하되 '이상하고 이상하다. 밝은 천하에 의심하는 것은 생각조차 할 수 없고, 밤중에 나비 꿈을 꾼 것은 옛사람이 겪은 사실이다. 어떤 사람이 한 번 참는 것은 영원한 즐거움을 얻고, 또 한 번 참으면 세상살이 편안함을 얻는다고 하였으니, 두 번 참는다(重忍) 라는 두 글자가 어찌 예삿일이겠는가!' (깨짐)

대사는 이 일 때문에 깊이 참선하며 오래도록 이 절에 있게 되었다. (깨짐) 黃波 (깨짐) 선의 근본을 통달하였고 성인의 말씀을 초연히 여겼으며, 바깥 경계(聲色)라는 소굴을 떠나 옳고 그름이라는 관문을 벗어났다. 납자衲子들은 (깨짐). 스님의 문 앞에 가득하고 의리를 사모하며 인仁을 따르는 이들이 구름과 안개처럼 모여들었다. 참선 배우는 이들은 빈손으로 와서는 마음 가득 채워 돌아갔다. 효종대왕孝宗大王(신라 효공왕, 898~912) 은 대사가 산골에서 드날리는 도풍을 흠모하여 윤한綸翰을 보내 지혜의 눈을 뜨게 해 주시고 나라 또한 복되게 해 주기를 발원하였다.

이때 이미 신라의 국운이 기울어져 자주 병화兵火가 일어났고, 궁예는 어지럽게 난동하고 견훤은 스스로 왕이라 하여 이름을 훔쳐 썼다. 그러나 마침내 천명이 왕건에게로 돌아가 고리(高麗)라는 새 나라를 세웠다. (깨짐) 한때 심한 전쟁으로 오가기가 힘들어 스님들은 따로 왕을 도울 길이 없었다. 그런데 신성한 대왕이 때를 타고 성군이 되어 어지러운 때 뛰어난 임금으로 나라를 편안하게 하고 세속을 편하게 하는 큰 기운을 넉넉하게 가졌으며, 불법을 보호하고 진리에 알맞은 신술神術 또한 능통하였다. 나랏일을 보는 틈이 있으면 늘 마음을 현묘한 법문(玄門)에 두었다.

왕위에 오르기 전부터 대사의 명성을 널리 들었기에 낭관郎官에게 명하여 임금의 편지를 가지고 스님이 계시는 동리산으로 보내 청하되 "도와 덕을 사모한 지 이미 오래되니 스님의 거룩한 모습을 뵙기 바랍니다."라 하면서 "스님께서는 이미 나이 드셔 걷기 힘들 터이오니, 말을 타고 궁궐로 오신들 무슨 상관이 있겠습니까?' 라고 하였다. 대사가 말씀하시되 "노승이 출가한 뒤 80세에 이르기까지 아직 말을 타본 적이 없습니다. 산승도 역시 왕의 백성이니 어찌 감히 왕명을 거역하겠습니까" 하고 지팡이 짚고 미투리 신고 걸어서 서울에 이르니 임금이 크게 기뻐하여 의빈사儀賓寺에 모시고 며칠 동안 편안히 쉬시게 한 다음, 대전으로 맞아들이고 임금이 몸소 상床에서 내려와 공손히 맞이하여 빈객 예로써 대우하였다. 군신들이 이를 보고 그윽이 놀랐다.

(태조) 임금이 물었다.

"옛 스님이 말하길 '마음이 곧 붇다' 하니 그 마음은 어떤 것입니까?' (古師云 心卽佛 是心如何)"

대사가 대답하였다.

"열반에 이르면 불佛에도 마음(心)에도 머물지 않습니다." (若到涅槃者 不留於佛心)

(임금이) 물었다.

"붇다는 어떤 과정을 거쳐 이(열반)를 얻을 수 있었습니까?'

(佛有何過 卽得必此)

(스님이) 대답하였다.

"붇다는 과정이란 것이 없으며, 마음도 자성自性은 과정이 없습니다."(佛非有過 心自無過)

(임금이) 물었다.

"짐이 하늘의 도움으로 난세를 구하려 흉포한 무리를 죽였는데, 어떻게 살아 있는 백성(生民)을 편안하게 다스릴 수 있겠습니까?"(朕 受天之佑 救亂誅暴 何以則生民保乂)

(스님이) 대답하였다.

"전하께서 오늘 물었던 것을 잊지 않으시면 나라 운이 살아나고 편안하며, 백성이 행복하고 즐거울 것입니다." (殿下不忘 今日之問 國家幸甚 生民幸甚)

(임금이) 물었다.

"대사는 어떠한 덕행으로 중생을 교화해 가십니까?" (大師 以 何德行 化邎衆生)

(스님이) 답하였다.

"신승臣僧은 (간신히) 나 하나 건질 수는 있지만, 어찌 감히 다른 사람의 (번뇌로 생사에) 얽매임을 풀어 줄 수 있겠습니까?" (臣僧自救可了 何敢解脫他縛)

이때 왕은 옥음玉音이 낭랑하여 구름 일어나듯 질문을 꺼리지 아니하였고, 대사의 말솜씨는 물 흐르듯 걸림 없어 마치 병에 물을 쏟아붓는 것처럼 답하였으니 육조 스님의 뜻인 도에 걸려들지 아니하였다. 그러나 스님의 말씀은(깨짐) 삼도三道(깨짐)라 하고, 지혜도 또한 (깨짐) 갔다(去也)고 하였으니, 위와 같이 묻고 답한 것을 자세히 실으려면 글이 너무 번거롭게 많아지므로 한데 모아 간략하게 기록하는 바이다. 엎드려 생각하노니 (깨짐).

이제 임금께서 (깨짐). 대왕의 위엄이 해·달과 같고 설법하는 소리는 하늘·땅에 미치며, 덕이 빼어나고 무거워 동이 트듯 훤하다. 백성을 다스리되 사특한 무리가 없게 하고, (해탈에 이르게 하는) 5승(五衍=五乘)에 귀의하였으니, 어찌 중인도 빠쎄나디(波斯匿)왕이 삼보를 존중한 것과 다르겠는가! 서천西天의 계일왕戒日王처럼 정법으로 나라를 일으켜 세움과 동시에 문文을 닦고 근본을 심은 임금이니, 이처럼 위대한 성군은 고금을 통하여 보기 드물다.

대사大師 (깨짐) 세 번 예를 올리고 물러가면서 흥왕사에 모시도록 명하였다. 그 뒤 황주원黃州院 왕욱王旭 낭관郎官이 멀리서 스님의 맑은 품격을 우러러 그리워하고 편지를 보내 제자가 되어 가르침을 받고자 하였다.

마침내 입적하기 몇 년을 앞두고 산골로 돌아가려 하였으나 내의령 황보숭皇甫崇과 태상太常 충양일감忠良日監이 대사의 공양구供養具를 살피되 마치 집시자와 같이 하므로 대사는 더욱 마음이 불안하였다. 어느 날 임금께 "사슴이 들판에서 자유롭게 놀 듯 산속에서 조용하고 편안하게 있도록 놓아 달라."고 간청하였다.

"외람되이 어명을 받아 왕성을 오가니, 차츰 정에 끌려 부자유함이 동헌에 있는 학이나 들보에 있는 두견이 같습니다. 엎드려 바라옵건대 신승臣僧의 작은 뜻을 받아들이셔서 구름처럼 옛 산에 돌아가 물고기가 깊은 물에서 노는 것처럼 하여 주시면 그 은혜 참으로 크다 하겠나이다."

이 같은 스님의 간청을 들은 왕은 허락하여 동리산桐裏山으로 돌아가게 하고 그 도의 수상守相에게 명하여 논밭에 매기는 조세와 남녀 종을 바쳐 공양(香積)을 올리도록 하였으며, 밖에서 돕는 가풍家風을 잊지 않고 늘 팔연八衍의 예를 펴서 돈독한 단월이 되었고, 불교를 보존하고 유지하는 의무를 받아서 각기 진뢰陳雷를 본받았다. 진실로 (깨짐) 구분舊分.

대사는 개운開運 2년(고려 혜종 2년, 945) 황락荒落 2월 2일 대중을 불러 놓고 "삶(生)이란 유한한 것이며, 죽음(滅) 또한 그 시기가 정해져 있지 않은 것이다. 내 이제 떠나고자 하니 각기 뜻있게 잘 살도록 하라. 붇다께서 '쁘라띠목사(prāṭimokṣa, 波羅提木叉, 戒本)는 곧 너희들의 위대한 스승이라' 하였으니, 나도 또한 이 말씀으로 너희들에게 당부하노니 너희들이 이를 잘 지킨다면 내가 죽는 것이 아니다."라고 말씀하시고 <u>향을 피우고 염불을 하게 하고 합장하고 바로 떠나시니(令焚香念佛 合掌奄然而逝)</u> 세속나이 82세, 승려 된 햇수 66년이었다.

이때 스님들은 큰 소리로 울며 나루터 다리와 큰 집 들보가 무너졌다 한숨 쉬고, 선사(禪伯)들은 슬퍼 가슴 아파하면서 가르침(法輪)의 문이 영원히 닫혔다고 슬퍼하였다. 심지어 새들마저 답답해하고, 짐승들은 슬퍼하였을 뿐만 아니라 평소 귀를 시원하게 해 주던 (깨짐) 잔잔히 흐르는 산골 시냇물도 슬픈 소리로 변하였고, 여러 해 눈을 즐겁게 하던 산에 덮인 자욱한 구름도 모두 참담한 빛으로 변하였으며, 곤충과 식물들까지도 슬퍼하는 이 사실을 어찌 다 적을 수 있으리오.

이러한 기이한 조짐을 왕에게 알리니 임금이 그 산에 대사의 탑을 세우게 하되, 경비는 모두 나라에서 부담하고, 일꾼은 가까이 사는 백성을 동원토록 하였다. 공사를 마치고 나니 꾸밈에 허술함이 없고, 새김도 점잖고 아름다웠다. 상수문인上首門人들이 다시 조정에 건의하되 "돌아가신 스승 (임금의) 신하 아무개가 다행히 임금님의 도움으로 탑을 세웠으니, 국은이 망극하여 생전과 사후에 걸쳐 함께 영광이오나, 아직 탑에 따른 비문이 없어 선사께서 살아서 쌓은 도행이 점차로 (깨짐) 쇠하여 없어질까 두려우니 비를 세우도록 윤허해 주십시오."라고 간청하였다. 왕은 비 세우는 것을 허락하시고 보잘것 없는 신하인 저에게 비문을 지어 스님의 선화禪化를 드높이게 하라 명하셨으나, 소紹는 칠보시七步詩를 지을 만한 재주도 없고 학문도 다섯수레 책도 읽지 못한 변변치 아니한 선비이므로 굳게 사양하였지만 마지못하여 주생朱生과 같이 근부斤斧를 잡고, 예씨禰氏를 칭찬하는 것이니 부득이하여 억지로 엮어 비문을 지었다. 명銘하여 이른다.

위대하신 태안사 광자대사여!

진리의 방편을 깨달으시니
깨친 법문 깊고 깊으며
지극한 이치 깊고 머네.
그 덕화德化 해동에 널리 전하고
도와 덕은 해 뜨는 동국을 덮었네.

거침없는 행적 구름과 같고

지혜는 달빛이 맑은 물에 비치듯

파란波瀾과 이기理氣는 하늘을 찌르듯

평등한 그 마음 대원경大圓鏡 같아

갑자기 오늘에 열반하시니

어디서 다시 만나 선禪을 들으랴!

계족산鷄足山 산속에서 열반하시니

구름처럼 곳곳에 다니시다가

이곳을 열반할 곳으로 정하고

지금까지 이곳에서 정진하셨네.

호랑이 싸움 그치게 하고

개미 구제하듯 자비 깊고

강설할 때 돌도 귀여겨듣고

나무도 그를 향해 머리 끄덕였다.

어느 날 꿈에 기둥 사이에 누었다가

신 한 짝만 남겨 놓고 문득 가셨네.

스님 신분엔 설할 법 없지만

광자廣慈란 그 칭호가 있게 되었네.

삼업三業은 맑고 깨끗하여 연꽃 같고

육진六塵은 말끔히 없어져 청량과 같아
행각行脚 마치고 동리산桐裏山에 돌아와
모든 대중, 한곳에 모아 놓고
쑤받다(Subhadda)가 마지막 가르침 듣듯
살타파륜보살薩陀波輪菩薩이 법을 구함과 같도다.

현묘한 그 말씀은 넓고도 깊어
큰 지혜라야 헤아릴 수 있네.
내 이제 피안에 오르려 하니
겁화劫火가 이내 몸을 태울 것일세.
대중들은 우러러 쳐다보다가
하늘을 부르면서 애통하였네.
이 비석 영원토록 우뚝 솟아서
만세가 지나도록 상하지 않고
영원히 이 비문도 남아 있기를
애오라지 비명碑銘을 기록하노라.

광덕光德 2년(950) 세차 경술 10월 15일 (비) 세우고, 문민文旻
이 글자를 새기다.

태안사 광자대사비(2022.5.4.)　　　태안사 광자대사탑(2022.5.4. 이은금 찍음)

권 보정의 꼬리말

 "향을 피우고 염불을 하게 하고, 합장하고 바로 떠나시니(令
焚香念佛 合掌奄然而逝)"

 이 한 마디를 보고 광자대사는 극락에 가서 태어났음을 확신
하고 비문을 찬찬히 뜯어보며 다시 옮겼다. 이미 이지관 스님
이 『역대 고승 비문』에서 자세히 주를 달고 우리말로 옮겨 놓았
지만, 일반인들이 읽기에는 너무 어려워 쉬운 말로 다시 다듬는
데 3~4일이 꼬박 걸렸다. 많은 비문이나 무덤돌 가운데 이 비문
은 일생 역사를 공부하며 한문을 쓴 엮은이도 어려운 곳이 많았

다. 신라말에 태어나 고리(高麗) 광종 때 입적하셨는데, 시대가
오래된 문장이라 문체가 낯설고, 또 왕명으로 세운 비에 당대
최고의 유학자가 썼으므로 낱말마다 고사를 알아야 이해할 수
있는 어려운 문장을 구사하고 있기 때문이다.

극락 간 스님의 발자취를 한 자라도 놓칠까 봐 찬찬히 뜯어보
며 끝까지 보아도 태조 왕건과 대사를 찬탄하는 말은 가득하지
만 '극락 가는 이야기'는 '염불을 하게 하였다'는 한 마디 빼놓
고는 더 찾을 수가 없다.

그러나 이것으로 대사가 극락 갔다는 것을 증명하기에 넉넉
하다고 본다. 그리고 이것이 지금까지 엮은이가 본 바로는 '도
움염불(助念)'의 첫 본보기였다. '도력이 깊은 분이 무슨 도움
염불이 필요하겠는가'라는 생각도 들었는데, 그렇다면 오히려
마지막 가는 길에도 '대중에게 염불하여 극락 가는 길을 가르
치셨다'라는 보살행을 보여 주셨으니, 어떤 경우든 그런 대사
는 '상품상생'에 가서 태어남이 틀림없지 않겠는가!

■ 곡성 태안사 광자대사 탑비 답사

이 책을 쓰면서 2022년 5월 4일 전라남도 곡성군 죽곡면 원달
리 태안사泰安寺를 가서 비를 조사하였다. 150년 전쯤 빗몸이 무

너져 큰 조각 2개와 작은 조각 여러 개로 나뉘었고, 빗몸 오른쪽 윗부분과 아랫부분이 많이 깨졌다. 거북 꼴 빗돌 받침의 머리 부분과 이수螭首의 가운데 부분도 없어졌으며 현재 남은 비신 조각을 곁에 따로 새 대좌를 만들어 세워 놓았다.

이 비는 극락 간 스님의 자취를 본다는 뜻도 크지만, 역사적으로도 매우 값진 내용이 새겨져 있기 때문이다. 이 비에는 신라가 망하고 고리가 일어서는 과정이 그려져 있고, 태조 왕건과의 대화가 적혀 있으며, 광종이 자주 의식을 가지고 쓴 광덕光德이라는 연호가 쓰여 있다.

4. 1101년, 말년에 해인사 내려가 염불하여 극락 간 대각국사 의천

金龍善, 『高麗墓誌銘集成』, 한림대아시아문화연구소, 2012.
「고리국(高麗國) 대성일(大聖日) 홍왕사(興王寺) 고국사(故國師)
조시대각화상(詔諡大覺和尙) 무덤돌 글(墓誌銘)과 서문(幷序)」

조산대부朝散大夫 비서소감秘書少監 지제고知制誥이며 자금어대紫金魚袋를 하사받은 신臣 박호朴浩가 왕명王命을 받들어 무덤돌 글(墓誌銘)을 짓다.

우리 대각국사 법명은 석후釋煦요, 자는 의천인데, 서송(북송) 황제의 이름을 피하여 자를 많이 썼다. 문종 인효성왕仁孝聖王의 넷째 아들이다. 인예태후仁睿太后가 꿈에 황룡을 보고 임신하여 을미년(1055) 9월 28일에 태어났는데, 예사롭지 않은 생김새였다. 11세 때 아버지 문종이 그가 영민하고 총명함을 보고 영통사 경덕국사景德國師를 불러 친교사親敎師로 삼아 출가시켰다. 불일사佛日寺 계단에서 구족계를 받으니, 그 숙세夙世의 공부가 놀랄 만하여 일대의 으뜸 교리를 스스로 깨닫지 못한 것이 없었다. 경덕국사가 입적하자 국사가 법문法門을 이어 받았다.

당시 배우는 붇다의 가르침에는 계율종戒律宗, 법상종法相宗,

열반종涅槃宗, 법성종法性宗, 원융종圓融宗, 선적종禪寂宗이 있었는데, 국사는 이 6종六宗을 아울러 그 연구가 지극한 경지에 이르렀다.

아울러 육경六經과 칠략七略 같은 책에도 심취하였으므로 부왕 문종이 상으로 '광지개종홍진우세 승통廣智開宗弘眞祐世 僧統'으로 삼았다. 순종順宗과 선종宣宗도 은총의 예를 두텁게 하여 여러 차례 법호法號를 더하여 주었다. 요나라 천우天佑 황제도 거듭하여 경책과 차·향·금·비단을 보내 믿음으로 인연을 맺었다.

원풍元豊 을축년(1085) 국사는 갑자기 아무도 모르게 바다를 건너 송나라에 가서 여러 곳을 돌아다니기 시작하였다. 주객낭중主客郎中 양걸楊傑이 (송) 철종의 명을 받들어 안내하였는데, 밀수密水를 거쳐 변하汴河(수도 개봉)에 이르러 바로 대궐로 들어가 (철종을) 뵙고, 이어서 승상丞相도 예방하였다.

그리고서 차례로 6종宗의 쟁쟁한 스님들을 만났으니 정원淨源, 양연懷璉, 택기擇其, 혜림慧琳, 종간從揀 같은 50명이 넘었다. 그러나 이들이 도리어 우리 국사의 마음속에 간직한 오묘한 이치를 배웠을 것이다. 이듬해 갑자기 본국으로 돌아가겠다고 한 것은 그럴 만한 까닭이 있었으니, 선종宣宗의 아버지인 문종이 흥왕사를 세웠으나, 오랫동안 맡을 스님이 없었으므로 국사를 주지로 임명했기 때문이다. 그리하여 경전을 자세하게 가르치고,

정밀精密한 강경講經과 선을 치밀하게 설하는 법회를 여러 해 동안 계속하였다.

인예태후仁睿太后와 선종이 모두 돌아가시자 국사는 해인사로 가서 안거安居하였다. 지금의 우리 임금(숙종)이 자리에 올라 우애를 더욱 두텁게 하는 한편, 불사佛事를 일으키기 위해 급히 중사中使를 보내 불러와 흥왕사興王寺 주지를 맡게 하였다.

[뒷면]

이전에 태후太后가 우리나라에는 본디 천태성종天台性宗이 없었으므로 국청사國淸寺를 창건하여 그 법法을 널리 펴겠다는 원을 세워 터를 닦기 시작하였다. 지금의 임금이 그 일을 마치자 정축년(1097) 5월 국사에게 명하여 (흥왕사 주지와) 겸하게 하였다. 아버지 왕 문종이 우리 임금을 불교에 귀의하도록 하였으나, 하늘이 임금 자리를 잇는 것을 중하게 여겨 그 뜻을 이루지 못하였다. 그래서 국사에게 세속을 버리고 출가하게 하였는데, 이제 임금이 같은 해에 태어난 다섯째 아들을 출가시켜 우리 국사의 훌륭한 제자가 되도록 하였으니 옛 바람을 갚은 것이다. 이것은 우리나라의 위대한 성업을 도운 것이 지극하였다고 할 것이다.

올해(1101) 10월 3일 국사로 책봉하였는데, 그 달 5일에 항화
恒化[25]하였다.

임금이 부음을 듣고 크게 슬퍼하여 곧 조회를 쉬고 담당 관리
에게 예를 갖추라고 명하였다. 다비하여 마치고, 사리를 영통사
동쪽 산으로 옮겨 돌방을 쌓고 모셨다.

뛰어나도다! 국사가 살아서 수없이 교화한 일, 우리 임금이
국사에게 드린 여러 가지 아름다운 일, 국사의 문하가 되어 6가
지 종문宗門을 전한 많은 제자가 나라 역사를 빛나게 한 일은 모
두 탑비塔碑에 실려 있으므로 여기서는 줄거리만 간추려 적는
다.

게를 써서 이른다.

국사의 덕은 시방 모든 붇다 잇기에 넉넉하고,
가르침은 모든 중생 이롭게 하는 데 넉넉하고,
수행은 바른길 지키기에 넉넉하고,
슬기는 대성大誠 꽃피우기에 넉넉하였으니,

---

25) 『韓國金石全文』에서는 "온 국민이 깜짝 놀라게 갑자기 입적하였다"라고 하였고, 김용
선은 "슬프게도 돌아가셨다"라고 옮겼다.

여기 지은 글이 그 밝은 빛을 전하기에 넉넉하리라.

선덕랑宣德郎 비서랑秘書郎이며 비어대緋魚袋 내리신 것을 받
은 신 고세칭高世偁이 왕명을 받들어 무덤돌 글을 쓰고,
이해 대송大宋 건중정국建中靖國 원년, 대요大遼 건통建統 원년
(1101) 11월 4일 돌에 새기다.

ꬶ 보정의 긴 꼬리말

대각국사 의천은 극락 가서 태어났는가?

대각국사의 무덤돌에 새겨진 글에서는 임종에 관한 자세한
묘사가 없이 "국사가 항화하셨다(國師恒化)"라고만 하였다.
'항화'를 『한국금석전문』에서는 "온 국민이 깜짝 놀라게 갑자
기 입적하였다"라고 옮겼고, 김용선은 "슬프게도 돌아가셨다"
라고 옮겼다. 대각국사가 극락 가서 태어났는가 아닌가를 '항
화恒化'라는 두 글자 가지고 판단한다는 것은 어렵다는 것을 알
수 있다.

흥왕사 대각국사 의천 묘지명　　국립중앙박물관 (본관 293)

엮은이는 '항화'를 새롭게 풀어 보려고 경전들을 검토해 보
니,『금강삼매경』에 "'오지 않고 가게만 한다'라고 한 것은 <u>고요
하지만 늘 교화하기 때문이다</u>(不來去去者 寂而恒化故)"[26]라고
했고,『화엄경』에서 색신色身을 설명하면서 "처소가 없는 육신
이란, <u>늘 중생을 교화하여 끊이지 않기 때문이다</u>(無處色身 恒
<u>化衆生不斷故</u>)"[27]라고 해서 죽음을 아름답게 승화해 표현했다

26) 大正藏第 34 冊 No. 1730『金剛三昧經論』,「本覺利品」.
27)　大正藏第 10 冊 No. 0279『大方廣佛華嚴經』권76,「入法界品」.

는 것을 알아내기는 했으나 그것이 '극락에 갔다' 는 말로 연결이 되지 않았다.

그러나 김영미의 「대각국사 의천의 아미타신앙과 정토관」[28] 이란 논문을 보고, 우리가 극락 가서 태어나는 왕생 결정의 요인을 임종에서만 찾은 것은 잘못이라는 것을 깨달았다(이 점은 일본 왕생전에서도 비판이 있었다). 김영미가 정리한 의천의 아미따신앙에 관한 증명을 보면서 '이런 정토 행자가 극락을 가지 않을 수 없다' 라는 결론에 이르렀기 때문이다. 아래서 김영미 논문을 참고하여 의천이 극락왕생을 믿고 바라며, 실제 정토 수행을 했다는 점을 정리해 본다.

1) 1085년 송나라 양걸(楊傑)과 아미따불 신앙

의천이 송나라에 가서 바로 철종을 뵙고 법을 구하자 양걸을 시켜 안내하게 하였고, 양걸은 의천이 송나라에 있는 동안 늘 동행하면서 고승들을 천거해 만남을 주선해 주었다. 그런 양걸은 독실한 정토행자였다. 다음 두 가지 자료를 보면 쉽게 알 수 있다.

---

28) 김영미, 「大覺國師 義天의 阿彌陀信仰과 淨土觀」, 『역사학보』 (156), 1997.

원우 3년(1088) ··· 양걸은 일찍이 정토로 가는 길을 자신의 믿음으로 삼았다. 장육아미따불을 그려 놓고 그 몸을 관염觀念하였다. 목숨이 다할 때 붇다가 와 맞이하니, 단정하게 앉아서 세상을 떴다(端坐而化).[29]

일찍이 말했다. "중생 근기는 날카롭고 둔함이 있으나 쉽게 알고 쉽게 할 수 있는 것은 서녘 정토뿐이다. 한마음으로 관하고 염하여(觀念) 흩어진 마음을 거두기만 하면 붇다의 바람에 기대 반드시 안양安養에 태어난다."『천태십의론서天台十疑論序』,『미타보각기彌陀寶閣記』,『안양삽십찬安養三十贊』,『정토결의집서淨土決疑集序』를 지어 널리 서녘(정토)을 펴고 관觀법을 가르쳐 (중생의) 미래를 이끌었다. 늘그막에 미따장육존상을 그려 놓고 관과 념을 행하다가 마지막 날 붇다가 와서 맞자 단정하게 앉아 세상을 떴다.[30]

양걸의 안내를 받아 만난 원조元照, 정원淨源, 유성有誠, 종본宗本, 원정元淨, 종간從揀, 중립中立 같은 스님들은 다 아미따불 신앙

29) 大正藏 第 49册 No. 2035『佛祖統紀』.
30) 大正藏 第 51册 No. 2072『往生集』,「楊無爲提刑」.

자들이었다. 따라서 송나라에 갔을 때 이미 정토 행자들과 깊은 관계를 맺고, 정토를 공부하였으며, 관련 경전과 논설들을 많이 가지고 돌아왔다.

2) 영지사 원조(元照)의 정토 강의

의천이 송나라로 건너간 첫해(1085) 12월 28일 전당錢塘(항주) 서호에 있는 영지사靈芝寺에 가서 당시 율종과 정토종 고승인 원조 스님에게 가르침을 청하자 율과 정토에 대한 고갱이를 이렇게 강의하였다.

원조元照는 배움이 적기 때문에 일찍이 한 종문에 뜻을 두었다. 처음 뜻하는 바가 컸으나 실천하지 못하다가 여러 책을 읽고 수많은 것을 알았다. 여러 해 전부터 늙고 병든 것을 스스로 느끼자 모두 견뎌 내기 어렵고 오로지 정토에 대해서는 두루 연구하여 늘 2개의 진리를 가지고 배우러 오는 사람을 가르쳤다. 첫째 도에 들어감에 시작이 있고, 둘째 마음먹는 데는 반드시 끝이 있다. 시작이라는 것은 반드시 계를 받아 오롯이 받들어, 어느 때나 모든 티끌 세상에서 받아들인 것을 생각해 옷 입을 때, 밥 먹을 때, 가고 · 서고 · 앉고 · 누울 때, 말하거나 안 하거나, 움직일 때나 가만히 있을 때나 잠시라도 잊어서는 안 된다. 끝이라는 것은 마음이 정토로 돌아가 반드시 (극락에)

<u>가서 태어나는 것을 다짐하는 것이다.</u>[31)

의천은 함께 간 제자 수량壽良 등과 함께 강설을 듣고 보살계
를 받았으며, 원조 대사가 지은 저서들을 청해 가져와 고리에서
판각해 유통하였다. 원조의 저서는 100권이 넘으며 그 가운데
는 『관무량수경 의소觀無量壽佛經義疏』, 『아미따경 의소(阿彌陀經
義疏』 등이 들어 있다.

3) 의천과 정토에 간 사람들(往生者)의 교우

주굉이 지은 『왕생전』에 의천이 만난 위의 스님들 가운데 4
명도 극락에 가서 태어났다고 기록하고 있다.

(1) 원조元照 : "정토에 독실한 마음을 두고 끊이지 않고 염
불하였다. 하루는 제자에게 『관무량수경』과 「보현행원
품」을 외게 하고 가부좌 한 채 세상을 떴다. 서호의 어부
들이 모두 공중에서 음악 소리가 나는 것을 들었다."[32)

---

31) 卍新續藏 第59冊 No. 1104 『芝園遺編』, 「爲義天僧統開講要義」
32) 大正藏 第51冊 No. 2072 『往生集』, 「靈芝照律師」

(2) 원정元淨 : "죽을 때 방원암方圓庵에 들어가 사람들에게 '내가 7일 동안만 아무 걸림돌이 없다면 원하는 바를 이룰 수 있을 것이다' 라고 말하더니 7일 뒤에 게를 써서 대중에게 보이고는 편안히 앉아 돌아가셨다."[33)

(3) 종본宗本 : "평소 살면서 몰래 정업을 닦았다. 뇌봉재雷峰才 법사가 신통으로 정토를 여행하다가 연꽃 한 송이가 빼어나게 아름다운 것을 보고, 물으니 '정자사淨慈寺' 본本 선사를 기다린다고 했다. 또 자복희資福曦 공이 혜림사에 와서 그의 발에 절을 하고 돈을 이바지하고 갔다. 누가 그 까닭을 물으니 '선정 중에서 금 연꽃을 봤는데, 어떤 사람이 본本 공을 기다린다' 라고 했다. 또 연꽃이 헤아릴 수 없이 많은데 이는 태어날 사람을 기다린다고 했다. 시든 것도 있는데 그것은 (수행을) 그만두고 나쁜 길로 떨어진 사람 것이라고 했다. 어떤 이가 '스님은 직지直指(禪)를 전해 받았는데 왜 연꽃 나라 이름표를 얻었습니까? 라고 물으니, '비록 그 종문에 속해 있으나 정토를 겸해서 닦았다. 뒤에 목숨이 다하자 편안하게 앉아서 돌아가셨다."[34)

33) 大正藏 第51冊 No. 2072 『往生集』, 「元淨」
34) 大正藏 第51冊 No. 2072 『往生集』, 「圓照本禪師」

(4) 중립中立 : 중립은 평소 늘 정토 법문을 통해 중생들을 모아 이끌었다. 아울러 제자 개연介然에게 16관당을 지어 정토를 배워 익힐 마음이 있는 사람들을 끌어모으도록 하였다. … 휘종 정화 5년(1115) 4월 신해일 저녁, 갑자기 제자 법유法維에게 "너는 기이한 향내가 나지 않느냐?"라고 묻고 대중을 모아놓고 웃는 얼굴로 "내가 극락 가서 태어날(往生) 때가 되었다"라고 말한 뒤 서녘(西方)으로 향한 뒤 왕생하였다.[35]

4) 어머니 태후와 형 선종의 죽음과 정토발원

1086년 불교 전적 3,000여 권을 가지고 귀국한 뒤, 흥왕사興王寺의 주지가 되어 천태교학을 정리하고 제자들을 양성하는 한편, 송나라의 고승들과 서적·편지 등을 교환하면서 학문에 몰두하였다. 송나라 화엄종은 당 말에서 5대 사이에 거의 사라지다시피 했는데 의천이 돌아와 1087년 『화엄경』 3가지 번역본 180권과 장경각 건립지 금 2,000량을 보내자 정원은 화엄각을 짓고 안치한 뒤 혜인사慧因寺라고 했는데 고리사(高麗寺)라고도

---

35) 『淨土聖賢錄易解』, (財)文殊文敎基會, 1998, 273쪽.

불렀다.[36] 정원은 이로써 화엄종 종품을 진흥하고 중흥의 교주가 되었다.

의천은 요나라, 송나라, 일본 등에서 불교 서적 4,000여 권과 국내의 고서를 모았다. 그는 흥왕사에 교장도감敎藏都監을 설치하고, 『교장』의 간행 목록으로서『신편제종교장총록新編諸宗敎藏總錄』3권을 편집하였는데, 이것은 삼장三藏의 정본 외에 그 주석서인 장소章疏만을 수집하여 목록을 작성한 것으로 우리나라 최초의 일이었다.

1094년 어머니 인예태후와 둘째 형인 선종이 세상을 뜨고 선종의 어린 아들이 헌종으로 즉위하자 해인사로 내려가 남모르게 지내면서 다음과 같은 시를 지어 정토를 발원한다.

5) 「해인사에 물러가 지음(海印寺退去有作)」

의천이 가야산에서 머무는 동안 정토왕생을 발원하고 닦았다는 것을 보여 주는 자료가 있다.

---

36) 두 번에 걸친 법난 때문에 불교가 거의 사라질 정도였다. 그 뒤 송나라 때는 산속에 숨어 지낸 선종의 선승과 절에 안 가도 집에서 할 수 있는 염불 수행자들만 남았었다. 그래서 화엄 계통 주요 경론들을 거꾸로 고리(高麗)에서 역수입해 가야 했다.

가야산 해인사여, 여악사廬岳寺 좋다 해도 이보다 뛰어나랴,

가야(伽倻는 시냇물 이름)는 도리어 여산廬山의 호계虎溪가

흐르는 것 같구나.

혜원의 높은 자취 이어받기 어려우나,

죽을 때까지 평소 뜻 이룬 것 기뻐하노라.

삶에서 부귀영화는 다 허무한 봄날 꿈같고

모였다 흩어지고 흥하고 망하니, 다 물거품 같네.

정신을 안양安養에 깃들게 하는 일을 빼놓고

곰곰이 생각하니 무슨 다른 일 추구하랴!

『大覺國師文集』「海印寺退去有作」

가야산 해인사에서 여산 혜원의 길을 가기로 발원하고, 혜원이 정토 수련한 여산의 절보다 해인사가 더 낫다고 마음먹고 수행하였다는 것을 알 수 있다. 해인사에 흐르는 시냇물 가야伽倻는 여산의 호계虎溪와 견주어서 여산에서 백련결사를 한 혜원처럼 정토 수련을 하고 있다는 것을 나타낸다.

많은 불전을 공부하고 수행을 한 의천이 말년에는 극락=안양을 가는 것이 가장 중요한 목표로 삼고 실천했다는 것을 보여주는 시다.

여기서 의천의 극락에 대한 믿음(信)+바람(願)+염불(行)을 뚜렷이 볼 수 있으며, 그 열매(證果)는 극락에 간 것이다.

6) 「부여 공에게 부친다(寄扶餘公)」

어린 헌종이 1년 만에 물러나고 숙종이 임금 자리에 올라 형제인 의천을 다시 불러 홍왕사興王寺 주지를 맡게 하고, 1097년(숙종 2)에는 국청사國淸寺 초대 주지를 맡겼다. 숙종 4년(1099) 왕과 의천의 형제인 부여공 수㸴가 경산부로 유배 갔다. 이때 의천이 부여공에게 쓴 글에 극락(안양) 이야기가 다시 나온다.

> <u>안양安養에서 만나자던 전일의 약속</u>
> 가야산에서 노닐던 옛날의 추억.
> 꽃 같은 누각 어디 있는가,
> 남녘땅 바라보며 눈물 거두기 어려워라.

7) 여산(廬山)처럼 연사(蓮社)의 씨앗이 되길 빕니다
(祇合匡廬種社蓮)

1101년 의천이 세상을 뜨기 1년 전 6월 4일 천태의 현묘를 밝히는 강설을 한 뒤 문도들에게 3가지 의지를 말하는 가운데 마

---

37) 『大覺國師文集』 「庚辰六月4日國淸寺講徹天台妙玄之後言 志示徒」

지막 세 번째에 이 일을 든다.

[옛날 인예태후께서 모임을 만들려고(結社) 발원할 때 가지고 있던 송나라 명화 '여산 18현廬山十八賢 그림(眞容)'이 원문院門에 버려져 있어 아직 전각에 모시지 못했었다. <u>내가 이 거룩한 인연에 따라 서녘(극락세계)의 업을 닦고 왕생의 길을 빌고자 한다(予欲仗此勝緣 修西方之業 用薦 眞遊 云亦).</u>][37]

8) 의천은 극락에 가서 태어났는가?

의천은 화엄종과 천태종을 함께 이끌어, 두 종파에서 많은 제자가 배출되었다. 화엄종과 천태종은 서로 다른 종파였기 때문에, 대각국사가 죽은 뒤에도 서로 자기 종파의 승려로서 의천을 기리는 비문을 세웠다.

① 1101년 11월 4일. 홍왕사대각국사묘지명興王寺大覺和尙墓誌銘
가장 먼저 제작된 것은 홍왕사의 묘지명으로 의천이 죽은 해에 만들어진 것으로 보인다.

② 1125년. 영통사 대각국사비靈通寺大覺國師碑

두 번째, 현재 개성 영통사에 세워진 비문으로 입적 24년이 지난 1125년(인종 3)에 김부식이 지었다. 김부식은 의상과 원효를 불교를 중흥시킨 대종사로 칭송하고, 화엄종을 강조하여 의천이 화엄 조사 9명을 기리는 구조당을 세운 것을 강조하였다.

③ 1132년. 칠곡漆谷 선봉사 대각국사비僊鳳寺大覺國師碑

그 뒤 1132년(인종 10) 천태종의 시조임을 강조하는 비석이 세워지는데, 선봉사 비석이다. 선봉사의 뒷면에는 의천이 천태종의 시조임을 강조하고 있다.

위의 세 글을 지은 사람을 보면 ①은 왕의 조서 · 교서 같은 글을 지어 바치는 지제고知制誥라는 벼슬을 하는 관리였고, ② 김부식은 『삼국사기』를 지은 유학자이며, 정치가 · 역사가였으며, ③을 쓴 임존林存도 지제고였다. 이들은 모두 당대의 문인들이지 붇다의 가르침을 믿고 수행하는 사람들이 아니기 때문에 의천의 행적이나 나타난 실적에 대해서는 자세하게 언급하고 있지만, 실제 의천의 생사관이나 진심으로 괴로움을 벗어나는 신앙관에 대해서는 무관심했다는 것을 알 수 있다.

그런 면에서 이 보정의 꼬리말은 의천의 종교관을 정토문이란 입장에서 정리해 본 새로운 비문이라고 할 수 있으며, 지금까지 본 의천의 정토 행자들과의 인연과 정토 수행과정을 보면 의천이 극락(이때는 안양이라고 썼다)에 가서 태어난 것은 의심할 여지가 없다고 본다.

『무량수경』에서 "윗 동아리(上輩)는 ① 집을 버리고 사문이 되어 깨닫겠다는 마음을 내어(發菩提心), ② 한결같이 오롯이 무량수불을 염念하고, ③ 갖가지 공덕을 닦아 그 나라(극락)에 태어나고자 하는 중생들은 ④ 목숨을 마칠 때 무량수불이 여러 대중과 함께 그 사람 앞에 나투시면, 붇다를 따라 그 나라에 가서 태어난다(往生). ⑤ 편안하게 7가지 보석으로 된 꽃 속에서 저절로 바뀌어 태어나면, 다시는 윤회하지 않고(住不退轉), 지혜 · 용맹 · 신통에 거침새가 없어진다"라고 하신 붇다의 말씀이 그것을 증명한다.

그리고 아래 이어지는 제자들의 극락 간 보기도 대각국사 의천의 왕생을 잘 뒷받침한다고 볼 수 있다.

칠곡 선봉사 대각국사비   해인사 성보박물관
(국립문화재연구원)   (2022.5.5. 이은금 찍음)

5. 1142년, 서쪽 향해 단정히 앉아 극락 간
묘응(妙應) 대선사

인종 20년 (1142)

金龍善, 『高麗墓誌銘集成』, 한림대아시아문화연구소, 2012.

간직한 곳 : 본디 개성 위두사(취두사) 동남봉우리에 있었으나
현재 어디 있는지 모르고, 손으로 베낀 글만 문경 금룡사에 있었다.

박교웅 대선사 무덤돌 글(僧 朴教雄 墓誌銘)

돌아가신 국청사(卒國淸寺) 주지 요설연묘홍진혜감묘응 대
선사 了說演妙弘眞慧鑑妙應 大禪師 무덤돌에 새긴 글(墓誌銘).

스님의 이름은 교웅, 자는 응물應物, 호경鎬京(西京) 사람으로,
그 선조는 박씨다. 9세에 장경사長慶寺의 선사 석찬釋贊에게 나
아가 머리를 깎고, 대안 5년(선종 5, 1089)에 불일사佛日寺에서
계를 받았다. 어려서부터 총명하여 스승의 심인선법心印禪法을
배웠으며, 자라면서 생각하고 풀어 내는 것을 훤하게 알게 되자
총림에서 훌륭하다고 하지 않는 이가 없었다.

석찬 선사가 입적하자 쌍봉사 선사 익종翼宗을 스승으로 삼
았다. 마침 대각국사(의천)가 천태종을 세우고, 달마 구산문 가

운데서 수행력이 높은 승려들을 모아 바야흐로 교관敎觀을 널리 퍼트리고 일불승一佛乘의 으뜸 법문을 열려고 하였다. 익종 선사가 기꺼이 그 가르침을 듣고 드디어 나아가 배우게 되자 스님도 또한 따라갔다. 스스로 때가 왔다고 하여, 이로부터 지자대사智者大師가 말한 오시五時, 팔교八敎, 삼제三諦, 삼관三觀의 뜻을 배워서 굳게 그 가르침에서 떠나지 아니하니, 이름이 크게 떨쳤다.

건통 원년(숙종 6, 1101) 국가에서 처음으로 천태종 대선大選을 시행하면서 (대각)국사에게 시험을 주관하도록 하여, 좋고 나쁜 것을 분명하게 가려내고 합격과 불합격을 자세하게 하였다. 스님이 자랑스럽게도 응시자 가운데 으뜸이 되어 답안이 상상품上上品 성적이었으므로 대덕大德을 내렸다. (건통) 5년(숙종 10, 1105)에는 대사大師를 주고, 태선太選에 나가 또 상품上品에 올랐으므로, 조칙으로 국청사의 복강사覆講師가 되어 경론을 뚜렷하게 밝히고 여러 해 동안 학도들에게 가르침을 전해 주었다. 이로부터 천태종의 답답한 교리가 다시 밝혀지고, 막혔던 것이 다시 통하게 되었다.

얼마 뒤 익종 선사가 입적하자 문하의 제자들이 일신상의 이익을 좇아 모두가 어지럽게 다른 곳으로 갔으나, 오직 스님만이 바른 것을 지키며 고집스레 옮기지 아니하였다. 이때 한 종파의 장로가 있었는데, 스님만 홀로 우뚝하게 서서 그 문하에 예를 바치지 않았으므로 미워하여 장차 해치려고 하였다. 그러나 뜻을 이루지 못하고 있다가, 마침 때를 만나게 되자 일을 만들어 스님을 홍주洪州 백암사로 쫓아 버렸다.

절이 산골짜기에 있어 범에게 해를 입는 일이 종종 있었다. 스님은 평안하고 태연하게 7년 남짓 머무르면서 수행을 더욱 닦으니 덕이 더욱 쌓였다. (천태종) 종지宗旨만 발휘하였을 뿐 아니라, 화엄華嚴과 유가(伽)와 성상性相의 이치와 도리를 탐구하였고, 유가儒家와 묵가墨家, 노장老莊, 의술(醫), 음양설陰陽説에 그 이르기까지 그 근원을 연구하고 그 유파를 섭렵하지 않음이 없었다.

하루는 가야사에 들렀다가 『유가론』 100권이 휴지 더미 속에 있는 것을 보고, 굽어보고 우러러보며 탄식하면서 짊어지고 돌아와 읽기를 더욱 부지런히 하였으니, 스님의 마음 씀씀이를 가히 짐작할 수 있다.

천경 5년(예종 10. 1115) 원명국사圓明國師가 소문을 듣고 스님의 덕행이 당세에 본보기가 될 만하다고 하여 황제 측근으로 천거하였다. 이에 예종이 삼중대사三重大師를 시키고 화장사華藏寺로 옮기게 하였다. 이 해에 크게 가물어 장령전長齡殿에서 법회를 열고 비가 내리기를 빌게 되자, 우리 스님과 대선사大禪師에게 명하여 임금의 뜻을 이어 주반主伴을 맡도록 하였다. 『묘법연화경妙法蓮華經』 6가지 비유를 설명하니 권교權教와 실교實教에 대한 근원이 얼음 녹듯이 훤하게 풀려서 비로소 경계가 없어졌다. 예종이 듣고 기뻐하여 첩가사貼袈裟 한 벌씩을 내리고, 장경도량藏經道場을 열게 하고 자복紫服을 내렸다.

기해년(예종 14, 1119)에 삼승사三乘寺로 옮겨, 주지가 되었으며, 다음 해에는 선사禪師를 내리고, 또 교지(官誥) 한 도道와 납엄척衲掩脊 한 벌을 하사받았다.

임금(인종)이 즉위하자 자주색 수를 놓은 첩가사 한 벌을 하사하고, 월봉사月峰寺로 옮기게 하였다가 다시 외제석원外帝釋院으로 옮겼다. 을묘년(인종 13, 1135)에 국청사로 옮겨 주석하게 되자 대선사로 삼으면서, 자수로 만든 가사 한 벌과 아울러 교지 한 도道를 내려 주었다. 경신년(인종 18, 1140)에 서울이 가물자 명령을 내려 일월사로 오게 하여 『묘법연화경』을 읽으며 비를 빌게 하였는데, 「약초유품藥草喩品」에 나오는 일지일우一地一雨라는 비유를 읽자 큰비가 내렸다.

황통 2년(인종 20, 1142) 7월 16일에 병이 들자 용수원龍樹院 서쪽 건물에 앉아 이를 닦고 향을 사른 다음, 문하의 제자들과 함께 이야기하였는데 온화한 모습이 평소와 같았다. 잠시 뒤 방에 들어가 <u>서쪽을 향하여 단정히 앉아 돌아가시니</u>, 나이 67세였다. 8월 초닷새에 성의 서쪽 청송靑松 서쪽 봉우리에서 다비하고, 10월 14일에 유골을 성의 동쪽에 있는 약두산 취두사 동남쪽 봉우리에 장례 지냈다.

돌에 새겨 이른다.

> 홀로 우뚝 서서 정해지지 않은 곳에 머무니
> 고요하고 아득하여 스스로가 본本이며 뿌리이도다.
> 마음으로 가섭에게 전하여
> 한 가닥 그윽하고 부드러운 미소를 지으니
> 깊은 깨우침을 스스로 얻어서
> 바라보기만 하여도 서로 통한다.
> 뒤에 천태의 마루턱에 노닐며 불이문不二門에 들어가서
> 깊은 진리를 깨우쳐 알고
> 무리들의 어두움을 밝히 일깨우도다.
> 석림의 기둥이고 교해敎海의 연원淵源임을
> 돌에 파서 새기니 잊혀지지 않기를 바라노라.

문인 중 선사가 4명, 삼중대사가 9명이며, 중대사와 대덕인

도관都官과 선발된 학도가 모두 134명이다.

황통 2년 임술년(인종 20, 1142) 10월 14일에 삼가 적다.

권 보정의 꼬리말

쌍봉사 익종翼宗 스님을 스승으로 출가하여 함께 대각국사
(의천)로부터 천태종을 배워 큰스님이 된다. 익종 선사가 의천
그 가르침을 듣고 드디어 나아가 배우게 되자 스님도 따라간 것
이다. 묘응 선사가 '서녘을 향해 단정히 앉아 돌아가셨다' 고 하
는 것은 대각국사 의천처럼 말년에는 서녘 정토에 가서 태어나
기를 빌고 정토로 갔다는 것을 뜻한다.

6. 1174년, 서쪽을 향해 가부좌하고 합장한 채 극락 간 원각국사

숙종 4년(1174년)

『校勘譯註 歷代高僧碑文』高麗篇1(1994)]

영동 영국사 원각국사 비 (국보 534호)

□□□□ 태종(台宗) 증시 원각국사비명(贈諡 圓覺國師碑銘) 및 머리말

조산대부朝散大夫)동지추밀원사同知樞密院事 판사재사判司宰事 지제고知制誥 겸兼 태□太□

□ 붇다가 말씀하신 3승三乘 12분교十二分教 8만 법문八萬法門 이 천축乾竺에서는 모두 갖추어졌으나, 해동국에서는 아직 번득 이는 가르침 소리에 어둡다. 그러나 붇다의 미묘한 말씀이 설 해지는 것은 멀고 가까움이 없다. (깨짐) 상언尙焉. 그리고 그 바 람이 변마卞馬(변한 · 마한 지역?)지역에 크게 떨쳐, 슬기로운 해 가 비치는 곳은 밝아지고 가르침의 비가 내리는 곳은 촉촉이 적 셔 한 구역이 되었다.

우리 태조께서 어려움을 만났을 때 남모르게 도움을 받아 만 세 (깨짐) 이루었다. 차츰 동쪽으로 전해졌으나 종문이 아직 세

워지지 않았다. 문왕의 넷째 아들 대각국사가 선왕宣王이 즉위하신 지 3년(1085), 경오(1090?)에 가르침을 구하려고 송나라에 들어가 전당錢塘(지금의 항주)을 다니면서 도를 묻고, (천태) 불롱산佛隴山에 올라 바라보고 (깨짐). 천태(종)를 논의하는 사람은 대각(국사)을 시조로 삼았으나, 사람이 도를 넓힐 수 있는 것이지, 도가 사람을 넓게 하는 것이 아니므로, 대도가 행해지기 위해서는 반드시 그러한 사람을 기다려야 한다. 오늘날 천태의 감추어진 교리는 가장 으뜸가는 법문이다. 반드시 세상에 이름난 사람이 있어야 한다. (깨짐) 행적이 완전히 없어지지 않아야 복리를 쌓아 나라를 보호하게 된다. 그러므로 대각이 입적한 지 7년이 지나, 하늘이 국사를 세상에 태어나게 하여 바른 법(正法)을 보살피게 하였다. 그것을 어떻게 알 수 있는가! 스님께서 (깨짐). 손에는 항상 책을 놓지 않고, 불도를 구하였으니, 어찌 하늘이 국사가 바른 법을 보호하도록 그렇게 함이 아니겠는가! 또 모든 여러 경문을 살펴보면, 여래의 방이란 큰 자비심이고, 여래의 옷이란 부드러움과 너그러운 마음(忍辱心)이며, 여래 (깨짐). 게으르지 않은 마음으로 붇다의 가르침을 널리 펴서 만세에 널리 쓰이도록 큰 법륜을 굴릴 사람은 오로지 우리 (원각) 국사뿐이다.

　스님의 이름은 덕소德素이고, 자는 혜약慧約이며, 어릴 때의 이름은 자미子美이고, 속성은 전씨田氏다. 담潭(깨짐). 주 수령으로 있을 때인 정해년(1107) 3월 6일 어머니 남원군부인南原郡夫人 양 씨가 어느 날 밤 서울에서 주의 경계까지 길에 수레가 가득히 이어져 있는 꿈을 꾸었는데, 스님은 그날 밤에 태어났다. 부모가 그 귀함을 알고 자미子美라고 불렀다. (깨짐)

중이 "저는 국청사 정원淨源입니다"라 하므로, 스님은 그와 기꺼이 대화를 나누니, 마치 오래전부터 잘 아는 사람 같았다. 드디어 따라가서 대선사 교웅教雄 문하에 들어가 9살 때 머리를 깎았다. (대선사) 교웅 공(雄公)이 늘 이르기를 "우리 (천태)종을 일으킬 사람은 틀림없이 이 사미일 것이다"라고 하였다. (깨짐) ~하면 반드시 늘 스님과 함께 놀았는데, 어느 날 함께 불당을 둘러보다가 우연히 법당(大藏堂)에 들어가 함을 열고 책을 꺼내 스님에게 주자 스님은 그 책을 받아 보고 바로 능통하였다. 인종이 감탄하여 "이 중은 훗날 반드시 큰 법사가 될 것이다"라고 하였다. 무신년(1128) (깨짐). 대선大選이 열려 시험 보기 전 이미 자미가 당선될 것임을 알고 있었는데, 다음날 과연 합격하니 한 생만 보살 수행을 한 것이 아니고, 어렸을 때 이름도 전생의 이름이었다. 인종이 자리를 이은 지 11년째인 임자년(1132) 인종이 국청사에 나들이하여 (깨짐) 스님. 계해년(1143) 봄 스님은 문도에게 치하의 말을 남기고, 각지로 돌아다니며 스승을 찾아 도를 묻다가 울주 영취산에 이르러 머물렀다.

슬기로운 이들이 여러 곳에서 모여들어 이보다 더할 수가 없고, 사방 학자들 부탁이 날로 많아졌다. 또 들으니 (깨짐)

돌아오는 길에 푸른 바다에서 갑자기 폭풍이 불어 성난 파도가 산과 같았다. 배에 탄 사람들은 두려워 어찌할 바를 몰랐으나 스님은 태연히 「보문품」을 독송하니, 눈 깜짝할 사이에 바람과 물결이 저절로 가라앉아 무사히 건넜다. 경오년(1150)에 몸소 금으로 경전을 썼다. (깨짐) 정사를 본 지 8년째인 계유년(1153)에 (의종이) 스님을 선사로 올려 임명하였고, 을해년(1155) 봄에는 마납법의磨衲法衣를 내리셨다. 갑신년(1164) 여름 날씨가 오랫동안 가물어 의종이 문명궁에서 경을 설하는 법회를 열고 스님을 모셔와 강설하게 하자마자 큰비가 쏟아졌고, 그리하여 논밭이 (깨짐) 임금님 수레를 따라가 머무는 곳에서 보필하였다. 임금이 명하여 스님이 모든 종문 석학 가운데 벼슬할 만한 인물 천거하였는데, 추천한 사람은 모두가 명망 있는 인물들이었다. 돌아오는 길에 평주에 머물렀을 때 스님께 대선사를 내렸다.

숙종 1년 신묘(1171) (깨짐) 불법승. 이리하여 덕망이 큰 스님을 얻어 사범師範으로 삼고자 하였는데 왕이 감히 마음대로 결정할 수 없어서 선禪 · 교종敎宗에서 오랫동안 덕망을 쌓은 대덕을 뽑아 불상 앞에 그 이름을 붙여 두고 엎드려 기도한 뒤 봉한 이름 하나를 뽑았다. 그리고 임금의 진영眞影 앞에 나아가서(깨짐) 이리하여 임금이 친척 아우(戚弟) □세승통□世僧統 우복야 박경서朴景瑞 등을 보내 왕의 뜻을 전하고 이어서 여러 번 청하였으나, 스님은 모두 사양하고 받아들이지 아니하였다. 사신을 세 번이나 보내자 임금의 뜻이 간절함을 알고, 어쩔 수 없이 받아들였다.

갑인년(1194)에 보내 (깨짐) 등이 예를 갖추어 존호를 높였다. 11월 갑술, 출가자 · 재가자와 임금 · 신하가 큰 법회를 열고 스님께 예를 올렸다. 이날 백좌회百座會(사자좌 100개를 만들어 고승 100명을 모시고 설법하는 큰 법회)를 베풀어 향을 나누어 주는 의식(行香)을 할 때 임금이 먼저 스님 앞에 공손히 예를 표하고 궁전에 올랐다. 그 뒤 수창궁壽昌宮 화평전和平殿에서 금경회金經會를 열고, 스님을 청하여 □□□□□ 즉則 혹或 □ 임금이 수레를 타고 나들이 가서 스님의 얼굴을 직접 보고 안부를 물으니, 그 공경함이 이와 같았다.

갑오년(1174) 10월 기축 □ 천수사天壽寺 대연大延 □□. 11월 계사癸巳에 가벼운 병이 드니, 임금이 몸소 앓아누운 자리까지 와서 약을 손으로 먹여 주었다. 또 우복야 박경서를 보내

□□□□□□□□□, 스님은 손을 들어 뿌리치며 돌려보내고, 가부좌를 틀고 앉았다. 임금이 "이것이 스님이 늘 가지고 있는 마음가짐이다"라고 말했다. 이날 선사를 모시고 있는 승지^{承智}에게 명하여 모시고 의왕사醫王寺로 옮기게 하였는데, <u>하루 지난 뒤, 서쪽을 향하여 단정히 앉아 합장하고 입적하였다.</u> 임금께서 들으시고, (깨짐) (송)악산 서쪽 기슭에서 (다비하였다?).

스님께서 병에 났을 때 내인(內人) 곽영견郭永堅이 꿈에 맞이하여 □문^門□유^有□□, 성문인(聲問人)이 대답하되, "이것이 여래가 열반하신 때"라고 하였다. 스님들이 바라보니, <u>옷이 하얀 학 무리가 되어 둘러싸고 공중으로 올라가 서쪽으로</u> (깨짐) 전電. 다음날 스님이 과연 참여하지 않았다. 11월 경인庚寅에 선사 승지에게 명하여 유골을 받들어 □□□하^下, 양산陽山 관내 지륵산智勒山 영국사寧國寺에 모셨다.

을미년(1175) 4월 태사를 보내어 (깨짐). 형원사瑩原寺에 있을 때, 일찍이 이르기를 형원瑩原이란 선가禪家의 고찰古刹 □ 일이 혼란스러워 부^不□□□□□□□ 지륵智勒은 산 높고 물 맑아 참으로 수도하기 알맞은 곳이다. 드디어 임금이 청하여 사使(깨짐)

(깨짐) 병이 없고, 입은 옷은 유^有 (깨짐)

(깨짐) 불전佛典을 읽고 다른 일은 마음에 두지 않았다. (깨짐).

【비 뒷면 기록(陰記)】

원각국사 비 뒷면 : 문도와 직명

선사禪師 : 승지承智

삼중대사三重大師 : 재사再思, 담요曇曜, 기윤覬胤, 신수神秀, □□.

중대사重大師 : 문편文便, 품룡禀龍, 담기曇機, 사안師安, 중익中益, 도설道說, 사현思玄, 도견道堅, 천관闡觀, □묵□黙, 심현心玄, 승편承便, 계안繼安, □이□頤, 처연處緣, 석예釋猊.

입선학도入選學徒 : □□, 희문希文, 효안効安, 안훈安訓, 유문惟文, 남윤南胤, 묘남妙南, 유장惟章, 영순領純, 심□心□, □주□珠, 유안惟安, 돈수敦守, 관여觀餘, 심예心銳, 인순仁順, 현중玄中, 문광文光, 의인義仁, □□, 지해智海, 신연信淵, 의원義圓, 혜윤惠胤, 영연靈淵, 석란釋蘭, 회련懷璉, 득의得義, 종순宗順, □익□翊, 이융理融, 중안中安, 계장戒璋, 정장定璋, 지오知奧, 담실曇實, 영단令端, 지수智粹, 충현冲玄, 계돈戒敦, 계엄戒嚴, 계휘戒暉, 이돈理敦, 문유文儒, 수여須餘, 대현大賢, 돈준敦俊, 회관希觀, 법유法瑜, 위윤威胤, 연원淵遠, 기□其□, 융전戎全, 광수光秀, 연보淵寶 같은 100명 남짓.

개□사皆□師 : 의전義詮, 혜림惠琳, 관우觀祐, 존각存覺, 존정存正, 규선珪禪, 법광法光, 도남道南, □□, 성대成大, 원신元信, 종직宗直, 신효神孝 같은 200명.

불은사佛恩寺 : 중대사重大師 □□

국청사國清寺 : 중대사 유정惟正 같은 300명.

천수사天壽寺 : □□□□□ 하사령下使令. 이상 모두 1,200명 남짓 □□□□□□

우右 □□□□□□□□□□

자료 : 李智冠 譯註, 『校勘譯註 歷代高僧碑文』[高麗篇 3], 伽
　　　山佛敎文化硏究院, 1996

국사편찬위원회, 고려시대 금석문·문자자료〉비문 | 碑文〉
영국사원각국사비

국립문화재연구소, 금석문검색 - 판독문/해석문 비교보기

영국사 원각국사비 (2022.5.2)　　　국립문화재연구원 금석문 검색

㎢ 보정의 꼬리말

　의천 · 묘응에 이어 선사들이 마지막에 서쪽을 향하여 단정히 앉아 합장하고 입적하였다고 하는 것은 모두 정토문을 함께 닦았다는 것을 뜻한다. 위와 같이 천태종 대덕들이 염불한 것은 이미 천태종을 세운 천태 지의天台智顗의 사상과 마지막 행적을 보면 당연하다고 할 수 있다.

　천태 지자의 학풍은 법화사상을 마루로 하여 5시 8교 교상을 세우고 적극적으로 방편을 열어 진리의 실實이란 교지를 주장하였고,『중론』 등을 따라 일심삼관一心三觀 설을 주장하여 마음을 관(觀心)하는 것을 고취시켰다. 또한 깊이 아미따불을 믿고 반주삼행삼매般舟三行三昧 법을 닦았다.『지자대사 별전』에 따르면 지의는 숨을 거둘 때 서녘을 향하여 누워서, 오로지 아미따 · 반야 · 관세음 같은 이름을 불렀다. 그리고 마지막으로 문수행聞修行과 사수행思修行을 하기 위해『법화경』과『무량수경』두 경의 제목을 부르게 하여, 무량수를 듣고 나서, "48원으로 정토를 꾸민 보배 연못 · 보배 나무가 있는 곳에 가서 태어나는 것은 쉬우나 간 사람이 없다. 죄를 짓고 지옥에 떨어지는 죄인들을 싣기 위해 옥졸들이 불타는 수레를 끌고 와 다투어 나타나니 능히 참회하는 자는 가서 태어날 수 있다. 하물며 계정혜 3학을 닦

는 사람이랴! 도를 수행하는 힘은 실로 헛된 것이 아니고 범음
梵音 소리가 사람을 속이는 것이 아니다"라고 찬탄하였다. 또
"<u>많은 성중들이 관세음보살을 모시고 모두 와서 나를 맞이한
다</u>"라고 말했다.(望月信亨 저, 이태원 역『중국정토교리사』,
111~122쪽)

7. 1188년, 서쪽 아미따불상에 합장하고 극락 간 정각 승통(僧統)

金龍善,『高麗墓誌銘集成』, 한림대아시아문화연구소, 2012.
서울 국립중앙박물관 (No 본10628, 4-4)

고리 나라 흥왕사 교학 영통사 주지 정각 승통 무덤돌(高麗國 興王寺 敎學 靈通寺 住持 正覺 僧統 墓誌)

(스님의) 이름은 영소靈炤이고, 속성은 김씨이며, 수주水州 사람이다. 대조大祖(太祖)의 □행공신行功臣이자 좌승佐丞인 김지金知의 7대손으로, 아버지 순영(純英)은 조의 대부朝議大夫 사천감司天監으로 자금어대紫金魚袋를 하사받았고, 어머니는 최□□인(崔氏夫人?)이다.

예종 천경 5년 을미년(예종 10, 1115) 2월에 태어났다. 11세에 □□사師 승통僧統 □선□宣에게 의탁하여 영통사靈通寺 보소원普炤院에 나가 머리를 깎고, 이에 이름을 받았다. 이듬해에 불일사佛日寺에서 □□(계를 받고) 다시 이름을 얻었다. 17세에 승과에 합격하고, 21세에 처음 광교사光敎寺 주지가 되었다. 32세에 비批를 받아 삼중대사가 되고, 39세에는 수좌에 뛰어오르면서 이에 관고官誥를 받았다. 56세에 승통僧統이 □□(되고?) 무늬가 있는 비단에 쓴 교지를 받았다.

광교사로부터 영통사에서 입적할 때까지 아홉 군데의 주지로 있으면서, 받은 □호(法號?)는 정각正覺과 증지證智이고, 임금에게 하사받은 가사가 처음에는 마납磨衲이고 다음에는 만수萬繡/端다. 경자년(명종 10, 1180)과 을사년(명종 15, 1185)에는 모두 승과의 도청都廳이 되고, 정축년(의종 11, 1157)에서 정미년(명종 17, 1187)까지 32년 동안 흥왕사興王寺 홍교원洪教院 □학주(講學主?)가 되어 화엄장소花嚴章疏를 강의하였다. 또 세 차례 임금의 명을 받아 귀신歸信 · 개태開泰 · 해인海印 등의 절에서 강講을 주관하니, 임금이 소□疏□를 기다렸다.

지금의 임금(명종)이 즉위하자 스승의 예로 대우하였으며, 궁궐에 들어가□ 그 가르침을 받았다. 『화엄경』 읽기를 마치자 본부本部□□ 양원楊圓이 위아래와 안팎에서 받지 않는 곳이 없었다. □『화엄경』 청량묘연清凉再演□권을 지었으며, □□경소經疏□ 3권 장장章 같은 여러 □□□해解□□를 새겨서 반포시키고, 손으로 베껴서 널리 펴 전하기도 하였다. 그 수록된 것과 유림제가儒林諸家의 문집, 시화詩話, 편찬한 사원事苑 등이 모두 세상에 퍼졌다. 이로 말미암아 배우려는 사람들이 듣고 □□□□□ 이롭게 하자 의심을 해결하였으며, 빈손으로 찾아왔다가 가득히 채워서 돌아간 사람이 그 수를 헤아릴 수 없을 정도였다. 뛰어난 제자와 문도들이 모두 364명인데, 그 가운데 수좌가 3명이고, 삼중대사가 6명으로, 그 가운데 □□□ 승통僧統이 되었다.

대정 28년 무신년(명종 18, 1188) 정월 23일에 목욕하고 깨끗한 옷으로 갈아입은 다음, <u>서쪽 벽의 아미따불상을 향하여 단정히 앉아 바른 모습으로 □시時에 입적하였다.</u> 얼굴 □은 맑고 희어서 근엄하기가 평소와 같았다. 춘추는 74세이고, 승랍은 62년이다. □월에 □□ 받들어 신좌神座를 옮기고 탑이 오래 가기를 □.

명銘하여 이른다.

하늘이 법기를 내시니 □□□윤倫
불교에 귀의하여 지혜의 바다에 들어오니 □
높아 신神과 같았네.
학문은 삼장에 해박하고 □□진眞을 베풀어
세상을 위한 가르침을 펴니, 사람들에게 □ 넓히도다.
성스러운 임금도 옷자락을 여미고 □□ 자리를 피하니
어두운 길 나루터와 대들보 되고,

진리로 들어가는 문지방이 되었네.

온 나라가 우러르고 숭배하니 스님 중 □ 으뜸 되어

복과 은혜를 갖추었으나

엄격하고 정중하기는 태산과 같도다.

임종할 때가 되자 미리 그때를 알아서 온몸을 깨끗이 씻고

마음을 맑게 하고 정신을 가다듬었네.

단정하게 사람을 대하여 서쪽을 향해 앉은 채로 입적하니

엄숙함은 생시와 같아 안색도 희게 빛나도다.

온전하게 덕을 갖추었고 처음과 같이 끝을 잘 맺은 생애를

명銘으로 적어 돌에 새겼으니.

□ 없이 영원토록 빛나리로다.

권 보정의 꼬리말

승통僧統은 대각국사 의천과 같이 승려 계급에서 가장 높은 지위다. 무덤돌에 기록된 내용을 보면 화엄 교리를 실천하고 가르쳤으나 마지막 숨을 거둘 때는 서쪽 벽에 모신 아미따불상을 향하여 단정히 앉아 입적하였다고 한다. 그리고 명문銘文에는 '단정하게 사람을 대하여 서쪽을 향해 앉은 채로 입적하니' 라고만 하였다. 이것으로 앞에서 여러 스님들이 서쪽을 향해 단

정히 앉아서 입적한 광경을 묘사했으나 서쪽에 아미따 불상을 모시고 그 불상을 향해 합장하고 입적했다고 볼 수 있는 증거가 된다.

「정각 승통 묘지」(국립문화재연구소 문화재 검색)

8. 1210년, 염불요문으로 많은 중생 극락 보낸
보조국사 지눌

> 1678년 다시 세운 송광사 보조국사 비
> 조선금석총람, 조선불교통사, 교감역주 역대고승비문(고리편).

승평부(昇平府) 조계산 송광사 불일보조국사(佛日普照國師) 비문과 머리말(序文)

지공주사知公州事 부사 겸 권농사 관구管句 학사學士 장사랑將仕郎 겸 예부상서이며 자금어대紫金魚袋를 하사받은 신臣 김군수金君綏 왕명을 받들어 비문碑文을 짓고 문림랑文林郎이며 신호위장神號衛長인 신臣 유신柳伸은 교지를 받들어 비문을 쓰다.

선학禪那學의 근원[38]은 가섭존자부터 시작되었다. 그 뒤 인도의 제28조인 달마대사가 이어받아 와서 진단震旦(동쪽 나라 支那)을 교화하였다. 이를 전해 받은 이들은 전하지 않는 것으로

---

38) 선나(禪那)는 우리가 흔히 쓰는 선(禪)의 본디 말이다. 산스크리트 댜나(dhyāna)를 소리나는 대로 옮긴 말인데 줄여쓰기 좋아하는 지나에서 선나(禪那)를 선(禪)으로 줄여 쓴 것이다. 타연나(駄衍那)라고도 옮겼고, 빨리어 자나(jhāna)는 지아나(持阿那)라고 옮겼다.

전하고, 이를 닦는 사람들은 닦지 않는 것으로 닦아 낱낱이 대를 이어 불법의 등이 함께 비추니, 참으로 어찌 그리 기이한가! 붇다께서 열반하신 지 더욱 오래되어 불법도 따라서 느즈러져 배우는 이들이 케케묵은 말만 굳게 지키고 밀지密旨를 잊어버렸을 뿐 아니라, 뿌리는 버리고 잔가지만 따라가고 있는 현실이다. 이로 말미암아 관觀하여 깨달음에 들어가는 길이 막히고 문자로 말장난하는 실마리가 생겨나면서 (법맥을 잇는) 정법안장正法眼藏은 거의 땅에 떨어졌다.

이러한 때 한 스님이 있어 홀로 뜬구름 같은 거짓 세상을 등지고 바르고 참된 근본을 흠모하여, 사리에 맞는 진리로 나아가 선정 닦아 지혜를 밝히고, 이를 바탕으로 남을 이롭게 하는 법을 펴는 데 온 힘을 다 쏟는 한편, 가라앉은 선풍을 다시 일으켜 어두워진 조사의 빛을 거듭 밝게 하였다면 참으로 가섭의 적손이며 또한 달마의 맏아들로서 잘 이어받고 훌륭하게 본받아 밝힌 사람이라 할 만하다. 우리 스님이 바로 그런 사람이라 하겠다.

스님 이름은 지눌知訥, 경서京西 동주洞州(황해도 서흥)에서 태어났다. 자호自號는 목우자牧牛子이며, 속성은 정씨鄭氏다. 아버지의 이름은 광우光遇이니 국학(國學 학정學正을 지냈으며, 어머니는 조씨趙氏이니 개흥군부인開興郡夫人이다. 스님은 날 때부터 병이 많아 아무 약도 듣지 않았다. 그리하여 아버지가 붇다께

기도하면서 만약 병을 낫게 하여 주시면 출가시켜 붇다를 섬기도록 하겠다고 다짐하자마자 병이 바로 나아 버렸다. 8살 때 조계종 후손인 종휘 선사宗暉禪師를 은사로 삭발하고 스님이 되었다. 이어 구족계를 받은 다음, 붇다의 가르침을 배웠으나 일정한 스승을 두지 않고, 오직 도와 덕이 높은 스님이면 곧 찾아가서 배웠다. 지조가 높고 빼어나 무리에서 뛰어났다.

25살 때인 (금나라) 대정大定 22년 임인(숙종 12년, 1182)에 대선고시大選考試에 합격하였다. 얼마 뒤 남녘으로 돌아다니다 창평昌平 청원사淸源寺에 이르러 머물렀다. 어느 날 우연히 학당에서 『육조단경六祖壇經』을 보다가 정혜일체 3과에 이르러 "진여 자성이 생각을 일으켜 6근이 비록 보고 듣고 깨달아 알지만, 삼라만상에 물들지 아니하고, 진여의 자성은 늘 거침이 없다"라는 구절에 이르러 깜짝 놀라면서 크게 기뻐하여 이전에 없는 경지를 얻었다. 곧 일어나 불당을 돌며 외우고 생각하니 스스로 체험한 바가 컸다. 이때부터 마음은 명예와 이익을 싫어하고 늘 깊은 산중에 숨어 힘써 정진하여 도를 닦으며 아주 위급한 경우에도 도를 구하는 마음을 버리지 아니하였다.

대정 25년 을사(1185) 하가산下柯山 보문사普門寺로 옮겨 머물 때 대장경을 읽다가 이장자李長者가 지은 『화엄경합론華嚴經合

論』을 보고 거듭 신심을 일으켜 화엄경의 오묘한 이치를 찾아내고 깊이 숨어 있는 어려운 뜻을 드러내 여러분의 설과 비교하고 나니 더욱 정통하였다. 이에 따라 지혜가 점점 밝아져 늘 마음을 원돈관문圓頓觀門에 두었으며, 또한 후학들의 어리석음을 이끌어 못과 쐐기를 뽑아 주고자 노력하였다. 그때 마침 오래전부터 알고 있던 득재得才라는 선로禪老가 팔공산 거조사居祖寺에 머물면서 함께 정진하자고 간절히 청하므로, 드디어 그곳으로 가서 머물렀다. 널리 여러 종파에서 세상 명리를 떠난 고사高士들을 맞아들여 힘써 습정균혜習定均慧를 닦도록 간청하여 밤낮으로 게을리하지 않음이 여러 해였다.

승안承安 2년 무오(신종 1년, 1198) 봄에 함께 참선하는 몇 사람과 함께 옷 3벌과 발우 하나만 가지고 지리산을 찾아가 상무주암上無住庵에 숨어 지냈는데, 경치가 그윽하고 고요하여 천하으뜸이라 참으로 선객이 살 만한 곳이었다. 스님은 여기서 모든 바깥 인연을 물리치고 오로지 내관內觀에만 전념하였다. 갈고 닦아 날카로운 지혜를 발하며, 마음 깊은 곳까지 내려가 마지막 바탕까지 파고들었다. 그동안 법을 깨달을 때마다 나타났던 몇 가지의 상서로운 일은 말이 너무 번거로워 비문에는 싣지 않는다. 스님께서 일찍이 "내가 보문사에서 지낸 지 10년 넘었다. 비록 뜻을 얻고 부지런히 닦아 쓸데없이 보낸 적은 없으나 아직 정견情見이 사라지지 아니하여, 마치 어떤 물건이 가슴에 걸려 원수와 함께 있는 것 같아 늘 꺼림직하였다. 지리산 상무주암에 있을 때 정진하는 틈에 대혜보각선사大慧普覺禪師의 어록을 보다가 '…… 선이란 고요한 곳에 있지 않고(禪不在靜處) 시끄러운 곳에 있지도 않으며(亦不在鬧處), 날마다 연을 맺는 곳에 있지 않고(不在日用應緣處) 헤아려 분별하는 곳에 있지 않다(不在思量分別處). 그러나 가장 먼저 버릴 수 없는 고요한 곳, 시끄러운 곳, 날마다 연을 맺는 곳, 헤아려 분별하는 곳을 참구해야 홀연히 눈이 열려 바야흐로 이것이 자성(屋裏事)임을 알 수 있느니라' 라는 구절에 이르러 뜻이 딱 들어맞아 마음에 깨달으니, 자연히 가슴이 후련하며, 원수와 멀리한 것 같아서 곧 마음이 편안하였다" 라고 말씀하셨다. 이로 말미암아 사리를 지혜로 푸는 능력이 점차로 높아져서 대중들의 숭앙을 받게 되었다.

　(승안) 5년 경신(1200) 송광산 길상사吉祥寺로 옮겨 11년간 대중을 지도하되, 도를 이야기하거나, 선 수행·안거·두타 등을 할 때는 한결같이 율장律藏에 바탕을 두었다. 사방에서 스님과 신도들이 스님의 고매한 명성을 듣고 찾아와 수많은 대중이 모여들었다. 심지어 명예와 벼슬과 처자를 버리고, 머리를 깎고 스님이 되어 함께 오기도 하고 들어와 수도하겠다는 왕공王公

· 사서土庶들도 수백 명에 이르렀다. 스님은 닦는 일만 맡을 뿐, 사람들이 칭찬하거나 헐뜯는 것에는 전혀 마음이 움직이지 아니하였다. 또한 자비와 인욕으로 후배를 맞이하였다. 비록 대중 가운데 무례하게 뜻을 거역하는 자라도 오히려 자비로 감싸고 늘 정으로 이끌어, 마치 어머니가 자식을 귀여워하는 것과 같았다.

그리고 대중에게 지니고 읽기를 권할 때는 늘『금강경』을 법으로 삼도록 하고, 교의를 설함에는『육조단경』을 강설하며, 통현 장자通玄長者의『화엄론華嚴論』으로 주장을 펴고,『대혜어록大慧語錄』으로 우익羽翼을 삼았다. 3가지 문을 열었는데, 성적등지문惺寂等持門, 원돈신해문圓頓信解門, 경절문徑截門이니, 이 3문에 따라 수행하며 믿음으로 들어가는 자가 많았다. 그리하여 선학의 왕성함은 근세에 누구하고도 견줄 수 없었다. 스님은 또 몸가짐이 엄숙하여 소걸음에 범 눈길이었으며, 한가히 지낼 때도 태도가 근엄하여 몸가짐이 해이함이 없었고, 대중이 운력할 때도 빠지는 적이 없을 뿐만 아니라 늘 남보다 앞장을 섰다. 억보산億寶山 백운정사白雲精舍 · 적취암積翠庵, 서석산瑞石山 규봉난야圭峯蘭若 · 조월암祖月庵 같은 절은 모두 스님께서 세우고 오가면서 정진하던 곳이다.

희종(1205~1210) 임금께서 동궁에 있을 때부터 스님의 명성을 듣고 흠모해 오다가, 보위에 오른 뒤 왕명으로 송광산 길상사를 조계산曹溪山 수선사修禪社라고 고치고 어필로 편액을 써서 보내기도 하였다. 그리고 만수가사滿繡袈裟 한 벌을 내려 존경을 표하였으니, 스님을 모시는 도타운 정성은 다른 어떤 왕과도 견줄 데 없었다.

스님이 처음으로 남녘에 다니며 수행의 길에 오르고자 할 때, 같이 공부하던 도반과 약속하되, "나는 지금부터 깊은 곳에 숨어 향사香社를 맺고 전적으로 정과 혜(定慧)를 닦고자 하니, 스님들은 어떻게 생각합니까?" 라 하니, 대중이 말하기를 "지금은 말법시대이므로 그렇게 할 시기가 아니지 않습니까?" 라고 의문을 표시했다. 이 말을 들은 스님은 깊은 한숨을 내쉬면서 이르기를 "시대는 변하지만, 심성은 변하지 않는 것이다. 교법이 흥하거나 쇠퇴한다고 보는 것은 삼승三乘인 권학權學의 견해일 뿐, 슬기로운 이가 어찌 그렇게 말할 수 있겠는가!" 하였다. 대중들은 모두 복종하면서 "옳은 말씀입니다. 뒷날 함께 결사를 맺으면 반드시 정혜결사定慧結社라 이름합시다" 라고 하였다. 거조사居祖寺에 있을 때 과연 정혜사定慧社를 세우고 곧 「권수정혜결사문勸修定慧結社文」을 지었으니, 이는 처음 뜻을 이룬 것이다. 그 뒤 송광사로 옮겨 결사를 맺을 때도 정혜결사라는 이름을 그대로 썼다. 그러나 얼마 지난 뒤 멀지 않은 곳에 같은 이름(吉祥寺)이 있으므로 혼돈을 피하려고 왕명을 받아 조계산 수선사라 바꾸었으니, 이름은 비록 다르나 뜻은 다르지 않다. 스님이 한 결같이 정혜에 뜻을 두었던 것이 이와 같았다.

(금나라) 대안大安 2년(1210) 봄 2월에 국사께서 어머니를 천도하기 위하여 몇 십일(數旬) 동안 법회法會를 열었는데, 이때 결사 대중에게 이르기를 "나는 이제 세상에 있으면서 설법說法할 시기가 얼마 남지 않았으니, 대중은 각각 정진에 노력하라"라고 당부하였다. 얼마 후 3월 20일에 발병하여 8일 만에 입적하였으니, 스님은 가실 때를 미리 알고 있었다.

돌아가시기 하루 전날 밤 목욕하고 옷을 갈아입었다. 시자가 스님이 임종할 것을 알아차리고 임종게를 청하는 한편 여러 가지 질문을 했더니 스님은 조용히 대답하였다. 밤이 깊어지자 방장실로 들어갔는데 문답이 처음과 같이 계속되었다. 새벽에 이르러 물으시기를 "오늘 며칠인가?"라고 물어 대답하되 "3월 27일입니다"라 하였다. 스님께서 법복을 입고 세수와 양치질을 한 다음, "이 눈은 조사의 눈이 아니고, 이 코도 조사의 코가 아니며, 이 입은 어머니가 낳아 주신 입이 아니고, 이 혀도 어머니가 낳아 준 혀가 아니다"라고 말하였다. 법고를 쳐서 대중을 모이게 하고 고리가 6개 달린 지팡이를 짚고 선법당善法堂으로 걸어 올라가 향을 피우고 법상에 올라 앉아 설법하는 것이 평상시와 같았다. 지팡이를 떨치고 전날 밤 방장실에서 묻고 답한 말을 그대로 이르되, "선법禪法은 영험이 헤아릴 수 없다는 것을 오늘 이 자리에서 대중에게 설파코자 한다. 대중들은 사리에 맞는 본디 모습(一着子)을 물어라. 늙은이도 또한 사리에 맞는 본디 모습으로 답하리라"하고, 좌우를 돌아본 뒤 손으로 지팡이를 만지면서 이르기를 "산승의 목숨이 모든 사람의 손에 있으니, 모두에게 맡긴다"라고 하고, 지팡이를 가로로 잡고 거꾸로 끌었다. "근골筋骨이 있는 자는 앞에 나오라"하고 문득 발을 뻗어 법상에 걸터앉아 묻는 대로 대답하되, 말소리가 또렷또렷하고 그 뜻도 자상하며 말씀이 조금도 걸림이 없었으니, 자세한 것은 「임종기臨終記」에 있다.

마지막으로 어떤 스님이 묻기를 "옛날 유마 거사가 바이살리 성에서 병에 걸린 것과 오늘 조계산에서 목우자가 병에 걸린 것은 같은가? 다른가?" 하니, 스님께서 이르되 "너희들은 같은지 다른지를 배워라" 하고, 지팡이를 잡고 몇 번 내리치고 말하되 "천 가지 만 가지가 모두 이 속에 있느니라" 하고, 지팡이를 잡고 법상에 걸터앉아 움직이지 않고 똑바로 앉아 고요히 입적하였다.

문도들이 향과 등을 베풀고 7일간 이바지를 올렸다. 얼굴빛은 살았을 때와 같았으며, 수염과 머리털은 계속 자랐다. 다비하여 유골을 거두니 오색이 찬란하였다. 사리가 나왔는데 큰 것이 30과이고, 적은 것은 헤아릴 수 없으므로 수선사 북쪽 기슭에 사리부도를 세웠다.

　(희종) 임금께서 부음을 들으시고 크게 슬퍼하며 시호를 불일보조국사佛日普照國師, 탑 이름을 감로라 하였다. 세수는 53세요, 법랍은 36이었다. 지은 것은 「정혜결사문」·「상당록上堂錄」·「법어法語」·「가송歌頌」 각 1권이니, 종문의 취지를 밝게 떨쳐 일으킨 내용이므로 모두 읽을 만한 책들이다.

　어떤 이는 "스님께서 돌아가시니, 더욱 크게 돋보인다"라고 하였다. 스님은 능히 목숨을 버리고 열반에 드시어 적멸 세계에 노닐며 거침이 없으니, 헤아릴 수 없는 대인이라 하지 아니 할 수 없다. 그러나 지극한 도에서 보면 그다지 위대한 것이라고 할 수 없다. 왜 그러냐 하면 노자는 학식보다 나를 아는 사람이 드문 것을 귀하게 여겼으며, 장자는 살아감에 있어 다른 사람보다 특별하게 하지 않았다. 옛날 도를 닦은 사람들은 모두 일반 사람과 같이 평범함을 보였다. 그들이 어찌 스스로 뛰어나고 훌륭한 자취를 자랑하여 남들이 알아주기를 바랐겠는가? 세존은 법왕이라 불려 신통 작용으로 거침없이 노닐었으나 마지막 쿠시나가르 쌍림雙林에서 입적하실 무렵 말씀하시기를 "내 이제 등이 매우 아프니 곧 열반에 들 것이다"라 하시고, 드디어 오른쪽 갈비를 땅에 붙이고 발을 포갠 다음 입적하셨다. 또 당나라 등은봉 선사鄧隱峯禪師는 거꾸로 물구나무를 서서 죽었는데, 비구니比丘尼가 된 누이동생이 와서 원망하기를 "오빠는 평생 법률法律을 따르지 않더니, 죽어서도 사람들을 현혹한다"라면서 혀를 찼다.

이제 스님께서는 생전에 문을 열어 많은 법문을 보여 주었거늘, 죽는 날에까지 다시 법고를 쳐서 대중을 운집하고 법상에 올라 설법한 다음, 법상에 걸터앉아 입적하였으니 이것이 도에서 본다면 군더더기가 아니겠는가 하지만 나는 그렇지 않다고 대답한다. 대저 도의 작용은 방위가 없는 것이다. 그러나 사람들이 행함이 같지 않으므로 천하에 한 가지 이치뿐이지만 100가지 생각이 다르고, 지방에서 출발하는 길은 다르지만 서울에 이르는 것은 같다. 만약 그렇게 말한다면 그는 하나만 알고 둘은 모르는 것이다. 또 역대 선문禪門의 많은 조사들이 임종할 때 법을 부촉함에 있어 반드시 신이함을 나타내었으니, 승사僧史에 자세히 실려 있다. 과거 많은 스님 가운데 법상에 올라앉아 설법하고 입적한 스님으로 흥선사興善寺 유관惟寬은 당에 올라 임종게를 설하고 편안히 앉아 입멸하였고, 수산성首山省 념선사念禪師는 임종게를 남긴 다음 온종일 당에 올라 설법하고 편안히 앉아 돌아가셨으며, 서봉瑞峯 지단 선사志端禪師는 머리 깎고 목욕하고 법상에 올라앉아 대중들에게 하직하고 편안히 앉아 떠났고, 대령大寧 은미 선사隱微禪師는 당에 올라 임종게를 설한 다음 입적한 사실들을 모두 잘못된 것이라고 비방할 수 있겠는가?

슬프다! 상법·말법 시대에 태어난 사람들은 의심은 많고 믿음은 적어 선각자들의 자비로 선교방편善巧方便으로 가르치거나 지도하여 마음을 일으키도록 하지 않으면 비록 성인의 길로 나아가고자 하더라도 이는 매우 어려운 일이다. 스님의 마음을 짐작해보면 이것 역시 중생을 이롭게 하려는 한 방편임을 알 수 있다. 스님께서 입적하신 이듬해 법을 이은 제자 혜심惠諶 등이 스님의 행장을 갖추어 임금께 올리고, "스님의 행적을 후세에 길이 전해 보일 수 있도록 비를 세우게 윤허해 주시길 바랍니다"라고 간청하였다. 임금께서 이 주청을 받아들여 윤허하시고, 소신小臣 군수君綬에게 비문을 지으라고 명하였다. 그러나 신이 유교儒敎를 배웠으나 유학에도 변변치 못한데 하물며 붇다의 마음(佛心)과 조사의 심인(祖印)인 다른 도의 논리는 어떻겠는가? 그러나 강한 (임금의) 명령을 사양할 도리가 없어 보고 들은 것이 얕은 알음알이를 모두 동원하여 감히 스님의 가득한 아름다움을 비면에 나타내려고 합니다.

명銘하여 이른다.

손가락 달 가리키나 달은 손가락에 있지 않고,
말로 법 설하지만, 법이란 말에 없는 것,

3승 12부 교설들! 그릇 따라 달라
확 끊고 바로 들어가니 오직 한 문 있노라.
분다가 꽃 들어 보이니 가섭 웃음 터트리고,
달마 벽에 돌아앉고, 혜가 팔을 자르며,
마음에서 마음으로 전하니 둘이 아니라
법과 법은 모두 하나에 이른다.

청풍 속에 다함 없이
몇 대인가 사람이 모자란다.
스님의 몸 삼태기 벗어난 두루미
스님의 마음 티 없는 거울

하가산에서 길 열고,
송광사에서 멍에 벗었노라.
선정의 물 담담하니 맑음은 물결 없고
지혜의 불 빛나니 빛남은 어둠이 없네.

뜰의 잣나무라, 답은 조사의 뜻이고,
못의 연꽃이라, 진짜 근본과 통하네.
사부대중에 둘러싸여 함께 섞여 하나 되니,
한소리 화락하고 몸가짐 침착하네.

나고 죽음 꿰뚫어 보면 모두 곡두인데,
어찌 참과 거짓 있고 다름이 있겠는가!
아! 스님이 떨친 지팡이 온갖 것 다 녹이니
바람 버들개지에 불고 비 배꽃을 때리네.

대금大金 대안 3년 신미(희종 7년, 1211) 12월 일 전전殿前 보창寶昌은 비문 새기고, 대금 숭경 2년 계유(강종 2년, 1213) 4월 일에 내시 창락궁 녹사 신 김진金振은 왕명을 받들어 비석을 세우다.

㉮ 보정의 긴 꼬리말

이 비문도 왕명을 받아 당대 최고 선비가 쓴 비문이라 문장이 뛰어나고 내용도 많아 보조국사의 일대기를 아는 데 부족함이 없다. 그러나 극락·정토·염불·왕생 같은 결정적인 열쇠가 빠져 있지만 보조국사가 극락에 갔다는 징험을 어렵지 않게 짐작할 수 있다. ① 떠날 날을 알았다는 것 ② 업에 시달리지 않고 고요히 입적했다는 것 ③ 숨을 거둔 뒤에도 얼굴빛이나 수염· 머리털이 살아 있는 것과 같았다는 것 ④ 유골이 오색 찬란했다는 것을 보면 극락을 갔음이 분명하다.

엮은이는 처음부터 보조국사를 『극락 간 사람들』에 들어갈 인물로 마음먹고 비문을 아주 꼼꼼히 옮기면서 샅샅이 검토하였다. 왜냐하면 보조국사 지눌은 앞에서 본 대각국사 의천과 마찬가지로 극락 상품상생에 가서 태어날 튼튼한 씨앗(因)을 심었기 때문이다.

보조국사가 지은 책을 보면 『권수정혜결사문』, 『수심결修心訣』, 『진심직설眞心直說』, 『계초심학인문誡初心學人文』, 『원돈성불론』, 『화엄론절요華嚴論節要』, 『법집별행록절요병입사기法集別行錄節要并入私記』, 『간화결의론看話決疑論』, 『상당록上堂錄』, 『법어가송法語歌頌』 같은 화엄과 선에 관한 책들이 있지만 어떤 수행을 하던 궁극적으로 가는 길은 모두 염불을 방편으로 하였으며, 그 방편을 제시한 것이 『염불요문念佛要門』이다.

『염불요문』에서 대개 말세 중생들은 근기와 성품이 어둡고 둔하여 탐욕과 습기가 두터워 오랫동안 생사에 빠져 온갖 괴로움을 면하지 못한다고 전제하고, 1) 오념五念을 쉬게 하고 2) 오장五障을 틔운 뒤에, 3) 오탁五濁을 뛰어넘고 4) 9품 연꽃(九品蓮花)에 오르는 수행 단계를 제시한다.

1) 5가지 염(五念)은 근기와 업장에 따라 5정심五停心을 제시하였다.

① 탐이 많은 중생에게는 부정관(不淨觀)이요,

② 화를 많이 내는 중생에게는 자비관(慈悲觀)이며,

③ 마음이 어수선한 중생에게는 수식관數息觀이요,

④ 어리석은 중생에게는 인연관因緣觀이며,

⑤ 업장業障이 두터운 중생에게는 염불관念佛觀이다.

2) 탐진치 3업을 잠재우는 관법과 산만하고 업이 많은 사람을 위한 관법으로 다스려 5념을 쉬게 한다. 그러나 5념이 쉰다고 해도 세상 인연들을 떠나지 못하므로 다시 5가지 가로막는 것(五障)이 있다.

① 계속 이어지는 애욕이니 번뇌장煩惱障이라 하고

② 법문을 알아 집착하는 것이니 소지장所知障이라 하며,

③ 몸을 사랑해 업을 짓는 것이니 보장報障이라 하고

④ 마음을 없애고 고요함만 지키는 것이니 이장理障이라 하며,

⑤ 온갖 법을 두루 관찰하는 것이니 사장事障이라 한다.

3) 이처럼 5가지 가로막는 것을 통과하지 못하므로 5가지 더러움(五濁)에 걸린다.

① 한 생각이 움직여 공空과 색色을 분별하지 못하는 것이니 겁탁劫濁이라 하고

② 견해와 지각이 어지러이 일어나 맑은 성품을 흔드는 것이
    니 견탁見濁이라 하며,

③ 삿된 생각을 번거로이 일으켜 현재의 티끌을 일으키는 것
    이니 번뇌탁煩惱濁이라 하고

④ 생멸生滅이 멈추지 않아 생각 생각이 옮겨 흐르는 것이니
    중생탁衆生濁이라 하며,

⑤ 각기 의식과 목숨을 받아 그 근본을 돌아보지 않는 것이
    니 명탁命濁이라 한다.

앞에서 본 5념은 초기 불교의 전형적인 수행법이다. 그러나
5가지 장애와 5가지 더러움으로 이루어진 현재의 오탁악세五濁
惡世에서는 10가지 염불삼매念佛三昧에 들어가야 한다. 그러면
바로 "바로 극락에 이르러 삼무루학三無漏學을 깨끗이 닦아, 아
미따불의 위없는 큰 깨달음을 함께 얻을 수 있다(直到極樂 淨
修三無漏學 同證彌陀無上大覺也)"라고 해서 도를 얻으려면 모
름지기 10가지 염불을 닦아야 한다고 했다.

① 계신戒身 염불이요,

② 계구戒口 염불이요,

③ 계의戒意 염불이며,

④ 동억動憶 염불이요,

⑤ 정억靜憶염불이요,

⑥ 어지語持염불이요,

⑦ 묵지默持염불이며,

⑧ 관상觀想염불이요,

⑨ 무심無心염불이요,

⑩ 진여眞如염불이다.

앞에서 비문을 보면 이런 내용은 한 낱말도 나오지 않고 겉으로 보인 온갖 모습만 현란한 문장으로 앞뒤 비를 다 채우고 있다. 더구나 마지막 숨을 거둘 때의 모습은 갖가지 어렵고 고상한 선어들만 늘어놓고, 뒤에 가서는 이런 상황을 다시 변명하느라 다시 비면을 차지하였다. 그러나 보조국사의 마지막 임종게는 『염불요문』에 이미 나와 있다.

"여러분은 계 지키는 것을 본받아 먼저 10가지 악(十惡)과 8가지 삿된 것(八邪)를 끊고, 이어서 5가지 계(五戒)와 10가지 선(十善)을 닦아 지난날의 허물을 뉘우치고, (극락 가는) 미래 과보를 얻겠다는 바람(願)을 다짐하고, 마음과 마음을 잇되 뜻을 살고 죽는 데 두어야 한다. 해마다 1·5·9월 재월(三長)을 지니고, 철마다 팔교八交를 지키고, 달마다 6재六齋를 본받으며, 반드시 10가지 염불로 업을 삼아 오래 공들이고 힘을 쌓아 진여염불에 이르면 날마다 때마다 가거나 서거나 앉거나 눕거나, 아미따불 참 몸이 가만히 앞에 나타나 정수리에 (극락 간다는) 수기受記를 해 주신다. 그리하면 목숨이 다할 때 아미따불께서 몸소 극락으로 맞이하여 구품연대九品蓮臺에서 반드시 상품에서 마주 앉으리니 잘 지키도록 하여라."

보조국사의 이러한 염불요문은 스스로 체험해서 나온 것이라고 본다. 따라서 보조국사는 ① 스스로 무심염불 단계였다면 극락 가서 진여염불을 더 할 것이고, 진여염불이 되었다면 "마음이 지극해지고 앎이 없는 앎이 저절로 알게 되어, 삼심三心이 한꺼번에 비고, 한 성품이 움직이지 않아, 원만히 깨달은 큰 지혜가 환히 홀로 높아져" 단박에 상품상생에 태어나 아미따불 만나 뵙고 불퇴전을 이루었을 것이다.

「염불요문」, 『삼문직지』 염불문　　　송광사 보조국사비(국가문화유산포털)

보조국사 승탑 (사진 : 나그네가 멈추어선 마을)

9. 1245년, 법화삼매로 극락에 간
만덕산 백련사 요세 원묘국사

고종 32년(1245)

『동문선(東文選)』권117 「萬德山白蓮社圓妙國師碑銘 并序 崔 滋」

『조선불교통사』

**최자(崔滋), 「만덕산(萬德山) 백련사(白蓮社) 원묘국사(圓妙國師) 비문(碑銘)
과 머리말」**

여래가 하나의 거대한 인연을 실천하기 위하여 이 세상에 태
어나, 여러 가지 경전을 널리 설했으나 오히려 대승과 소승, 궁
극의 가르침과 방편(權實)을 하나로 관통하지 못했는데 근기와
때가 만나, 마치 곪은 것이 터지듯이 마지막으로『묘법연화경』
을 설하고, 구계九界(온 세상)와 삼승三乘을 감싸 하나의 불승佛
乘에 들어가서, 오랫동안 감추었던 포부가 활짝 열려 다시는 나
머지가 없었다. 석가여래가 두 나무 아래서 열반한 뒤 가르침
의 벼리가 풀려 버리자 용수 대사가 이를 걱정하여 더할 수 없
는 가르침을 새로 만들어, 모든 다른 체계를 깨트려 버리고 삼
관三觀이란 현묘한 문을 열었다. 혜문惠文·혜사惠思가 조사가
지은 것을 이어 왔고, 지자智者 대사는 하늘이 낳은 총명으로 다
시 목탁 소리를 드날렸으며, 장안章安·관정灌頂 대사가 한데 모

아, 이위二威 대사에 전해, 우계尤溪 대사가 이어받고, 비릉毗陵 대사가 기록하기에 이르러 법통이 크게 갖추어져 세상에 행할 만하였다.

우리 왕조(高麗)에서는 현광玄光·의통義通·제관諦觀·덕선德善·지종智宗·의천義天 같은 이들이 바다 건너 교리를 묻고 천태天台 삼관三觀의 중요한 뜻을 배워서 이 땅에 전해 퍼지게 하여 우리나라를 복되게 한 것은 그 내력이 오래되었다. 그러나 보현도량普賢道場을 열고 널리 불경을 읽도록 권하기까지는 한 일이 없었다. 오직 우리 대사가 종교가 쇠해 가려던 때를 당하여 크게 가르침의 깃발(法幢)을 세워, 법을 듣지 못하던 사람들을 놀라게 하여 뿌리 없던 믿음을 서게 하고, 조사의 도리가 다시 일어나 천하에 널리 미치게 하였다. 중생을 구제하려고 세운 큰 다짐을 이어받은 것이 아니라면, 말세에 태어나 여래가 시켜 여래의 일을 행한 것이 아니라면 어찌 이렇게 할 수 있었겠는가!

대사 이름은 요세了世, 자는 안빈安貧, 속성은 서씨徐氏인데, 신번新繁(지금의 경남 의령) 사람이다. 아버지 필중必中은 호장戶長이고, 어머니 서씨도 같은 고장 사람이다. (금나라) 대정 계미년(의종 17, 1163) 겨울 10월에 태어났다. 태어날 때부터 영명하고 생김새가 크고 아름다웠으며, 어릴 때부터 어른스럽고 의젓한 기운이 있었다. 12세에 강양江陽(지금의 합천) 천락사天樂寺 승려 균정均定에게 가서 사미가 되어 처음으로 천태교 삼관(天台敎觀)을 알게 되었다. 이때 학사 임종비林宗庇가 강양 군수였는데, 한 번 보고는 그릇이 될 만함을 알아보고 불법에 힘이 될만한 자가 있다고 생각하였다.

22세에 승과에 급제하여 오로지 불교의 근본 취지에 뜻을 두고, 두루 강좌에 참석하였다. 몇 년 되지 않아 중요한 이치를 확연하게 깨달아, 벌써 일가에서 높은 명망이 있었다. 승안3년 무오(신종 1, 1198) 봄에 서울 갔을 때 고봉사高峯寺에서 법회가 열렸는데, 이름 있는 승려들이 구름같이 모여들어 여러 가지 이론이 벌떼같이 일어났으나 대사가 법좌에 올라, 한 번 사자후를 토하니, 대중들이 모두 탄복하여 감히 다른 말을 하지 못했다. 천성이 산수를 좋아하여 비록 유교(名敎)에도 자취를 남겼으나 그의 본뜻은 아니었다.

이해 가을 동지 10여 명과 이름난 산의 절들을 돌아다녔다. 처음에 영동산靈洞山 장연사長淵寺에 머물러 법당을 열어 법을 설하고, 후진을 애써 부지런히 가르치니 가르침을 청하는 이가 점차 많아졌다. 때마침 조계曹溪의 목우자牧牛子(지눌)가 공산公山(팔공산) 모임의 불갑사(佛岬)에 있다가 그 소문을 듣고 속으로 뜻이 통하여, 대사에게 게송을 보내 선禪을 닦으라고 권했다.

파도 어지러우면 달 드러나기 어렵고,
방이 깊으면 등불 더욱 빛난다.
권하노니 마음 그릇 바로 하여
단 이슬 쏟아지게 하지 말라.

대사가 보고 마음에 닿아 빨리 가서 그에 따랐으며, 법우法友
가 되어 불도의 교화를 도왔다. 몇 년을 지내다 목우자가 강남
으로 옮겨가므로 대사도 따라서 남쪽으로 갔다. 길이 지리산에
서 남원 귀정사歸正寺를 지나는데, 그 절 주지 현각玄恪 꿈에 어
떤 사람이 와서 하는 말이, "내일 삼생 동안이나 법화를 수행한
스님이 올 것이니, 깨끗이 소제하고 맞이하라" 하였다. 주인은
꿈에 시킨 대로 뜰을 쓸고 음식을 장만해 두고 기다렸더니, 대
사가 과연 어둠을 타고 이르러 현각이 그 꿈 얘기를 했다. 또 대
사는 여러 차례에 걸쳐 지자智者 대사가 여러 사람에게『묘종妙
宗』을 강설하는 꿈을 꾸었고, 혹은 화장암華長庵에 머물며 참선
하면서 꼼짝도 하지 않고 끝내 마귀들에게서 항복 받기도 하고,
혹은 산신이 절터 자리를 가리켜 주기도 하고, 혹은 용암사龍巖
社 도인 희량希亮이 금련좌金蓮座에서 대사를 기다리는 꿈을 꾸
는 등, 신기한 꿈이 신령스럽고 괴이한 것이 많았다 하나, 이것

은 우리 유자儒者가 말할 바가 아니므로 다 쓰지 않는다.

태화 8년 무진년(희종 4, 1208) 봄에 월생산月生山 약사난야藥師蘭若에 머물고 있었다. 물은 맑고 산은 빼어난데 절의 집이 허물어진 것을 보고는 힘써 수리해 놓았다. 어느 때 방 안에 조용히 앉아 정신을 닦고 미묘한 이치를 관찰하면서 문득 생각하기를, '만약 천태의 미묘한 지혜를 얻지 못하면 영명 연수永明延壽의 120가지 병통을 어떻게 벗어날 수 있을까' 하고, 이로 인해 스스로 깨우침을 얻었다. 『묘종妙宗』을 강설하다가, (『관무량수경』에 나오는 "이 마음이 부처를 만드니, 이 마음이 곧 부처다(是心作佛 是心是佛)"라는 대목에서 자신도 모르게 환하게 웃었다. 그 뒤『묘종』을 설법하기 좋아하였으며 말재주와 슬기로움이 막힘이 없었다. 여러 사람에게 참회를 통해 닦기를 권하고, (스스로) 간절하고 지극하고 용맹스럽게 매일 53불에게 열두 번씩 절을 올리는데, 모진 추위와 무더운 더위라도 한 번도 게을리하지 않아 승려들이 서참회徐懺悔라고 불렀다.

탐진현耽津縣(지금의 강진)에 신사信士 최표崔彪 · 최홍崔弘 · 이인천李仁闡 등이 대사를 찾아와 뵙고 말했다. "지금 승려들은 점점 많이 모여 산사가 심히 좁은데, 우리 고을 남해 산 옆에 만덕사萬德寺 옛터가 있어 맑고 빼어나 절을 지을 만합니다. 어찌

가서 시도하지 않으십니까" 대사가 가서 보고 허락하여 대안大
安 3년 신미년(희종 7, 1211) 봄에 공사를 시작하여, 제자 원형元
螢 · 지담之湛 · 법안法安 등을 시켜 일을 감독하게 하였다. 장인
을 모아 집을 80칸이 넘게 지었다. 정우貞祐 4년(고종 3, 1216) 가
을에 준공이 되어 법회를 열고 낙성식을 했다.

9년(1220) 봄에 대방帶方(지금의 남원) 태수 복장한卜章漢이 대
사의 도가 높다는 소문을 듣고 관내에 도량을 열어 달라고 부탁
하였다. 대사가 제자를 데리고 가 보니, 그 땅이 막히고 또 물이
없어 마음속으로 그만 돌아오려다가 우연히 돌 하나를 잡아 빼
니 맑은 샘물이 용솟음쳐 나와 이상하게 여겨 몇 년을 머물렀
다.

11년 계미년(고종 10, 1223)에 최표 등이 글월을 보내, "우리
절이 법회가 오랫동안 폐지되었으니 대사께서는 구름처럼 여
기저기 다니실 수 없습니다" 하고 두 번 세 번 성심으로 청해 왔
으므로 곧 돌아와서 크게 도량을 열었다.

무자년(고종 15, 1228) 여름 5월에 유학을 공부하는 사람 여
러 명이 서울에서 내려와 뵈니 대사가 제자로 받아들여 머리를
깎고 『법화경』을 가르쳐서 통달하게 하였다. 이로부터 이곳저
곳에서 높은 소문을 듣고 신행 있는 자가 끊임없이 와서 점점
큰 모임이 되었다.

임진년(고종 19, 1232) 여름 4월 8일에 처음으로 보현도량(普賢道場)을 결성하고 법화삼매法華三昧를 수행하여, 극락정토極樂淨土에 가서 태어나길 구하되, 오로지 천태삼매의天台三昧儀에 따라 하였다. 오랫동안 법화참회法華懺悔를 수행하고 주변에 권하여 발심發心하도록 하여 유교 경전을 읽던 사람이 천 명이 넘었다. 사부대중의 요청을 받아 교화시켜 인연을 지어 준 지 30년에 묘수로 제자를 만든 것이 38명이나 되었으며, 절이나 난야(작은 암자)를 지은 것이 다섯 곳이고, 왕실과 조정의 주요 인사, 여러 지방 고을의 수령처럼 신분이 높고 낮은 사부대중들이 이름을 써서 결사結社에 들어온 자들이 3백 명이 넘었다. 그리고 이 사람 저 사람에게 서로 전도해서, 한 구절 한 게송을 듣고 멀리 좋은 인연을 맺은 자들은 헤아릴 수가 없었다.

대사가 산속으로 자취를 감춘 지 50년 동안에 서울 땅에는 발을 붙인 적이 없었고, 고향 마을 친척들 일에 관여한 적이 일찍이 없었다. 천성은 겉으로 꾸밈이 적고 순수하고 후덕하며 정직하여, 눈으로 사특한 것을 보지 않았고, 말을 함부로 하지 않았으며, 밤에는 등불을 켜지 않았고, 잠잘 때는 자리를 쓰지 않았다. 단월들이 시주한 것은 다 가난한 사람에게 나눠주었고, 방장에게는 옷 세 벌과 발우 하나밖에 없었다. 날마다 선禪·관觀·염송을 가르치고 남는 시간에 『법화경』 한 부를 외우고, 준

제신주准提神呪를 1,000번, 아미따불 이름(彌陀佛號) 10,000번 염불하는 것을 일과로 하였다.

일찍이 스스로 생각하기를, '불교의 경론들이 너무 많아 배우는 자들이 들어갈 바를 잘 알지 못한다' 하고는 중요한 대목을 뽑아 『삼대부 절요三大部節要』를 지어 판각하여 나누어주니 후진들이 다들 이에 힘입었다. 왕이 듣고 갸륵하게 여겨 몇 해 뒤인 정유년(1237, 고종 24, 1237) 여름에 선사禪師 칭호를 내리고, 그 뒤에도 여러 번 교서를 보내고 해마다 세찬歲饌을 보냈으며 관청에서도 그렇게 하였다.

대사는 을사년(고종 32, 1245) 여름 4월에 절 안의 불사를 상수 제자인 천인天因(백련사 제2세 사주인 정명국사靜明國師, 1205~1248)에게 맡기고, 별원으로 물러 나와 고요히 앉아 오로지 서녘 가는 일에만 몰두하였다(退居別院 蕭然坐忘 專求西邁). 이해 6월 그믐날 재齋를 올릴 때 감원監院을 불러 말하기를, "늙은 몸이 오늘 더위에 시달려 입맛이 틀려 멀리 갈 것 같은 기별이 있으니, 빨리 나에게 대나무로 선상禪床을 만들어 오너라" 하였다. 선상이 만들어지자 여러 원로에게 말하기를, "이 상이 거처하기에 가벼워 편하니 시험 삼아 앉아 보면 반드시 상쾌한 데가 있을 것이다" 하였다.

7월 3일에 객실로 옮겨 약간의 병세를 보이면서 비스듬히 누워 읊기를,

　　　　모든 법의 실체는 맑고 깨끗하다고
　　　　말하는 자는 이치를 잃고
　　　　내보이는 자는 종지에 어긋난다.
　　　　우리 종단 법화의 일대사는
　　　　분수에 따라 기묘하게 깨달으니,
　　　　오직 이것뿐이라 하였다.

　　또 원효의 「징성가澄性歌」를 부르며 일렀다.

　　　　법계의 모습(身相) 알기 어려우니
　　　　감감하여, 하는 것도 없고 안 하는 것도 없다.
　　　　저 (아미따) 붇다의 몸과 마음을 그대로 따르면
　　　　그 때문에 틀림없이 그 나라(극락)에 나리라.

　　날마다 앉으나 누우나 거듭거듭 (아미따붇다를) 부르고 염하기를 그치지 않았다. 6일째 이르러 목욕하고 옷을 갈아입고 하루 내내 앉아 있었다. 날이 저물자 천인天因을 불러 앞에 앉히고 불법의 대의를 부탁하고 난 뒤, "가을철이 들었으니 내가 가도

걱정이 없을 것이다" 하니,

천인이 묻기를, "숨기운이 전과 약간 다른 것 같은데 어떻습니까" 하니, 대답하기를, "내가 열반하려고 한 지가 오래나, 무더위 때라 적절치 않아 입추를 기다리느라고 지금껏 참았노라" 하고, 즉시 입으로 불러 주며 보지寶誌에 게송을 쓰게 하다.

닭이 축시에 우니 밝은 구슬 한 알 빛을 잃었다.
깨닫지 못한 사람들아, 내 한 말 들으라!
다만 지금 누가 입을 열 것인가!

하고는 선상 앞 기둥에 붙여 놓고 평상시와 같이 읊었다.

7일 축시丑時(새벽 1~3시)에 시자에게 경쇠를 쳐 여러 사람을 모으게 하고, 물을 가져다 세수하고 법복 입고 법좌에 올라 서쪽을 향해 가부좌하고 앉아 대중들에게 말하기를, "50년 동안 산속에 썩은 이 물건이 오늘 떠나갑니다. 각자 노력하고 법을 위해 힘쓰시오!" 하였다. 천인이 묻기를, "세상을 떠날 때 선정禪定에 든 마음이 곧 극락정토인데, 다시 어디로 가시렵니까?" 하니, 대사가 말하기를, "이 생각을 흔들리지 않으면 바로 이 자리에서 도가 나타나니, 나는 가지 않아도 가는 것이며, 저들은 오지 않아도 오는 것이어서, 감응하여 도와 오가는 것이지 실상은 마음 밖에 있지 않다" 하고, 말을 마치자 곧 생각을 거두고 고요한 것이 선정禪定에 든 것 같았는데, 가까이 가보니 이미 입적하였다.

나이 83세이고 출가 나이 70년이었다. 얼굴빛이 맑고 희어 보통 사람과는 달랐으며, 손과 발이 부드럽고, 머리 정수리가 오래도록 따뜻하였다.

이날 탐진耽津 군수가 서리를 10명 남짓 데리고 입적한 곳에 이르러서 화공 박보朴輔에게 돌아가신 모습을 그리게 하였다. 인근 고을의 사부대중이 50명 남짓 앞다투어 우러러 절하고 눈물을 흘리면서 슬퍼하지 않는 이가 없었다. 왕이 부음을 듣고 슬퍼하여 유사에게 명하여 국사로 책봉하고, 시호를 원묘圓妙, 탑 이름을 중진탑中眞塔이라 하였다. 특히 귀인에게 교서를 내려 그 절에 가서 예식을 갖추도록 하고, 신 최자崔滋에게 당부하여 비명을 지으라 하셨다. 신은 벼슬이 낮고 재주가 부족하여, 실로 이 소임을 감당할 수 없으나, 왕의 분부가 엄중하고 은근하므로 고집해 사양할 수 없어, 삼가 행록을 보고 머리말을 쓴다.

또 글월(銘)로 기린다.

(여래) 학림鶴林 떠나시니 묘도妙道 차츰 떠나고,

공空 · 유有 다투어 모순으로 서로 맞섰으니,
제각기 얻은 것 저울질하느라 바른 믿음은 갖지 못했다.

용수龍樹가 삿된 것 물리치고 바른 법 드러내고,
지자智者가 이어 체계화로 거듭 밝히니,
사람들 한 길 알아 곧장 그 길 나아갔다.

적손 스님은 3가지 관법觀法 훤히 꿰뚫어,
동쪽 한韓 나라에 처음 보현도량 열고,
법화경 외기 권하니 외는 자가 날로 늘어났다.

아, 스님 마음 틀림없고 굳세며 바르니,
이익과 명예에 끌리지 않아 마귀 · 외도 범치 못하고,
나라 안에 홀로 서서 조사 법통 빛내었다.

도를 깨달아 사방이 밝은데도 참회 닦기 간절하였으며,
죽음을 늦추고 때를 기다린 것은 속임수가 아니라,
마음은 축시에 가장 맑고 장례는 가을이 좋아서다.

내 비록 붓이 둔해서 글은 잘 짓지 못하나,
대사의 한살이 돌에 새김에 부끄럼 없으니,

이 산이 무너질지언정 이 이름은 바뀌지 않으리!

■ 전라남도 강진군 도암면 만덕리 만덕산萬德山 백련사에 있던
원묘국사 요세圓妙國師 了世(의종 17, 1163~고종 32, 1245)의 비
는 현재 없어졌고 최자崔滋가 지은 비문만 『동문선東文選』 권
117에 「萬德山白蓮社圓妙國師碑銘 并序 崔 滋」라는 제목으
로 실려 전하고 있다. 이능화가 지은 조선불교통사에도 실
려 있는데 그 원문은 CBETA에서 복사해서 쓸 수 있고, 번역
문은 국사편찬위원회 한국사데이터베이스에 실린 정병삼
옮김 「백련사원묘국사비白蓮寺圓妙國師碑」를 바탕으로 새로
다듬었다.

권 보정의 긴 꼬리말

의천이 죽은 뒤 천태종은 한때 침체하였으나, 요세了世에 의해 중흥되었다. 그는 1216년(고종 3) 전라도 만덕산萬德山 백련사白蓮寺에 자리를 잡고, 사회 혼란과 불교 타락에 대한 자각과 반성을 촉구하는 백련결사白蓮結社를 결성하는 등 천태종 중흥에 힘썼다. 이는 고려 후기 불교계의 개혁을 촉구한 결사 운동의 대표적인 사례이다.

요세는 앞에서 지눌이 화엄을 바탕으로 정혜결사定慧結社를 할 때 직접 참여했다. 요세의 실천수행은 법화삼매와 정토왕생이 중심이 되었는데, 법화참법행, 준제주, 아미따불 염송 같은 천태교에 정토를 결합한 천태정토교를 실천하였다.(박용진「고려후기 백련사의 불교의례 설행과 그 의의」)

원묘 국사의 비문에 나타난 요세의 정토 수행은 '극락 가서 태어난 이야기(往生傳)'의 본보기라고 할 수 있을 만큼 정토발원과 정토 수행, 말년과 임종 때 정토 행자의 자세, 입적 후 결과까지 정확하게 기록되어 있다.

1) 믿음(信) : "저 (아미따) 붇다의 몸과 마음을 그대로 따르면 그 때문에 틀림없이 그 나라(극락)에 태어나리라" 하고 날마다 앉으나 누우나 거듭거듭 (아미따붇다를) 부르고 염

하기를 그치지 않았다.

2) 발원(願) : 1232년 처음으로 보현도량을 결성하고 법화삼
매法華三昧를 수행하는데 궁극적인 목표는 극락정토極樂淨
土에 가서 태어나는 것이어서 정토 수행의 3가지 가운에
하나인 바람(願)을 확실하게 세웠다.

3) 염불(行) ① : 스스로 날마다 선禪 · 관觀 · 염송을 가르치고
남는 시간에 『법화경』 한 부를 외우고, 준제신주准提神呪를
1,000번, 아미따불 이름(彌陀佛號) 10,000번 염불하는 것을
일과로 하였다.

4) 염불(行) ② : 1245년 여름 4월에 절을 제자에게 맡기어 부
탁하고, 별원으로 물러 나와 고요히 앉아 오로지 서녘 가
는 일에만 몰두하였다(退居別院 蕭然坐忘 專求西邁). 정
토 수행의 3가지 가운데 하나인 행行=염불에만 몰두하였
다.

5) 임종(果) ① : 세수하고 법복 입고 법좌에 올라 서쪽을 향해
가부좌하고 앉아 대중들에게 말하기를, "50년 동안 산속에
썩은 이 물건이 오늘 떠나갑니다. 각자 노력하고 법을 위

해 힘쓰시오!' 하였다

6) 임종 뒤(果) ② : 얼굴빛이 맑고 희어 보통 사람과는 달랐으
며, 손과 발이 부드럽고, 머리 정수리가 오래도록 따뜻하
였다.

요세가 세운 보현도량은 '법화삼매法華三昧' '법화참법法華懺
法' '정토에 태어남(求生淨土)'을 뼈대로 하여, 앞에서 본 지눌
과 마찬가지로 마지막 목표는 극락에 가서 태어나는 것이었다.
다시 말해 법화삼매나 참법은 모두 극락 가서 태어나는 발원에
회향하였다고 볼 수 있다. 보현도량에는 300명이 넘는 사람들
이 참여했다고 하였으니 여기서 극락 간 사람들이 아주 많이 나
왔을 것이지만 기록이 남아 있지 않다.

그러나 백련사 2대 천인天因, 4대 천책(天頙)에 대한 기록은
일부 남아 있어 이어서 보기로 한다.

10. 1248년, 극락에서 상품상생 얻어 세상 제도하러 간 백련사 2대 천인(天因)

고종 35년(1248)

『동문선 권』 111, 『정명국사 후집(靜明國師後集)』

임계일(林桂一), 「만덕산 백련사 정명국사 시집 머리말(萬德山白蓮社靜明國師詩集序)」

문장을 만드는 것은 실로 불교에서는 그리 중요한 일이 아니다. 그러나 당·송 때부터 고승 40여 명의 시집이 세상에 유행하였으니, 이 역시 숭상할 만한 일이다. 간혹 불교를 제대로 배우지 못한 자가 도리어 문장의 흐름에 기대어 스스로 제멋대로 사는 일도 있으나 유·불을 아울러 갖추고 도행이 고결한 경지에 이른 자는 지난 옛날에도 들어 보기 힘들다.

(정명)국사의 이름은 천인天因이요 성은 박씨니 연산군燕山郡 사람이다. 어릴 때부터 영리하여 널리 듣고 많이 기억하였으며 글도 잘 써 칭송을 받았다. 뛰어난 선비로 천거되어, 성균관(賢關)에 들어가 곧장 과거를 보았으나 일생을 두고 춘관春官에 실패하니 유학하는 선비들이 다 아까워했다. 곧 세상을 떠나 동

사생同舍生 허적許迪과 전 진사 신극정申克貞과 더불어 옷을 털고 먼 길을 떠나 만덕산에 이르러 원묘국사를 찾아뵈었다. 여기서 세상 인연을 끊을 수 있게 되자 송광산 심謙 화상을 찾아가 참선 (曹溪) 요령을 터득하고, 다시 만덕산으로 돌아와 스승의 가르침을 쫓아 묘법연화경을 외며 비로소 보현도량(普賢道場)을 열었다. 두 해가 지나자 지리산에 돌아가 은거하였고, 또 석장錫杖을 비슬산毗瑟山에 옮겨 종적을 감춘 채 참(眞)을 닦고 여러 해 만에 돌아왔다가, 나중에 원묘국사가 천태교관天台敎觀을 전수하여 과연 혜식慧識이 발달하고 기변機辨이 바람처럼 일어났다. (원묘)국사가 이미 늙게 되자 자기 자리를 물려주려고 하니, 스님은 곧 몸을 빼서 상락上洛 공덕산功德山으로 피하였다. 그즈음 현 상국相國 최자崔滋 공이 상락 태수로 있으면서 미면사米麵社를 세우고 맞아들이므로 스님은 거기서 늙을 작정이었는데, (원묘)국사가 다시 사람을 보내어 압박하고 또 꾸짖기를, "어찌 의리를 져버리고 그렇게 가볍게 돌아서느냐" 하므로, 마지못하여 와서 원문院門을 주장하게 되었으니 중망衆望에 따른 것이다. 정미년(1247) 겨울에 몽골의 4차 침략(胡賊)을 피하여 상왕산象王山 법화사法華社에 들어갔는데 가벼운 병을 앓으니, 임금이 내사를 보내어 편지를 전하고 약을 보내 주었다.

  이듬해(1248) 7월 칠석에 제다 원환圓皖에게 법통을 넘겨 주고 따라서 부탁하기를, "내가 죽거든 후한 장사나 탑 같은 것을 세우지 말고, 지위 있는 이에게 찾아가서 비명碑銘도 받지 말고, 다만 버려둔 땅에 가서 화장하도록 하라" 하였다. 그날로 산 남쪽 용혈암龍穴庵으로 물러가 문을 닫고 일을 끊으며 담담하게 있었다. 8월 4일에 제자를 불러서 말하기를, "나는 떠나게 되었다" 하고, 편지를 만들어 최상국崔相國 · 정참정鄭叅政과 법제자 천길天吉에게 부쳤다.

5일이 되자, 목욕하고 옷을 갈아입고 좌석에 올라 말소리를 가다듬고 말하기를, "하늘로 솟구치는 대장부의 기염氣焰을 어디에 쓰겠는가" 하였다. 모신 자가 묻기를, "사방 맑은 경지가 앞에 있는데, 어느 곳에 노닐려고 하십니까" 하니, 대답하기를, "오로지 성품 경계(惟一性境)이니라" 하였다. 또 여러 중에게 말하기를, "병든 중이 10여 일 되도록 곡기를 끊으면 다리가 몹시 힘이 없다. 그러나 법신이 넌지시 도와주면 다리 힘이 차츰 건장해진다. 그 다리 힘을 가지면 천당에도 갈 수 있고, 붇다 나라에도 갈 수 있으며, 5가지 기본 요소(五蘊)가 통하여 개운하고 삼계에 흔적이 없어진다" 하고, 게偈로 설하였다.

반 바퀴 밝은 달과 흰 구름,
가을바람 샘물 소리 보내는데,
거기는 어딘가.

시방 많은 붇다 나라 미래 불사 다 했구려.

그 말이 끝나자마자 죽으니 나이는 44세요, 출가/붇다 나이(佛臘) 23세였다. 제자 정관正觀이 꿈에 어느 지방을 가니 사람이 크게 외치기를, "천인화상(因和尙)이 이미 상품上品을 얻어 (중생 제도하러) 세상으로 내려갔다(下世)고 했다" 하였고, 그 밖에도 특이한 상서가 많이 행장行狀에 실려 있는데 여기서는 생략한다. 스님이 출가함으로부터 저술을 기뻐하지 아니하여, 사람과 주고받은 시문이 자못 많았으나, 제자가 기록하는 것을 허락하지 않아, 10중 8, 9는 잃어버렸다. 그러나 말년의 유고를 여러 편 수습하여 3권으로 나누었는데, 내가 다행히 향사香社에 제명題名하였으니, 평소의 분부가 있었기 때문이다. 스님이 죽은 뒤로 국가에 사고가 많아서 미처 비석을 세워 공덕을 찬양하지 못하였으나, 또한 스님의 본뜻이기도 하다. 다만 그 행적이 없어져 버리면 뒷사람이 어떻게 쓸 수 있을까 염려하던 차에 마침 도인이 있어 행장과 시집을 가지고 와서 보여 주므로, 나는 감히 서툴다고 자처하지 않고 스님의 발자취를 대략 서술하였으나, 이는 다만 태산의 한 터럭을 전할 따름이다.

『정명국사후집』(한국학중앙연구원)   『동문선』(한국학중앙연구원)

■『정명국사후집』은 『법화경』 28품을 품에 따라 기린 것이지
만, 「머리 숙여 귀명하는 글(稽首歸命文)」과 「아미따불을 기
림(彌陀讚)」이 있다.

권 보정의 꼬리말

본문에서 보았듯이 정명 국사 말년에는 1247년 몽골의 4차
침략으로 세상이 어수선하였으므로 몇 년이 지난 뒤 유학자 임
계일이 스스로 말했듯 '불교에서는 하찮은 것'으로 보는 시집

을 만들면서 쓴 글이다. 그러므로 일생에 대해서는 아주 잘 썼으나 깊은 수행담이나 마지막 목숨이 다할 때의 일은 의도적으로 자세히 쓰지 않았다. 그러므로 스스로 "특이한 상서가 많이 행장行狀에 실려 있는데 여기서는 생략한다"라고 했다. 그러나 제자가 '극락 상품상생에서 무생법인을 얻고 중생 제도하려 속세로 다시 내려갔다'라는 꿈을 꾸었다는 이야기는 빼지 않았다. 천인는 이 시집 말고 『정명국사 후집靜明國師後集』을 남겼다.

첫째, 머리말처럼 쓴 「머리 숙여 귀명 하는 글」은 "영산 회주靈山會主이며 본 스승인 사까여래(釋迦如來)를 비롯하여 『법화경』에 나오는 여러 붇다와 보살들, 그리고 시방에 두루 가이없는 삼보 앞에 고개 숙여 귀명歸命하나이다"라고 시작하여 모든 선한 업이 더 늘어나고, 이를 모두 회향하며, 극락세계의 아미따불 나라에 태어나 대지大智를 성취하고, 무생인無生忍을 깨닫고 신통이 자재하고 공덕이 원만하여 널리 중생을 제도하며, 열반의 즐거움을 증득하기를 발원하고 있다. 이 참회문은 법화신앙과 정토신앙을 잘 조화시키고 있는데, 천태법화참법문을 지은 것이다. 이미 처음부터 법화신앙 수행을 정토 가는 것에 회향하고 있다.

둘째, 「아미따불을 기림(彌陀讚偈)」은 아미따불의 법성신法

性身을 자아의 몸과 마음으로 보고, 마음 밖에서 이를 구함은 잘 못이라고 하며, 마음이 청결하면 곧 불토가 청정하여지고 더러운 마음으로 정토淨土에 가려고 하는 것은 불가능하다고 하였다. 미래불인 아미따불을 기려, 서녘 정토에 들고자 하는 것이 동기가 된다.

이러한 천인의 정토신앙은 범부의식에 따른 참회와 정토에서 삶을 구하는 견해를 이어받고 있다. 그러나 「아미따불을 기림」에서 "아미따의 법성신法性身은 허공과 같아 걸림이 없고, 이 법성신에 따라 32상이 나타나니, 서녘을 떠나지 않고 싸하세계 (沙界)[39]에 두루 존재한다. 그러므로 몸과 마음을 떠나지 않으니, 마음 밖에서 구함은 심히 뒤집힌 것이다"라고 하여 아미따불 정토가 마음에 있다는 입장이었다.

---

39) 싸하세계(Sahā-lokadhātu, 娑婆國土) : 한자는 소리 나는 대로 사바(娑婆) · 사하(沙訶) · 사하(沙呵) · 색하(索訶)라고 했고, 뜻으로는 참고 견딤(堪忍) · 참는 나라(忍土)로 옮겼다. 사까무니 붇다가 태어난 이 세상을 말한다. 이 땅의 중생은 여러 가지 번뇌를 참고 나가야 하고, 또 성인도 이곳에서 어려움을 참고 교화해야 하므로 이 세상을 '참고 견디는 나라'라고 했다. 우리가 흔히 사바세계라고 하는데, 한자에서 사바(娑婆)와 사하(沙訶 · 娑呵)가 다 나온다. 홍법원 사전에는 싸하(Sahā)와 싸바(Sabhā) 두 개의 산스크리트 낱말이 다 나오는데, 불광사전에서는 싸바(Sabhā)는 나오지 않는다. 산스크리트-영어 사전에는 사바세계를 나타내는 낱말로 싸하(Sahā)만 들고 있고, 싸바 (Sabhā)는 모임(assembly), 회합(congregation), 만남(meeting), 회의(council) 같은 뜻만 있고 '참고 견디다'라는 뜻이 없다. 홍법원 사전에는 또 싸바-빠띠(Sabhā-pati)가 '사바세계 주, 곧 범천을 말함'이라고 했는데, 산스크리트-영어사전에는 모임의 우두 머리(the president of assembly)라는 뜻만 나와 있고 그런 뜻이 없다. 결과적으로 사바 세계는 싸하세계라고 하는 것이 옳다고 보아, 여기서는 '싸하세계'로 한다.

그러나 상품상생에 가서 바로 아미따불의 인가를 받은 경계에서 마음이란 바로 이 우주 전체를 뜻하는 것이니 어찌 가고 오는 것이 있으며 멀고 가까운 것이 있겠는가!

11. 1245년, 자성미타와 아미따염불을 함께 추구한 백련사 4대 천책(天頙)

천책 행장을 제대로 기록한 자료가 남아 있지 않아 여러 자료를 모은 논문을 간단히 인용한다.

> 백련사의 4대 사주인 천책(天頙)은 1206년(희종 2)에 태어난 것으로 추정되며 과거에 합격하였지만 23세의 나이에 원묘국사 요세에게 출가하였다. 1236년(고종 23)에는 요세와 함께 「보현도량」을 세우면서 쓴 백련결사문^{白蓮結社文}을 통해 백련사와 연결된 사찰과도 다방면으로 관계했음이 확인되었으며 1244년에는 동백련사의 주맹이 되었고 그 후 백련사의 주맹으로 옮겨 왔다. 천책은 1245년 7월에 입적했다.[40]

> 천책은 「백련결사문^{白蓮結社文}」에서 밝힌 바와 같이 법화삼매와 정토왕생을 추구하였는데, 주요 의례로 법화삼매, 참선, 『법화경』 독송, 일과로 준제주, 미타 염송이 이루어져 있어 궁극적으로 정토에 가는 것이 목적이라는 점에서 요세의 정토사상과

---

40) 박윤진, 「고려후기 백련사 출신 '8國師'의 활동과 특징」, 『남도문화연구』 37, 2019.

같다고 할 수 있다.

　천책에 대해서는 그의 문집인 『호산록湖山錄』을 통해서 좀 더 살펴볼 수 있다. 『호산록』은 1307년(충렬왕 33) 이안而安이 판각하여 간행했으나 원본은 전하지 않으며, 현재 송광사松廣寺 등에서 소장하고 있는 필사본이 남아 있다.

　『호산록』에는 「금자 화엄 · 법화경경 찬소金字華嚴法華經慶讚疏」에 보면 천책은 천태사상 내용과 화엄사상 내용을 자유롭게 언급하고 있는데, 이것은 두 사상이 서로 일치한다고 보았으며 궁극적인 정토에 회향하여 정토에 도달하는 것이었다.

　　아! 저쪽에서 발원의 수레바퀴가 멈추거나 돌거나, 이웃 나라 군사가 갑자기 쳐들어온 지금. 특별히 『법화경』을 바탕으로 보시의 자리를 펴서 100일 동안 4가지 공양을 하는데, 어찌 뼈가 가루가 되어도 그만두겠습니까? 3가지 업을 맑히기 위해 정근하는 사람이 60명인데, 정성(赤心)을 다해 함께 참회합니다. (법화의) 사事와 이理가 막힘이고 선정과 지혜가 모두 고르며, 의로운 용龍은 늘 (화엄 일승) 십현문十玄門을 연설하고 변화한 코끼리가 삼매에 나타납니다. …… 다시 바라오니, <u>돈원敦元 스님 영가는 유심정토唯心淨土에 곧바로 다다라 자성미타를 몸소 보고, 갖추게 된 금강(지혜)으로 싸하세계를 두루 미치게 하소서.</u>[41]

당시 몽골이 쳐들어온 상황에서도 60명이 공양과 참회를 통해 화엄과 법화의 경지를 이루는 상황을 쓰고, 마지막 이 입적한 스님이 유심정토에서 자성미타를 보고 지혜를 얻어 싸하세계에 내려와 중생을 구제해 달라고 비는 내용이다. 여기서 보면 천책은 '유심정토唯心淨土 사상'을 추구했다는 것을 알 수 있다.

한편 「아미따경 독송을 권하는 발원문(勸誦彌陀經願文)」에는 경전을 읽어 정토에 회향하기를 발원하고 있다.

발원하는 마음은 (아미따경)을 지니고 소리 내어 읽을 것을 널리 권하는데, 대략 매달 큰 재일(팔관대재)에는 모두 한곳에 모여 함께 8계를 받고, 함께 (아미따)경전(雄詮)을 크게 읽어 정토에 회향할 것을 권한다. (切發願心 廣勸誦持 約每月大齋日 俱會一處 同受八戒 同誦雄詮 迴向淨土).[42]

여기서는 모든 사람이 팔관대재 때 함께 모여 아미따경을 읽고 그 공덕을 정토에 회향하여 극락에 태어나기를 비는 발원을

---

41) 『湖山錄』卷4,「金字華嚴法華經慶讚疏」〈嗟 彼願輪之停轉 當此隣兵之突侵 特就蓮坊 用張檀席 四事供養於一百日 寧粉骨而敢辭 三業精勤者六十人 盡赤心而同懺 事理無 碍 定慧悉均 義龍常演於十玄 化象現雜於三昧 …… 更願敦元靈駕 直達唯心淨土 親覩 自性彌陀 所辦金剛 普霑沙界.〉

42) 天頙,「勸誦彌陁經願文」,『湖山錄』卷下.

하도록 권하고 있다. 정토사상의 근본 취지인 하근기 범부를 구제하려는 사상이 뚜렷이 드러난다. 그래서 고익진은 "천책의 정토사상은 '유심정토설唯心淨土說'과 '타방정토설他方淨土說'이 결합된 것이다"라고 평가하였다(「원묘국사 요세의 백련결사」, 『한국천태사상연구』, 1986).

비록 천책의 행장에서 마지막 숨을 거두는 장면이 기록되어 있지 않지만, 위에서 본 것처럼 천책은 마음에서 자성미타를 보든 정토를 가든 서녘 극락을 가든 분명히 극락을 갔다고 본다. 이는 앞에서 본 천태 스님들의 보기를 통해서 그 증을 얻을 수 있을 것이다.

백운사 사적비 (국립문화재연구원)   탁본(국립문화재연구원)

■ 전남 강진 만덕산 백련사에 최자(1188~1260)가 지은 원묘국 사비 같은 여러 석비가 있었으나 현재는 1681년(숙종 7) 5월 에 세운 백련사 사적비만 남아 있다. 비문은 앞면에 백련사 중수, 원묘국사 행적, 백련결사 같은 내용이 새겨져 있으며, 뒷면에는 비 건립에 참여한 72명의 승려명과 인명이 음각되 어 있습니다. 비문에 따르며 백련사에 원래 원묘국사비가 있 었으나 이수(머릿돌)의 비신(비의 몸돌)은 없어지고 귀부(거 북이 모양의 받침돌)만 남아 전해졌다고 한다. 이후 백련사 사적비를 세우면서 귀부는 옛 것을 그대로 사용하였다.

12. 1077년, 40살에 경전 읽고 염불하여 극락 간 재상 이정

이정 무덤돌에 새긴 글묘지명(李頲墓誌銘)

문종 31년(1077), 서울 국립중앙박물관 (No 신5861) 간직

고리국(高麗國)의 돌아가신 대중태부 수태부 겸 문하시중 상주국(大中太夫 守太傅 兼 門下侍中 上柱國)이고 죽은 뒤 정헌(貞憲)으로 높여준 이공(李公) 무덤돌에 새긴 글.

문림랑 수상서예부원외랑文林郞 守尙書禮部員外郞 조유부趙惟阜가 짓다.

공의 이름은 정頲이고, 자는 백약百藥이며, 수주 소성현樹州 邵城縣 사람이다. 증조부 허겸許謙은 상서좌복야 태자태부尙書左僕射太子太傅로 높여 주고, 조부 한翰은 상서좌복야 태자태보尙書左僕射太子太保인데 안경安敬이라는 시호를 추증追贈받았다. 아버지 자연子淵은 수태사 겸 중서령守太師 兼 中書令이고 추증된 시호는 장화章和이다. 어머니 김씨는 계림국대부인雞林國大夫人으로, 내사시랑평장사內史侍郞平章事 인위因謂의 딸이다.

공은 곧 중서령의 큰아들로 하늘과 땅의 순수한 정기를 받아

풍채가 남다르게 빼어났다. 어려서부터 학문을 좋아하고 자라서는 시를 공부하였는데, 아름다운 경치, 맑게 갠 밤, 꽃피는 아침, 달뜨는 저녁에는 반드시 붓을 잡고 글을 짓느라 거의 헛되게 보내는 날이 없었다. 한 문장 한 구절이 나올 때마다 (글은) 다리가 없는데도 구슬보다도 빠르게 달려가 사람들이 다투어 전하고 베끼니 도성 안에 종이가 귀해졌다. 그 읊은 내용을 보면 큰 뜻이 다 갖추어져 있고 형식에 얽매이는 병폐가 없었으니, 어찌 풍월이나 읊조리고 화초를 희롱할 따름이었겠는가. 하물며 고전에 이르러서는 그 깊은 이치를 탐구하지 않은 것이 없었으니, 그 문장은 한 나라를 빛낼 만하였으며 그 재주는 과거에 1등으로 급제할 만하였다. 그러나 33세가 되어도 글에만 빠지는 상여병相如病이 지나칠까 하여, 선친이 과거 응시를 허락하지 않고 강제로 공신 후손 자격으로 첫 벼슬에 나가게 하였다.

20세에 내고부사內庫副使를 지내고, 23세에 예빈성주부禮賓省主簿로 옮겼다. 25세에 합문지후閤門祗候를 더하고, 28세에 상서고공원외랑尙書考功員外郎으로 옮겼으며 지방으로 나가 양주를 다스렸다. 31세에 임기가 끝나자 조정으로 돌아와 다시 상서호부원외랑尙書戶部員外郎이 되었는데, 32세에 정랑正郎을 더하고 겸하여 비어緋魚를 내렸으며, 33세에 위위소경 지합문사衛尉少卿

知閤門事에 임명되었다. 35세에 상서우승尙書右丞으로 옮기고, 36세에 상서이부시랑尙書吏部侍郎으로 고쳐 제수되었으며, 자금어대紫金魚袋를 하사받았다. 38세에 전중감 지상서 이 부사殿中監 知尙書吏部事가 되고, 40세에 본관本官으로서 동지중추원사 겸 삼사사同知中樞院事 兼 三司使가 되었다. 44세에 우산기상시右散騎常侍를 제수받고, 46세에 호부상서중추사 권서경유수사戶部尙書 中樞使 權西京留守使로 옮겼다. 47세에 이부상서吏部尙書로 고쳐 제수되고, 48세에 참지정사 판삼사사 주국叅知政事 判三司事 柱國에 제배되고, 51세에 중대부 중서시랑동중서문하평장사 판상서병부사 서북면병마사 겸 서경유수사 상주국中大夫 中書侍郎同中門下平章事 判書兵部事 西北面兵馬事 兼 西京留守使 上柱國이 되었으니, 겨우 30여 년에 낭서郎署로부터 재형宰衡에 이르게 된 것이다. 밝게 드러난 공적은 모두 국사國史에 기록되어 있으므로 여기서는 모두 싣지 않는다.

아우가 네 명 있는데 모두 높은 지위에 오르고, 누이가 세 명 있는데 함께 왕비가 되었다. 그 이름과 덕업은 장화공章和公의 지문誌文에 아주 자세히 나와 있으므로 줄이고 적지 않는다. 무릇 우리 임금(皇)의 아들들은 모두 공의 생질이 되니 가세의 대단함이 이미 이와 같으며, 관직의 화려함이 또한 저와 같다. 귀하다고 하여 다른 사람에게 오만하게 대하지 않았고, 항상 겸손함을 실천하면서 자신을 다스렸다.

　왕씨를 아내로 맞이하였는데 상당현군上黨縣君에 봉해졌다. 중서령中書令에 추증된 가도可道의 셋째 딸로서, 용모가 매우 아름답고 부덕婦德이 구족九族 가운데 으뜸이었다. 6남 4녀를 낳았는데, 큰아들 자인資仁은 22세에 진사에 급제하여 처음 비서성 교서랑秘書省校書郞이 되고 거듭 승진하여 지금 합문지후閤門祗候가 되었으니 그 몸과 마음을 가다듬으며 예의범절이 다른 사람들보다 뛰어났기 때문이다. 둘째 자의資義는 경시서승京市署丞이고, 셋째 자충資忠은 상서호부주사尙書戶部主事이며, 넷째 자효資孝는 양온령良醞令인데, 모두 후손에게 벼슬 주는 혜택을 받아 일찍 벼슬길에 올랐다. 각기 재주와 명성을 지니고 있으나 과거에 뜻이 있으니, 당시 사람들이 재능이 뛰어난 군자들로 용과 호랑이처럼 우열을 가르기 어려운 형제라고 하였다. 다섯째는 비구比丘가 되어 현화사玄化寺에 있는데, 법명은 세량世良이었다. 여섯째는 어려서 아직 이름이 없었다. 장녀는 우산기상시 삼사사右散騎常侍 三司使 김양감金良鑑의 정실 아들인 잡직서승雜職署丞 의의義에게 시집갔다. 다음 둘째와 셋째는 모두 시집가지 않았고, 다음 넷째도 아직 비녀 꽂을 나이가 되지 않았다.

　현군縣君은 공보다 76일 앞서 사망하였다. 공은 죽음을 슬퍼하는 기색을 밖으로 드러내지는 않았으나, 달관한 생각이 아내를 잃고 술 사발을 두드린 장자에 버금갔다. 이에 시름을 품은 시를 읊었는데 다음과 같다.

> 서너 해 동안 병을 가진 몸으로
> 공로도 없이 임금의 녹을 먹으니 모든 사람이 비웃는다.
> 조금씩 남국南國 휴문休文의 수척함을 닮아 가니
> 헛되이 서하西河 자하子夏의 살찜을 부러워하노라.
> 단지 불교를 배워 정진하는 것이 간절하나
> 꽃과 술을 만나니 즐거움만 극진하네.
> 올봄에 문득 어려움 함께 겪은 아내를 잃으니
> 들보 위 제비 한 쌍만 미워하노라.

그 마지막 구절 뜻이 옆 사람이 들어도 오히려 서글픈데, 하물며 부부 사이에 능히 생각이 없을 수 있겠는가. 슬프다. 40년 이래 시를 업으로 삼은 자로 이보다 더 뛰어난 사람은 없었다.

얼마 지나지 않아 다리에 병이 생겼는데, 수십 일이 되어도 낫지 않았다. 임금이 사령장(麻誥)을 내려 대중대부 수태부 겸 문하시중大中大夫 守太傅 兼 門下侍中 벼슬을 내리고, 장남을 뽑아 조관朝官으로 올렸다. 어의를 보내어 보살피도록 하기도 하고 임금이 사사로이 쓰는 돈을 내어 조정에서 기도하기도 하였다. 태자와 후비, 친왕들도 재물 내린 것이 이루 헤아릴 수 없었고, 몸소 찾아가 안부를 물으니 길이 수선하였다.

그러나 운명과 복이 다하니 하늘땅을 다스리는 신이나 붇다
도 머무르게 하기가 어려웠다. 5월 13일에 서울 안의 불은사佛
恩寺에서 돌아가시니, 이 해는 송 희령 10년(문종 31, 1077)으로
세차로는 정사년이다.

돌아가시는 날 저녁에는 신음소리도 없이 손발을 씻고 의관
을 단정히 하고 앉아서 아미따불의 이름을 읊조렸다. 또한 스
스로 보살 8계를 받고 끝나자 베개에 누워서 작고하였으니, 춘
추 53세이다.

식자들은 백성들을 위하여 애석하게 여겼다. 임금은 이 소식
을 듣고 조회를 사흘간 멈추었으며, 시호를 정헌貞憲이라 내렸
다. 슬퍼하는 마음이 보통과는 달라 부의를 높이는 것이 관례
보다 두터웠으니, 애통함과 영예로움을 함께 갖춘 것이 고금에
견줄 바가 드문 것이다.

이 달 23일 임신일에 담당 관리에게 명하여 장례일을 돌보게
하고, 불교 법에 따라 서기산西畿山 기슭에서 다비하였다. 자녀
들이 목놓아 슬피 울며 유해를 받들어 사찰에 임시로 안치하고
아침저녁으로 제사를 받드는 것이 살아 있을 때와 같이 하였다.
또 그해 10월 20일 정유일에 좋은 점괘를 좇아 임진현 백악 선
영 근처에 장례 지내니, 예에 따른 것이다.

공은 마흔 살 때부터 인과를 깊이 믿어 근무하는 시간 이외에

는 대장경을 읽으면서 자신을 돌보고자 하였다. 전체를 한 번 다 읽고 다시 거의 반을 읽었으니, 붇다가 식언을 하지 않는다면 저승에서 도와야 한다는 것을 알 수 있을 것이다.

유부惟阜는 일찍이 보잘것없는 재주로나마 외람되게 따뜻한 보살핌을 받았는데, 글을 지어 달라는 부탁을 받으니 사양하고 거절할 수가 없었다. 비록 글을 잘 쓰지 못하지만, 사실을 기록하는 데에는 다행히 부끄러움이 없어, 삼가 명銘을 짓는다.

참으로 뛰어난 자손이여, 훌륭한 가문에서 태어났으니
도량은 큰 바다같이 넓고,
고상한 인품은 온화한 자태 그대로다.
배움은 스승을 통하지 않아도
마음은 오직 지극한 도를 섬겨서,
눈으로 제자백가를 섭렵하고 가슴으로는 고금을 꿰뚫었다.
시는 원백元白처럼 고결하고 필체는 종장鍾張처럼 신묘하니,
남겨진 풍모가 이어져 빛나고,
황실과 외척 간에 꽃다운 향기가 잇따르도다.
단아하고 총명하여 높은 자리를 역임하고
이름은 유리병 명단에 첫째로 적혀서
옥으로 만든 솥과 같이 강하고
부드러운 덕으로 높은 지위에 올랐네.

다섯 빛깔 붓으로 임금 보필하고

열 아름 큰 나무같이 나라를 받들었지만,

총애를 받아도 더욱 삼가고 귀해져도 위엄을 부리지 않았다.

일찍이 인생 허무함 깨달아

늘 연화장蓮花藏세계 찾아 헤매고,

남을 자신과 똑같이 대하며 색과 공을 함께 잊었도다.

달콤한 샘물 쉽게 마르고, 빼어난 재목 먼저 꺾이나니

원수洹水 건넌 것이 꿈속의 일인가,

대산岱山 노닐면서 돌아오지 않는구나.

사람들 놀라 배를 잃고

황제 슬퍼 거울을 보는 것을 잊었는데,

동각東閣은 바람에 스산하고, 북당北堂은 달빛이 슬프도다.

흐르는 세월도 금방 바뀌니 먼 날도 잠깐이런가,

푸른 새가 길함을 알리고,

흰 비단을 두른 마차 조심스레 걷는다.

무덤을 닫으면서 옥돌에 새겨 이에 묻으니

난초 향기처럼 그 덕도 영원하리라.

대강 3년 정사년(문종 31, 1077) 10월 ○일에 새김.

장사랑 한림원대조將仕郞 翰林院待詔 양숙화梁肅華가 쓰다.

李頲墓誌銘 : 서울 국립중앙박물관 (No 신5861)

권 보정의 꼬리말

　재상까지 지낸 선비가 늦은 나이인 40살부터 일과가 끝나면 대장경을 읽고 정토신앙을 실천하여 마지막 아미따불을 염하며 극락 간 본보기다.

13. 1192년, 아미따불 염하며 극락 간
이일랑 선녀(善女)

이일랑(李一娘) 무덤돌 글(李一娘墓誌銘)
연대 명종 22년(1192)
소재 서울 국립중앙박물관 (No 본10005)

　(이일)랑은 원주 사람이다. 증조 자춘自春은 죽은 뒤 검교소
부소감檢校少府少監을 받았고, 할아버지 규(癸)는 검교□□檢校
□□이며, 아버지 언장彦章은 진사시에 합격하고 여러 번 승진하
여 전중내급사동정殿中內給事同正이 되었다. 어머니 원씨元氏는
급제한□□이다. 연명延明은 처사處士로서 집에 있었으나 집이
부유하여□베풀기를 좋아하니 모두가 어질게 여겼다.

　이일랑에게는 형제가 다섯 명이 있는데, 오빠 중기仲騏, 중린
仲麟과 동생 중총仲聰은 모두 국자시國子試에 합격하였다. 동생
승림勝林은 도량이 (넓고?) 학행學行이 있었으나 막내아우 극화
克和와 함께 모두 이일랑보다 앞서 죽었다. 동생 중화仲和는 과거
에 뜻을 두지 않고 유학儒學과 불학佛學을 좋아하여 지성스러웠
다. 중화의 서열은 낭과 승림 사이지만 지금 홀로□남아 있다.

　이일랑은 18세인 경신년(인종 18, 1140)에 춘방공자春坊公子

김유신金有臣에게 시집갔다. 김유신이 무진년(의종 2, 1148)에 곽주통판郭州通判이 되었다가 계미년(의종 17, 1163)에 세상을 떠났으나, 이일랑은 절의를 지켜 홀로 살았다. 어렸을 때부터 불교에 귀의하여□□ 남의 잘잘못을 말하지 않았으며, 출가한 뒤에는 늘 『작은 아미따경(小彌陀經)』, 『화엄경』「보현품」, 『천수다라니경』을 읽었다. □올해, 오후에는 음식을 먹지 않았으며, 매번 십재일十齋日이 되면 늘 고기를 먹지 않고 정토에 태어날 것을 다짐하였다.

□ 아들 광조光祖는 어린 나이에 시부詩賦로서 국자감시에 장원으로 급제하고, 갑진년(명종 14, 1184)에 금주감무衿州監務가 되어 청렴한 다스림으로 이름이 났다. 딸은 공역령供驛令 최돈의崔敦義의 계실繼室이 되었는데, 이일랑은 그 딸을 따라 서울에서 살았다. 올해 명창 3년 임자년(명종 22, 1192) 9월에 병이 들었는데, 15일이 되자 목욕하고 옷 갈아입고 입으로 서녘□(西方□ : 서녘 붇다 = 아미따불)을 외며 세상을 떠나니, 10월 15일에 도성의 동쪽 소재며산小梓旀山 남쪽 기슭에 장례 지냈다.

(아들) 광조는 일찍이 나에게 배웠는데, 이때 원주에 있다가 부음을 듣고 급하게 떠나면서 행적을 대략 지어서 나에게 부탁하기를, "서울에 도착하면 곧 장례를 치르려 하니, 청컨대 묘지명을 지어 주십시오"라고 하였으므로, 이에 명을 짓는다.

명銘하여 이른다.

일부종사一夫從事하는 것이 여자의 미덕인데,

낭은 능히 절의를 지키도다.

70의 나이는 예로부터 어렵게 여겼는데,

(이일)랑은 이런 수를 누리도다.

사람이 죽을 때는 마음에 품은 생각이 거꾸로 되는데,

(이일)랑은 미련 없이 떠나도다.

낭이여, 낭이여,

□□전하여 무궁한 뒷날에 보여 주려 하노라.

서울 국립중앙박물관 (No 본10005)

권 보정의 꼬리말

   앞에서 천태종 스님들이『관무량수경』의 관법을 바탕으로 서
녘 극락세계를 염했다면 여기서는 평소에 정토삼부경 가운데
『작은 아미따경(小彌陀經)』을 정토 수행 경전으로 삼았다는 것
을 알 수 있다. 결혼하여 가정생활을 하면서도 오후에는 먹지
않고 진심으로 극락 가서 태어나길 바랐고, 마지막 목숨이 다할
때까지 염불한 수행자의 태도는 출가자 못지않았다는 것을 알
수 있다. 믿고(信), 바람(願)을 세워 마지막까지 염불한(行) 정
토 수행자의 본보기다.

14. 1254년, 도움 염불(助念) 받고 불보살을 염하며 극락 간 흥왕도감

고종 41년(1254)

국립중앙박물관(No. 신2774)

양택춘 무덤돌 글(梁宅椿墓誌銘)

공은 성이 양梁이고 이름이 택춘宅椿으로, 대정 12년(명종 2년, 1172) 임진년에 태어났다. 그 선조는 계림 김씨인데 뒤에 대방군帶方郡으로 이주하여 양씨로 고쳤다.

나이 60세[耳順] 즈음에 온수군감무溫水郡監務가 되어 비로소 첫 벼슬에 나아갔다고 한다. 8, 9년이 지나자 입에 옥을 물고, 19년이 지나자 허리에 붉은 띠를 둘렀다. 아주 늦은 나이에 영화를 보았으니, 사람 일에 어찌 이러한 일이 있겠는가. 이 때문에 운명을 알고 물러났고, 녹봉을 구하려는 뜻이 없었다.

광렬공匡烈公 최이崔怡 공이 선원사禪源社를 세우자, 온 나라 고승을 가려 뽑아서 모임을 맡도록 하였는데, 공의 맏아들 안기安其 공이 그 뽑는 일에 앞장섰으므로 작위를 주어 선사禪師로 삼고 멀리 단속사斷俗寺의 주지로 삼았으나 모두 사양하고 받지 않았다. 아들 때문에 공을 불러서 좌우위녹사참군사左右衛錄事叅軍

事로 삼았고, 경희궁부사慶禧宮副使 녹봉을 받게 하였다. 공의 나이가 이미 70살 남짓 되었는데, 또 호부원외랑戶部員外郎 벼슬을 내리고 자금어대紫金魚袋를 하사하였으며, 이로 따른 녹봉을 주었다. 지금의 상상上相인 최항崔沆 공이 부친을 이어 나랏일을 맡게 되자 옮겨서 수안궁부사壽安宮副使 벼슬을 주고, 또 더하여 흥왕도감興王都監 벼슬을 내리고, 다시 임금께 아뢰어 죽을 때까지 녹봉을 받게 하였다가 곧 조청대부 예빈경朝請大夫 禮賓卿 벼슬을 내렸으나, 벼슬을 사양하고 물러났다.

공은 한평생 거짓말이나 망령된 말이나 속이는 짓을 하지 않고, 너그럽고 (남에게) 도탑게 대하는 웃어른이었다. 옛날과 현실을 아울러 모든 일을 손가락으로 손바닥을 가리키듯 잘 말하였고, 재계할 적에는 새벽부터 먹지 않았으며, 술을 마실 수 있으나 어지럽지 않았고 바둑을 둘 수 있으나 노름하지 않았다. 손님이 오면 가끔 술을 마시고 바둑을 두었으나,〈손님이〉가면 불경의 교리를 읽으면서 일찍부터 세상의 일을 마음에 품지 않았다.

처음에 내시內侍 김수金脩의 딸과 혼인하여 두 아들을 낳았는데, 모두 머리를 깎고 출가하였다. 맏아들은 천영天英인데, 지금은 안기安其로 바꾸었다. 둘째 아들은 청유淸裕로 바리때 하나를 가지고 구름처럼 돌아다닌다. 김씨가 죽은 뒤 다시 별장別將 배씨의 딸과 혼인하여 세 아들을 낳았는데, 행연行淵은 출가 후 삼중대사가 되어 우두사牛頭寺의 주지를 맡았고, 양정梁靖은 도량고판관道場庫判官이며, 양필梁弼은 대정隊正이니, 모두 나이가 어린 데도 지위와 이름이 높이 드러난 것은 실로 맏아들 안기 공의 음덕 때문이다.

갑인(고종 41년, 1254) 여름 4월 7일, 병이 위태롭게 되자 승려를 불러 염불하게 하였고, 목숨이 다할 때 그대로 붇다 말을 외고 보살 이름을 부르다가 잠드는 것처럼 얽매임 없이 오른쪽 옆구리로 누워서 돌아가셨으니, 이때의 나이는 83세였다. 기其 공이 슬피 울며 몸을 받들어 씻기로 화장하여 유골을 거두었다. 이해 6월 14일, 수양산 기슭에 장사지내면서 나에게 요청하여 간략히 기록을 남긴다. 명銘하여 이른다.

나이 80세에 명命이 비로소 통하여
집에는 녹祿이 내리고 허리에는 붉은 띠를 둘렀네. 주周 여상呂尚, 한漢 천추千秋와 시대는 멀지만, 자취는 서로 같구나. 법왕 태어나 믿는 가문을 맑히니, 누구를 받들어 보냈는가, 늙은 샤까(釋迦)로다. 공의 영화도 여기에 기댔으니, 기이하도다, 이런 아들 가짐이여.

갑인년(1254) 6월 ○일, 장사랑 시상서예부낭중 국학직강 지

제고將仕郎 試尙書禮部郎中 國學直講 知制誥이고 자금어대紫金魚袋를

하사받은 김구金坵.

(뒷면)　·상품상생진언

　　　　ॐ अमृत धरण स्वाहा

　　　　옴 암리따 다라나 쓰바하(oṃ amṛtā dharana svāha)

　　　　·육자대명진언

　　　　ॐ मणि पद्मे हूं

　　　　옴 마니 빨메 훔(oṃ mani padme huṃ)

　　　　·보루각寶樓閣진언

　　　　ॐ मणि धलि हूं फट्

　　　　옴 마니 다리 훔 팟(oṃ māni dhali huṃ phaṭ)

　　　　·결정왕생정토주

　　　　ॐ मृ(गृ) धल स्वाहा

　　　　옴 므리 달라 스바하(oṃ mṛ(gṛ) dhala svāhā)

국립중앙박물관(No. 신2774)

ㄹ 보정의 꼬리말

양택춘은 출가를 하지 않았는데도 단속사 주지 임명을 받은
적이 있고, 세 아들이 출가한 것을 보면 본인도 불제자로서 단
정한 삶을 살았음이 틀림없다. 목숨이 다할 때 승려를 불러 염
불을 하게 한 것은 현재 유행하고 있는 도움염불(助念) 습속이
있었음을 알 수 있고, '붇다 말을 외고 보살 이름을 부르다가 잠
드는 것처럼 얽매임 없이 갔다'라는 것은 붇다 말이란 '진언'이
고 보살 이름은 '관세음보살'이었을 것이다. 그리고 아무런 고
통 없이 잠드는 것처럼 간 것은 붇다가 맞이하여 마음이 흐트러

지지 않았기 때문이다. 치나(支那) 선사들의 습속에서 앉거나 서서 죽는 것(坐脱立亡)을 높이 평가하였지만 사실 사꺄무니 붇다도 이 홍왕도감처럼 오른쪽 옆구리로 누워서 돌아가셨으니, 이것이 사자와獅子臥이고 와불의 참모습이다.

이 무덤돌은 뒷면에 산스크리트말 실담 글자로 4개의 진언이 새겨져 있는 것도 특징이다. 조선시대 나온『아미따경』언해본에도 경 끝에「불설보루각근본진언佛說寶樓閣根本眞言」,「보루각수심주寶樓閣隨心呪」,「무량수불설왕생정토주無量壽佛說往生淨土呪」,「아미따심주阿彌陀心呪」,「불설결정왕생진언佛說決定往生眞言」(이상 용천사 판) 및 옴마니팟메훔『육자대명』이 덧붙여져 있는 것을 보면 정토 행자들이 즐겨 외는 진언이라는 것을 알 수 있다. 이 무덤돌 글은 선비가 썼으므로 정토불교에 대한 깊은 "붇다 말을 외고 보살 이름을 부르다"라고 했지만, 뒷면 진언을 보면 전형적인 정토 행자의 임종이라고 할 수 있다.

15. 1308년, 서쪽 향해 찬불하고 게를 읊으며 극락 간 정숙공

충렬왕 34년(1308)

전거 : 『평양조씨세보』(1929) (국립중앙도서관 한古朝58-가22-5-1-8,
고문헌실(5층)

선충익대보조공신 벽상삼한 삼중대광 수태위 판중서문하사
상장군 평양군이며 추증된 시호 정숙공 무덤돌 글(宣忠翊戴輔
祚功臣壁上三韓三重大匡守太尉判中書門下事上將軍平壤君贈
諡貞肅公墓誌銘)

신하가 된 사람은 네 가지 몸가짐을 가져야 하나니, 몸단속을
잘하여 엄중하게 바른 마음을 간직하는 것이 하나이고, 일에 임
해서는 공을 따르고 사를 가볍게 보는 것이 둘이며, 사신으로
나가게 되면 잘 대처하여 나라의 명예를 높이고 넓히는 것이 셋
이며, 조정에서 일하게 되면 행동을 확실하게 하는 것이 넷이
다. 신하로서 그 한 가지를 가진 이도 또한 드문데, 하물며 한 몸
에 네 가지 몸가짐을 갖춘 사람은 대개 천년에 한 사람뿐일 것
이니, 우리 평양군平壤君이 바로 그분이다.

공의 이름은 인규仁規이고, 자는 거진去塵으로, 평양군平壤郡

사람이다. 아버지 영벽은 금오위별장金吾衛別將이었는데, 공이 높이 되었기 때문에 금자광록대부 추밀원부사 이부상서 상장군金紫光祿大夫 樞密院副使 吏部尙書 上將軍에 추증되었다. 어머니 이씨는 내원승內圓丞 유분有芬의 딸인데 여러 차례 봉해져서 토산군부인土山郡夫人이 되었다. 어머니가 태양이 품 안으로 들어오는 꿈을 꾸고 이에 잉태하여 공을 낳았다.

공은 어려서부터 총명하고 뛰어났으며 노는 것을 좋아하지 않았다. 학문에 뜻을 둘 나이가 되자 공을 세워 나라를 바로잡겠다는 큰 뜻을 세워, 문자를 가볍게 여겨 그것을 버리고 태자부시위太子府侍衛가 되었다. 무오년(고종 45, 1258)에 이르러 장군 인규仁揆 휘하의 대정隊正이 되었다. 나라에서 무반(山西)의 자제 중에 영리하고 재능이 있는 자를 골라 대조大朝(元)의 언어를 가르치게 하였는데, 공이 이에 참여하여 선발되었다. 계해년(원종 4, 1263)에 교위校尉로 승진하고, 기사년(원종 10, 1269)에 지금의 임금(충렬왕)이 세자로서 원의 조정에 들어갈 때 공이 수행하여 갔는데, 여러 차례 승진하여 섭산원攝散員이 되었다. 임금을 수행한 4년 동안 보좌한 공로가 많았다.

갑술년(원종 15, 1274)에 임금이 원 황실의 딸을 배필로 삼고 돌아와 왕위를 이어받으니, 그 공로로 중랑장中郞將으로 뛰어오

르고, 얼마 되지 않아 장군 지합문사 겸 어사중승將軍 知閤門事 兼
御史中丞에 임명되었다. 무인년(충렬 4, 1278)에 대장군 직문하
성大將軍 直門下省으로 옮기고, 기묘년(충렬 5, 1279)에 우승선右承
宣에 임명되면서 정의대부상장군 지병부사 태자우유덕正議大夫
上將軍 知兵部事 太子右諭德이 더해졌다가 곧 좌승선 지이부사左承宣
知吏部事로 옮겼다. 임오년(충렬 8, 1282)에 신호위상장군神虎衛
上將軍으로서 은청광록대부 추밀원부사 병부상서銀靑光祿大夫 樞
密院副使 兵部尙書로 뛰어올랐다. 갑신년(충렬 10, 1284)에 지원사
知院事가 더해지고, 병술년(충렬 12, 1286)에 어사대부 태자빈객
御史大夫 太子賓客으로 승진하였다. 정해년(충렬 13, 1287)에 금자
광록대부 지문하성사金紫光祿大夫 知門下省事로 뛰어오르고, 이어
문하평장사 태자소사門下平章事 太子少師가 더해졌다. 무자년(충
렬 14, 1288)에 태자태보太子太保가 더해지고, 경인년(충렬 16,
1290)에 문하시랑평장사門下侍郞平章事와 선수 가의대부 왕부단
사관宣授 嘉議大夫 王府斷事官이 더해지면서 삼주호부三珠虎符를 띠
었다. 신묘년(충렬 17, 1291)에 판병부사判兵部事가, 임진년(충렬
18, 1292)에 문하시중 판이부사 태자태사門下侍中 判吏部事 太子太
師가, 정유년(충렬 23, 1297)에 벽상삼한 삼중대광 수태위 판중
서문하사壁上三韓 三重大匡 守太尉 判中書門下事가 더해졌는데, 나머
지는 모두 그 전과 같았다.

무술년(충렬 24, 1298)에 간사한 사람이 말을 꾸며서 망령되

이 고소하니, 공은 이 때문에 원의 조정에 가게 되었다. 원의 조정에서는 여러 가지로 잘못을 따져 묻자 대의를 굳게 지키면서 처음부터 끝까지 다른 말이 없었으므로, 원나라 조정의 사대부들이 모두 훌륭하게 여겼다. 칠팔 년 남짓 억류되어 있다가, 황제(成宗)가 한결같은 절개를 가상하게 여겨 대덕 9년 을사년(충렬 31, 1305)에 조칙을 내려 그전과 같은 임무를 맡으면서 본국으로 돌아가도록 하였다. 그해 12월에 벽상삼한 삼중대광 판중서문하사壁上三韓 三重大匡 判中書門下事에 다시 임명되고 나머지도 전과 같이 되었다. 정미년(충렬 33, 1307)에 자의중서문하사僉議中書門下事로 승진하고 평양군으로 봉해지자, 비록 집에 있으면서도 무릇 군국軍國에 관한 중요한 일은 모두 나아가 결정하게 되었다.

무신년(충선 즉위, 1308)에 부府를 설치하고 관원을 두게 하였으며, 선충익대보조공신宣忠翊戴輔祚功臣을 더하였다. 공은 이에 "평생 사방으로 바쁘게 다니느라 자리가 따뜻해질 겨를조차 없었습니다. 이제는 이미 군君으로 봉해지기에 이르고, 나이도 70이 넘었으니, 마땅히 잔치를 베풀면서 즐겁게 지내야겠소"라고 하고 (동진의 명신) 사안謝安이 동산에 숨어 살며 고결하고 즐겁게 지낸 일을 그리워하였다.

또 마음으로는 오로지 붇다를 섬겼다. 일찍이 대장경을 펴내려 하여 특히 승려(開士)들을 집으로 불러 모아 책을 만들었는데, 그해 3월에 시작하여 4월 19일에 와서야 일을 다 마쳤다. 그날 밤 집안의 어른과 아랫사람 네 명이 같은 꿈을 꾸었는데, 꿈에 어떤 신인神人이 옷을 갖추어 입고 찾아와 문을 두드리면서 말하였다. "저승에서 평양군이 불경을 만드는 것을 끝냈다는 소식을 듣고, 사자를 보내어 맞아 오라고 하기에 왔습니다." 과연 이튿날이 되자 목 위에 작은 종기가 돋아났다. 용한 의원을 불러 진찰하게 하였으나 "질환이 어찌할 수 없게 되었습니다"라고 하였다. 공도 또한 "죽고 사는 것은 명에 달려 있는 것이니 회피할 수가 없습니다"라고 하며 드디어 의약醫藥을 물리쳤다. 처음에 공은 꿈에서 관음보살觀音菩薩 존상尊像이 하늘에 닿도록 서 있는 것을 보았다. 그 모양과 같은 그림 한 폭을 이루고자 하여 병이 위중한데도 몸소 벽에 의지하여 점을 찍고 곧 화공을 불러 초벌 그림을 그리게 하였다. 비록 병중에 있으면서도 쾌활하고 자재함이 이와 같았다.

이에 앞서 여러 아들이 모두 왕명을 받아 원에 들어가 있고, 오직 둘째 아들 연連이 곁에서 모시고 있었다. 25일이 되자 뒷일을 부탁하여 말하였다.

"오랜 전생부터 인연이 있어 같은 형제로 태어났으니, 집안일로 서로 시기하고 미워해서는 안 된다. 무릇 나라를 잘되게 하려면 반드시 먼저 그 집안부터 바로잡아야 한다. 맏아들 서瑞 등이 돌아오기를 기다려서, 형은 공손하고 동생은 순종하여 다른 사람들에게 업신여김을 당하지 마라." <u>말을 마친 뒤 목욕을 하고 옷을 갈아입었다. 저녁이 되자 서쪽을 향해 무릎을 꿇고 앉아 향로를 받들며 찬불讚佛하고, 옛날의 게偈를 외우면서 단정히 앉은 채 돌아가시니, 향년 72세이다.</u>

성 안의 선비들과 백성들이 달려와 우러러 예를 바치면서, "공이 바르고 곧게 공사를 받든다고 들은 지 오래되었는데, 지금에 와서야 그 참 본성을 알겠습니다"라고 하면서 모두 찬탄하면서 울었다. 임금도 부음을 듣고 몹시 슬퍼하여 담당관리에게 장례일을 도와주라고 명하였다. 6월 28일에 개성開城 웅곡熊谷 북쪽 기슭에 장례 지내고 시호를 정숙공貞肅公이라고 추증하였다.

공은 사람됨이 풍채가 잘생기고 말이 적었으며, 단정하고 진실하여 번드레함이 없었다. 비록 무관직에 종사하였으나 사서四書와 전기傳記에도 자못 관심을 두었고, 또 글씨를 잘 썼다. 평생에 사물을 대하면 관대하고 온화하여 겸손하였으나, 일을 두고서는 꺼리지 않고 바른말을 하였으므로 사람들이 감히 범하는 자가 없었다. 하위직에 있을 때부터 지금에 이르기까지 원나라 조정에 출입한 것이 무릇 30여 차례였는데 거동하기만 하면 나라를 바르게 하고 구한 성과가 있었다.

지난 을해년(충렬 1, 1275)에 원나라 조정에서 보낸 두목頭目
혹적黑的이 우리나라와 언짢은 감정을 쌓아 왔는데, 우리의 습
속을 고치려고 황제에게 가서 상소하자 일이 이미 이루어져 어
찌할 수가 없게 되었다. 공은 홀로 말을 달려 황제에게 친히 정
상을 아뢰어 윤허를 받지 않은 것이 없었다. 다루가치(達魯花
赤)의 둔전군(種田軍)에 이르기까지 한결같이 모두 파하여 철
수하게 하였으니, 이 일이야말로 만세에 남을 공적이다. 그리고
또 임금(충렬왕)이 여덟 글자 공신이 되게 하고 행성승상行省丞
相에 오르게 한 것, 첨의부僉議府가 2품 아문(門)이 된 것, 양대兩
臺(僉議府와 密直司)가 은도장(銀印)을 내려받게 한 것, 그리고
남쪽의 섬과 북쪽의 변방지대가 우리의 강토로 다시 속하게 한
것 들은 모두 공의 힘으로 이루어진 일이다. 전후하여 세운 것
을 다 쓸 수 없으므로 다만 그 가운데 크게 두드러진 것만을 든
다.

조청대부 사재경朝淸大夫 司宰卿으로 벼슬에서 물러나 은퇴한
조온려趙溫呂 공의 딸과 결혼하여 5남 4녀를 낳았다. 장남 서瑞
는 우림羽林으로 과거에 급제하여 지금 은청광록대부 지추밀원
사 보문각대학사 상장군銀靑光祿大夫 知樞密院事 寶文閣大學士 上將軍
으로 선수 관고려군 정동좌부도원수宣授 管高麗軍 征東元帥가 되었

고, 두 아들을 낳았는데 공의 생전에 모두 과거에 급제하여 관직이 서급犀級에 이르렀다. 차남 연連은 지금 금자광록대부 추밀원부사 병부상서 응양군상장군金紫光祿大夫 樞密院副使 兵部尙書 鷹揚軍上將軍으로 선수 왕부단사관宣授 王府斷事官이다. 셋째 연수延壽는 지금 영렬대부 비서감 한림시강학사 충사관수찬관 지제고榮列大夫 秘書監 翰林侍講學士 充史館修撰官 知製誥이고, 선수 관고리군만호宣授 管高麗軍萬戶에 제수되었다. 형제 세 명이 일시에 다 같이 삼주호부三珠虎符를 띠었으니, 참으로 드문 일이다. 올봄에 원수공元帥公(瑞)이 원나라 조정에 들어가 처음으로 부명符命을 받았는데 이에 앞서 시를 지어 부친에게 바쳤다.

한 가문에 세 명씩이나 호부虎符를 받으니
천만고千萬古에 없는 일입니다.
누구의 음덕 탓인지 잘 알 수는 없지만
아버님은 머리가 하얗게 세셨군요.

마침 공이 별세하여 미쳐 눈으로 보지 못하고 다만 사람들 입에 오르내리게 되었으니, 이것이 하나의 한이다. 넷째 의선義旋은 천태종天台宗에 투신하여 선과禪科 상상과上上科에 합격하였는데 지금 선사가 되어 진구사珍丘寺 주지로 있다. 다섯째 위諱는 지금 조산대부 신호위보승장군朝散大夫 神虎衛保勝將軍이다.

장녀는 영렬대부 추밀원좌부승선 판비서시사 한림시독학사
충사관수찬관 지제고榮列大夫 樞密院左副承宣 判秘書寺事 翰林侍讀學士
充史館修撰官 知製誥인 노영수盧穎秀에게 시집갔고, 둘째는 원나라
(大元) 영록대부 강절등처 행중서성평장정사榮祿大夫 江浙等處 行
中書省平章政事인 오말吳抹에게 시집갔으며, 셋째는 조의대부 신
호위대장군 지각문사朝議大夫 神虎衛大將軍 知閣門事인 백효주白孝珠
에게 시집갔으며, 넷째는 조봉대부 용호군대장군朝奉大夫 龍虎軍
大將軍인 염세충廉世忠에게 시집갔다.

공은 미관으로부터 요직을 두루 거쳐 재상에 오르고, 생전에
군君으로 책봉되는 은총을 입었으며, 또 훌륭한 자손들이 조정
의 대각臺閣에 빛나고 있으니, 삼한 이래로 공과 같이 처음부터
끝까지 영예를 누린 이가 능히 몇 사람이나 있겠는가. 수재거
사睡齋居士 시중侍中 홍규洪奎가 시를 지어 곡哭하면서 말하기를

세 임금을 섬긴 재상이로다.
봉군封君된 이 중에서 공보다 위에 있는 사람이 누가 있는가.

라고 하였고, 또 이어서

집안에 가득 찬 아들과 사위들이 이미 재상이 되었으니

현인을 이어서 백성을 보전하리라.

라고 하였으니, 이는 대개 실제 있었던 일을 적은 것이다.

장례 날에 앞서 원수공이 공의 행장을 갖추어 나에게 묘지명을 지어 달라고 부탁하였다. 내가 작년에 직한림원直翰林院으로 공을 모시고 원나라 황제의 생일을 축하하러 들어갔을 때 나를 직접 돌보아 주었으며, 나아가 여러 아들과 사위가 모두 나의 친구이니 감히 글이 못났다는 이유로 사양할 수가 있겠는가. 삼가 두 번 절하고 명銘을 짓는다.

뿔 달린 짐승 가운데 제일은 기린이고,
날짐승 가운데 으뜸은 봉황이니
구구하게 날거나 달리는 짐승이야 비록 많으나
또한 어찌하리오.
예전 공의 어머니가 해가 품 안으로 들어오는 꿈을 꾸고
낳고 기르니 제비턱에 무쏘 뿔의 정수리 뼈를 가졌도다.
장성하기에 이르러 무반(山西)으로 이름을 올려
수레 타고 북국으로 가니 들고남이 몇 차례였던가.
세 임금을 언각(中書省)과 난대(門下省)에서 두루 보좌하고
나라의 주춧돌이 되어 임금을 도와 선정을 베풀게 하였다.
작위는 5등보다 높았고 지위는 삼태三台에 이르렀으며
구슬을 이어 매단 여러 아들은 호두 금패虎頭 金牌를 찼도다.

그 공명과 덕업은 예로부터 견줄 사람이 없고

단정하게 앉아 돌아가시니

처음부터 끝까지 정신이 흐트러지지 않았도다.

명銘으로 쓴 글에도 부끄럼이 없고

무덤 자리도 매우 아름다운데,

돌에 새겨 무덤에 넣으니, 아, 슬프도다.

지대至大 원년 무신년(충렬왕 34, 1308) 6월 ○일

조의대부 판예빈시사 충사관수찬관 지제고朝議大夫 判寺禮賓寺
事 充史館修撰官 知製誥 방우선方于宣이 쓰다.

卍 보정의 꼬리말

서쪽을 향해 무릎을 꿇고 앉아 향로를 받들며 찬불讚佛하고,
옛날의 게偈를 외우면서 단정히 앉은 채 돌아가셨다고 했는데,
나름대로 정토찬을 지어 평소 외던 것을 마지막까지 외우면서
극락으로 간 본보기라고 하겠다.

『무량수경』에 극락 가운데 동아리(中輩)에 갈 수 있는 조건을
다음 5가지로 들었는데, 바로 그 조건에 딱 들어맞는 경우라고
하겠다.

① 스라마나(沙門)가 되어 큰 공덕은 닦지는 못하더라도,

② 깨닫겠다는 마음을 내고(發菩提心),

③ 한결같이 무량수불만을 새기고(專念無量壽佛),

④ 착한 일도 조금 닦고(多少 修善), 계를 받들어 지키고(奉持 齋戒), 탑과 불상을 세우고(起立塔像), 스라마나에게 먹을 것을 이바지하고(飯食沙門), 비단을 걸고 등불을 밝히고 (懸繒然燈), 꽃 뿌리고 향을 사르며,

⑤ 그러한 공덕을 극락에 가서 태어나겠다는 바람에 회향하 는 무리다.

『평양조씨세보』
(한국학 디지털아카이브)

정숙공 무덤 그림지도
(개풍군 중서면 토성리. 평양조씨 대종회 홈페이지)

16. 1318년, 죽기 직전 출가하여 극락 간 성공(省空)

충숙왕 5년(1318)
서울 국립중앙박물관 (No 본14161)
무안군부인 박씨, 법명 성공의 무덤돌 글(務安郡夫人朴氏法名省空墓誌)

예문관공봉 통직랑 우헌납 지제교 겸 춘추관편수관藝文館供奉 通直郞 右獻納 知製敎 兼 春秋館編修官 최여崔汝 지음

부인 성은 박씨고, 무안군務安郡에서 태어났다. 봉익대부 밀 직부사 군부판서 상장군奉翊大夫 密直副使 軍簿判書 上將軍 부부孚의 셋 째 딸이고, 광정대부 도첨의시랑찬성사匡靖大夫 都僉議侍郞贊成事 로 추봉되고, 행봉익대부 판도판서 문한사학行奉翊大夫 版圖判書 文翰司學으로 은퇴한 최서崔瑞의 아내이다. 할아버지는 조산대부 병부시랑 금오위섭장군朝散大夫 兵部侍郞 金吾衛攝將軍 성기成器이 고, 증조할아버지는 통의대부 좌우위대장군 지병부사通議大夫 左右衛大將軍 知兵部事 유불兪䒾다. 어머니 선씨鮮氏는 협계군부인俠溪郡 夫人에 봉해졌는데, 아버지는 조정대부 금오위대장군朝靖大夫 金 吾衛大將軍 대유大有이다.

23세에 최공崔公에게 시집갔는데, 공은 곧 문헌공文憲公(崔沖) 의 고손자이다. 어려서부터 글재주와 관리가 될 재간을 갖추어

중앙과 지방에서 힘써 임금을 돕고 백성을 편안하게 하였으므로 모두 우러러보며 따랐다. 마음이 깨끗하고 곧았으며 행동하는데 굽힘이 없었으므로, 벼슬이 판비서判秘書에 이르고, 부추(樞副)로 물러났다.

모두 4남 2녀를 두었는데, 장남은 정순대부 전의령正順大夫 典醫令 중유仲濡 정헌대부 감문위상장군正大夫 監門衛上將軍 벼슬에서 물러난 김현창金鉉昌 공의 둘째 딸과 결혼하였다. 2남 정오晶悟는 머리 깎고 수선사修禪社(송광사)에 있으며, 3남은 밀직사당후관密直司堂後官 계유季濡로 봉상대부 선부의랑奉常大夫 選部議郎 문증文證 공의 셋째 딸과 결혼하였다. 4남은 화엄종 대덕華嚴宗大德 원비元庇로 지금 용흥사龍興寺 주지이다. 맏딸은 통헌대부 밀직부사 상호군通憲大夫 密直副使 上護軍 김륜金倫에게 시집갔는데, 도첨의참리 집현전대학사 상장군 문신공都僉議參理 集賢殿大學士 上將軍 文愼公 변胖의 맏아들이다. 둘째 딸은 승봉랑 총부산랑承奉郎 摠府散郎 조문근趙文瑾에게 시집갔는데, 봉익대부 밀직부사 상장군奉翊大夫 密直副使 上將軍 변拚의 셋째 아들로 지금 상주목판관尙州牧判官이다. 그 후손 또한 이미 무럭무럭 자라 잘 되었으나 글이 번거로워지니 기록하지 않는다.

부인은 성품이 정직하고 삿된 법을 행하지 않았고 붇다의 가르침을 믿고 숭배하였으니 참으로 훌륭한 분이다. 대덕 9년 을

사년(충렬 31, 1305)에 부군이 돌아가셔 12년 남짓 홀로 지내었다.

   나이 70세가 된 올해 연우 5년 무오(충숙 5, 1318) 7월 초 2일에 병이 심해지자, 드디어 죽음을 면하기 어렵다는 것을 알고 묘련사妙蓮社 주지 양가도승통兩街都僧統에게 청하여 머리를 깎고 비구니가 되어 법명을 성공省空이라 하였다. 법복을 갖추어 계를 받고, 이에 종 한 명을 시주하여 출가시켰다. 11일 오시午時가 되자 목욕하고 옷을 갈아입고 자녀 등을 불러 뒷일을 부탁한 뒤, 합장한 채 오로지 아미따불만을 염송하였다. 저녁이 되자 세상을 떠나게 되었는데, 숨이 거의 끊어질 때까지도 염불하는 입술이 멈추지 않고 움직였고, 목숨이 다한 뒤에야 두 손이 풀어졌다. 이해 8월 18일에 대덕산 서쪽 기슭에 장례 지냈다.
   내가 부인의 아들 및 사위들과 친구이기 때문에 무덤돌 글을 짓게 되었다. 명銘하여 이른다.

   건강하고 편안하게 수명을 누리고
   머리를 깎고 육신을 버렸으니
   아름답다, 마지막 길이여,
   두 가지 일을 모두 갖추었으니!
   연우 5년 무오년(충숙 5, 1318) 8월 ○일

서울 국립중앙박물관 (No 본14161)

卍 보정의 꼬리말

앞에서 세상을 떠나기 전 스스로 8계를 받았다는 기록이 있었는데, 이 기록은 고승을 청하여 출가하고 법명까지 받고, 마지막 목숨이 다할 때까지 아미따불을 염했다고 한다. 이는 극락의 가운데 동아리(中輩)를 넘어 윗동아리(上輩)로 가기로 발원한 것을 뜻한다. 이 정도의 마음가짐이면 비록 일찍이 출가하지 못했으나 상품(上輩) 가서 태어나지 않았겠는가!

17. 1358년, 늘 염불하여 돌아가실 때도 염불한
개성군 왕씨

공민왕 7년(1358)

전거 : 『광산김씨족보』(1903) 국립중앙도서관 디지털자료실(1903)

개성군대부인 왕씨 무덤돌 글 및 머리말(開城郡大夫人王氏
墓誌銘幷序)

목은牧隱 이색李穡 지음

부인의 성은 왕씨고, 개성군開城郡 사람이다. 조부 근(觀)은
우리 고리(高麗) 태조의 11세손으로 조청대부朝請大夫 예빈경禮
賓卿 벼슬에서 물러났고, 아버지 정조丁朝는 은청광록대부 추밀
원사 호부상서 한림학사승지銀青光祿大夫 樞密院使 戶部尚書 林學士承
旨에 추증되었다. 어머니 이씨李氏는 금마군부인金馬郡夫人인데,
좌사간지제고(左司誥) 서춘(春)의 딸이다.

부인은 14세에 문정공文正公 태현台鉉에게 시집갔는데, 바른
자태와 정숙한 덕은 훌륭한 가문(高)의 배필이 될 만하였다.

부인은 다섯 명의 자녀를 두었다. 장남 광철光轍은 밀직사密直
使로 화평군化平君에 봉해졌으나 8년 전에 죽었고 시호는 문민文
敏이다. 차남 광재光載는 삼사우사 겸 전리판서三司右使 兼 典理判
書였는데 집으로 물러나 지금은 무덤 곁에서 (侍墓하고) 있다.

3남 광로光輅는 가안부록사嘉安府錄事였으나 일찍 죽어 자녀가 없다. 큰딸은 정당문학 예문관대제학政堂文學 藝文館大提學 안목安牧에게 시집갔고, 둘째 딸은 밀직사우대언 좌사의대부密直司右代言 左司議大夫 박윤문朴允文에게 시집갔다.

손자는 세 명이 있다. 큰 손자 승조承祖는 천우위 해령별장千牛衛海領別將이고, 둘째 손자 홍조興祖는 좌우위 보승낭장左右衛 保勝郎將이며, 셋째 손자 회조懷祖는 성균시成均試에 합격하여 충용위 호분별장忠勇衛 虎賁別將이 되었다. 손녀는 다섯을 두었다. 큰 손녀는 개성소윤開城少尹 최충손崔中孫에게, 둘째 손녀는 합포만호合浦萬戸 □□□ 현성군玄城君 권용權鏞에게, 셋째 손녀는 병부원외랑兵部員外郎 유혜부柳蕙符에게, 넷째 손녀는 승복도감판관崇福都監判官 홍인철洪仁喆에게, 다섯째 손녀는 내부부령內府副令 박문수朴門壽에게 시집갔다.

증손자 세 명과 증손녀 다섯 명이 있으나 모두 어리고, 외손자는 여섯 명이다. 안원숭安元崇은 군부판서 진현관軍簿判書 進賢館이고, 박밀양朴密陽은 급제하여 형부원외랑刑部員外郎이 되고, 박태양朴太陽은 급제하여 고공낭중考功郎中이 되고, 박소양朴紹陽은 성균시에 합격하고 원나라에 들어가 형호지□ 원수부주차荊湖池□元帥府奏差가 되고, 박삼양朴三陽은 급제하여 충주판관忠州判官이 되고, 박계양朴季陽은 좌우위정용左右衛精勇의 산직散職을 받았다.

외손녀는 한 명으로, 봉익대부 우상시奉翊大夫 右常侍 민유閔愉에게 시집갔다.

외증손자는 15명이다. 민덕생閔德生은 상서좌사원외랑尚書左司員外郎이고, 민수생閔秀生은 성균시에 합격하였고, 민□생閔□生은 직사관直史館이며, 박숙□朴淑□은 서림장판관西林場判官이 되었으며, 나머지는 아직 성년(冠禮)이 되지 않았다.

외증손녀는 17명이다. 한 명은 금오위 정용낭장金吾衛 精勇郎將□□에게, 한 명은 요양등처 행중서성 우승지(遼陽等處 行中書省 右承旨에게, 한 명은 비서감秘書監 김사렴金士廉에게, 한 명은 우부대언右副代言 기왈용奇曰龍에게, 한 명은 국자직학國子直學 성□成□에게, 한 명은 견예부 별장堅銳府 別將 구희具禧에게 시집갔으며, 나머지는 결혼하지 않았다.

외현손은 다섯 명이 있다. 부인은 91세에 이르러 안팎으로 여러 자손이 이처럼 잘 되었으니 어찌 우연이겠는가. 나라의 제도에 세 아들이 과거에 급제하면 그 어머니에게 평생 (먹을) 곡식을 주었는데, 광철, 광재, 광로가 모두 진사제進士第에 합격하였으므로 부인의 영예가 (매우 컸다?). 외손자 박씨 또한 훌륭함을 갖추었으니 당시 사람들이 공경하였다.

지정 16년 병신년(공민왕 5, 1356) 3월 18일에 잠자리에서 돌아가시니, 이해 4월 9일에 덕수현德水縣 해운산海雲山 문정공 무덤에 장례 지냈다.

부인은 자애롭고도 엄하고 총명하고 슬기로웠다. 집안을 다스리는데 법도가 있었고, 여러 친족을 은혜롭게 어루만져 주었으므로 사람들이 □□ 모두 자신의 어머니처럼 여겼다. 시어머니 고씨高氏는 예빈경 지제고賓賓卿 知制誥 영중瑩中의 손녀로 이른 나이에 홀로 되었으나 나이가 들수록 더욱 건강하여 백하고도 두 살이란 장수를 누렸는데, 부인은 더욱 부지런히 모셨다.

성품이 불교를 좋아하여 금으로 『화엄경』 삼본을 쓰고 □□ 하였으니, 문정공의 명복을 빌기 위한 것이었다. 또 『법화경』을 모두 200권 넘게 만들어, 함과 돗자리에 서적이 가득 찼는데 매우 정교하고 치밀하였다. 반드시 문정공 기일에는 (그 불경을) 읽고 외우며 공양을 바쳤다. 늘 염불하였는데 돌아가실 때도 □□□□하였으니 그 신앙이 독실하기가 이와 같았다.

내가 수묘守墓하는 오두막으로 삼사공三司公(金光載)을 □□ 뵈었다. 공이 조용히 말하기를 "그대가 문생門生이 된 것은 우리 어머니의 덕입니다. 그대가 무덤돌 글을 써주시오"라고 하였다. 내가 의리상 사양하고 물러날 수가 없어서 □□□□ 차례대로 적는다.

아, 선을 쌓거나 악을 쌓게 되면 재앙과 복이 그에 따라온다는 것은 의심할 수가 없다. 문정공의 도덕과 공명이 세상에 밝게 빛나고, 삼사공과 그 형 광철이 모두 큰 재목으로 중용되어□, 아들의 성姓이 크게 떨쳤으니 모두가 그 가문을 칭송하고 있다. 부인의 내조가 아니었으면 이보다 성할 수가 있겠는가. 마땅히 명銘을 지어야 할 것이다.

명銘하여 이른다.

문정공의 어짊은 백세 되어도 사라지지 않을 것인데
부인이 그의 배필이 되니 공손하고 온화하였다.
아들 세 명이 모두 문과에 급제하여
평생 나라에서 곡식이 내려주니 복을 받은 것이
많지 아니한가.
나이는 90을 넘어 □□□ 많은데
맏형과 막내는 이미 □□□하도다.
둘째인 삼사三司도 머리가 하얗게 세었는데,
묘 곁에 머물며 상을 마치니, 슬프다.
여뀌와 쑥만 자라나도다.

덕수현 양지바른 해운 언덕에

□□□□ 살펴도 거짓됨이 없도다.

지정至正 18년(공민 7, 1358) 3월 ○일

『광산김씨 족보』 (1600년대)　　　　　　카페 「합치자」

권 보정의 꼬리말

평소 당시 유행하던 『화엄경』과 『법화경』을 쓰고, 법보시를 하면서도 늘 염불을 하였는데, 목숨이 다하는 순간에도 염불하여 극락에 갔다. 4글자를 알아볼 수 없지만, 앞뒤 내용을 볼 때 염불하였다고 새겨도 문제가 없을 것이다. 흔히 평소에 정토 경전만 읽어야 하는 것으로 아는데,『무량수경』을 보면 대승경전을 읽어야 한다고 했지, 반드시 정토경전만 공덕이 된다고 하지 않았다. 다만 스스로 목적이 극락에 가는 것임을 뚜렷하게 하려면, 경전을 읽거나 법공양을 하고 반드시 극락 가는 발원에 회향해야 한다.

18. 1376년, 염불마저 없어진 곳(無念處)이 생사 벗어난 곳 - 나옹 화상

〈자료 1〉 경기도 양주군 회천면 회암리 회암사(현재 모사품)[43]

지관『교감역주 역대고승비문』(고리편)

각련(覺璉),『나옹화상어록(懶翁和尙語錄)』[44]

고리나라(高麗國) 왕의 스승(王師) 대조계종사大曹溪宗師 선교도총섭禪敎都摠攝으로 지혜를 부지런히 닦고(勤脩本智), 조사의 바람을 일으키고(重興祖風), 나라를 복되게 하고, 세상을 도운(福國祐世) 보제普濟 존자 · 시호 선각禪覺의 탑 글(塔銘)과 머리말.

전 조영대부朝列大夫 정동행중서성征東行中書省 좌우사랑중左右司郎中 추충보절推忠保節 동덕찬화공신同德贊化功臣 중대광重大匡 한산군韓山君 예문관사藝文館事 겸 성균대사성成均大司成 신臣 이색李穡이 왕명을 받들어 비문을 짓고,

---

43) 회암사 터 선각왕사비(禪覺王師碑) : 1997년 보호각이 불에 타 비의 몸돌이 깨져, 국립문화재연구소에서 보존 · 처리한 뒤 보존관리를 위해 2001년 경기도박물관에 맡겨 간직하고 있다. 비가 있었던 자리에는 받침돌이 그대로 있으며, 본디 모습을 본따 만든 비가 세워져 있다.

44) 각련(覺璉),『나옹화상어록(懶翁和尙語錄)』(국립중앙도서관 디지털도서관 원본보기)

수충찬화신공輸忠贊化功臣 공정대부匡靖大夫 정당문학政堂
文學 예문관藝文館 대제학大提學 상호군上護軍 제점提點 서운
관사書雲觀事 신臣 권중화權仲和 교지에 따라 주사丹砂로 전
액篆額과 글씨를 쓰다.

1) 공민왕 때 왕의 스승이 되다.

현능玄陵(공민왕)께서 왕위에 오른 지 20년 만인 1370년 9월
10일 스님을 개경으로 맞아들여 16일에 스님이 주석하는 광명
사에서 2종宗 5교에 속한 여러 산사의 납자들이 스스로 얻은 바
를 시험하는 공부선功夫選 고시장을 열었는데, 스님도 나갔고 임
금께서도 몸소 행차하여 지켜보았다.

스님은 향을 올린 뒤 법상에 올라앉아 말씀하기를 "고금의
함정(窠臼)을 깨트리고, 범인과 성인의 업적을 모두 쓸어버렸
다. 납자 생명의 근본을 베어 버리고, 중생의 의문 그물(疑網)을
함께 털어 버렸다. 부리는 힘은 스승의 손아귀에 있고, 변통하
는 수행은 중생의 근기에 있다. 3세 부처님과 역대 조사가 교화
방법은 같은 것이니, 이 고시장에 모인 모든 스님은 바라건대
사실대로 질문에 대답하시오"라 하였다.

이에 모두 차례로 들어가 대답하되 긴장된 모습으로 몸을 구

부려 떨면서 진땀을 흘렸으나 모두 제대로 대답하지 못했다. 어떤 이는 이理는 통하였으나 사事에 걸리고, 어떤 이는 한 말을 되풀이하고 이치에 닿지 않는 말을 이러쿵저러쿵 지껄이다가 한 마디 질문에 갑자기 물러가기도 하였다. 이 광경을 지켜본 공민왕의 얼굴빛이 언짢은 듯이 보였는데, 마지막에 환암幻庵 혼수混脩 선사가 와서 3구三句와 3관三關에 대한 물음에 낱낱이 답하였다.

대승사 묘적암 간직한 영정

스님은 이 공부선 고시가 끝나고 회암사檜嵓寺로 돌아갔다. 1371년(공민왕 20) 8월 26일 공부상서 장자온張子溫(?~1388)을 보내 친서·직인·법복·발우들을 보내 "왕 스승(王師) 대조계종사大曹溪宗師 선교도총섭禪敎都攝攝으로 본디 지혜를 부지런히 닦고(勤脩本智) 조사의 바람을 일으키고(重興祖風) 나라를 복되게 하고 세상을 도운(福國祐世) 보제普濟 존자"라는 칭호와 함께 왕사로 책봉하였다. 이어 송광사가 동방 으뜸 도량이므로 왕명으로 그곳에 머물러 살도록 하였다.

1372년 가을에는 갑자기 "세 산과 두 강 사이(三山兩水之間)"

에서 머물라는 지공指空 스님의 수기가 떠올라, 곧 회암사로 옮기려 하였는데, 때마침 왕의 부름을 받아 회암사 법회에 나아갔다가 거기에 머물러 달라는 청을 받았다. 스님이 이르기를 "돌아가신 스승 지공 스님께서 일찍이 이 절을 더 세우려 하셨는데 전쟁으로 불타 버렸으니 그 뜻을 계승해야 하지 않겠는가?" 하고, 대중 스님과 협의하여 전당殿堂 넓히는 공사를 하여 1376년 (우왕 2) 4월에 크게 낙성법회를 열어 회향하였다. 이때 대평臺評 벼슬을 하는 유생儒生이 불교가 왕성함을 시기하여 "회암사는 서울과 매우 가까운 거리이므로 청신사와 청신녀들이 밤낮으로 왕래가 끊이지 않고, 혹은 지나치게 맹신하여 생업을 폐하는 지경에 이르니 금지하는 것이 좋겠습니다"라고 하였다. 이에 교지를 내려 나옹 스님을 서울과 멀고 외딴곳인 형원사瑩原寺로 가서 살도록 하였다.

懶翁和尚語錄

師自江南行脚畢還大都遊沙燕代山川道行
開于內乙未秋奉
聖旨住廣濟禪寺丙申十月堂設開堂法會
賜金襴袈裟象牙拂子是日諸山長老江湖衲子
及諸文武官僚無不集會師受袈裟提起問天使
云山河大地草木叢林盡是一箇法王身未審這
箇向甚麼處披天使云不識師拈左肩云向這裏

侍者 覺璉 錄
廣通普濟住釋 幻菴 校正

화재로 현재 경기도박물관 간직(문화재청)   국립중앙도서관(경성제국대학 영인판)

2) 입적하니 산꼭대기에 오색구름이 덮이고, 3일간 신비한
   빛이 비쳤다.

   그리하여 출발을 재촉하여 가던 도중 스님이 병이 났다. 출
발 당시 가마가 삼문三門을 나와 못가에 이르러 스님 가마가 열
반문을 지날 때 여러 대중이 무슨 까닭인지 의심하면서 큰 소리
로 울자 스님께서 그들을 돌아보시고 말하기를 "노력하고 또
거듭 노력하여 내가 슬픔에 잠겨 중도에 그만두는 일이 없도록
하라. 나는 가다가 마땅히 여주(驪興)까지만 갈 것이다"라고 하

였다. 한강에 이르러 호송관인 탁첨卓詹에게 이르기를 "내 병세가 심하니 뱃길로 가자" 하여 배로 바꾸어 타고 7일간 거슬러 올라가 여주(驪興)에 이르렀다. 이때 또 탁첨에게 부탁하기를 "며칠만 머물러 병을 다스리고 떠나자"라고 하니 탁첨이 그 뜻을 받아들였다. 신륵사에서 머물고 있는데, 5월 15일에 탁첨이 또 출발을 독촉하므로 스님께서 이르기를 "그것은 어렵지 않다. 나는 곧 이 세상을 떠날 것이다"라 하고, 이날 진시辰時에 조용히 입적하였다. 군민들이 바라보니 산꼭대기에 오색구름이 덮여 있었다.

다비가 끝나고, 타다 남은 유골을 씻으려는 순간, 구름 한 점 없는 맑은 하늘에서 사방 수 백보 안에서만 비가 내렸다. 사리가 155알이 나왔는데, 기도하니 558과로 분신分身하였다. 뿐만 아니라 대중들이 재 속에서도 얻어 개인이 스스로 몰래 감춘 것도 헤아릴 수 없었으며, 3일간 신비한 빛을 비추었다. 석달여釋達如 스님 꿈에 화장장 불사르는 곳 밑에 서려 있는 용을 보았는데, 그 모양이 마치 말과 같았다. 상주를 태운 배가 회암사로 돌아오는데, 비가 내리지 않았는데 갑자기 물이 불어났으니, 이 모두가 용의 도움이라 했다.

8월 15일에 부도를 회암사 북쪽 언덕에 세우고, 정골사리頂骨舍利는 신륵사에 탑을 세워 간직(厝藏)하였으니, 열반한 곳임을 기리기 위해서이다. 이처럼 사리를 밑에 모시고 그 위에 돌종으로 덮었으니, 감히 누구도 손을 대지 못하게 함이다. 스님이 입적한 사실을 조정에 보고하니 시호를 선각禪覺이라 내리고, 신臣 색穡에게는 비문을 짓고 신 중화仲和에게는 주사로 비문과 전액을 쓰게 하였다.

회암사 나옹 화상 부도와 석등

신륵사 나옹화상 부도, 석비, 석등

3) 나옹 스님 자취

신이 삼가 스님의 행적을 살펴보니, 이름은 혜근惠勤이고 호는 나옹懶翁이며 처음 이름은 원혜元惠였다. 세속 나이 57년을 살았고 법랍은 38이다(1320~1376). 고향은 경상북도 영덕군 영해寧海이며, 속성은 아씨牙氏다. 아버지 이름은 서구瑞俱이고 벼슬은 선관령膳官令을 지냈다. 어머니는 정씨鄭氏이니 영산군사람이다. 어머니 정씨가 꿈에 새가 날아와 그의 머리를 쪼다가 오색찬란한 알을 떨어뜨려 가슴으로 들어오는 태몽을 꾸고, 임신하여 1320년 1월 15일 태어났다. 나이 겨우 20살 때 이웃에 사는 친한 벗이 죽자 슬픔에 잠겨 아버지를 비롯한 어른들에게 묻기를 "사람이 죽으면 어디로 갑니까?"하니, 모두 말하되 "어느 곳으로 가는지 알 수 없다"라고 했다. 이 말을 듣고 가슴이 답답하여 슬픔만 더하였다. 그리하여 그 길로 공덕산功德山 대승사大乘寺 묘적암妙寂庵으로 달려가 요연 선사了然禪師에게 몸을 던져 머리를 깎고 사미계를 받았다. 요연 선사가 이르되 "너는 무슨 목적으로 출가하였는가?"라 하니, 대답하기를 "삼계를 벗어나고 죽음을 여의고, 중생을 이롭게 하고자 함입니다"라 하고 또 스님의 지도를 청하였다. 스님이 말하기를 "여기에 온 정체가 무슨 물건인가?"라 하니, 대답하기를 "능히 말하고 능히 듣고 능히 여기까지 찾아온 바로 그 놈입니다. 다만 닦아 나아갈 방법을 알지 못하나이다"라 하였다. 요연 스님이 말씀하되 "나도 너와 같아서 아직 알지 못하니, 다른 눈밝은 종사를 찾아가서 묻고 배우라"고 하였다.

1344년(충목왕 1) 회암사로 가서 밤낮으로 홀로 앉아 정진하다가 홀연히 깨달음을 얻었다. 이로 말미암아 중국에 가서 선지식을 찾아뵙고 가서 배울 뜻을 굳히고, 나라를 떠나 1348년(충목왕 4)) 3월 8일 연경燕京(현재 북경)에 도착하여 지공指空 스님을 찾아뵙고 법을 물었는데 서로 묻고 답하는 것이 들어맞았다. 1350년 정월에 지공 스님이 대중을 모아놓고 법어를 내렸는데 아무도 대답하는 자가 없었으나, 혜근이 대중 앞에서 몇 마디 소견을 토해낸 뒤 세 번 절하고 물러나왔다.

그해 봄 남쪽으로 강절江浙 지방을 두루 돌아보고, 8월에는 평산 처림平山處林을 친견하였는데, 평산이 묻기를 "나에게 오기 전에 누구를 친견하였는가?"라 하니, 대답하되 "서천의 지공 스님을 만나 뵈었는데 하루 1,000번 찌르라(日用千劍) 하더이다"라 하였다. 평산이 이르기를 "지공이 1,000번 찌르라(指空千劍) 한 것은 그만두고 네 것을 한 번 찔러 보아라(一劍)"고 하였다. 혜근이 깔개로 평산을 덮어 씌워 끌어 당겼다. 평산은 선상禪床에 거꾸러져서 "도적이 나를 죽인다"라고 고함을 질렀다. 혜근이 이르되 "나의 이 칼은 사람을 죽일 수도 있고, 또 사람을 살릴 수도 있습니다."라고 하면서 평산을 붙들어 일으켰다. 이때 평산은 설암雪嵒이 전해준 급암 종신及庵宗信의 법의와 불자를 신물信物로 주었다.

1351년(충정왕 3) 봄에 보타락가산寶陀洛迦山에 이르러 관세음보살상에 예배하고, 1352년에는 복룡산伏龍山에 이르러 스님을 친견하였다. 그때 마침 1,000명이 넘는 납자들을 모아 놓고 입실 자격고시를 열고 있었다. 이때 천암千嵒이 혜근에게 "어디에서 왔느냐?"고 물었다. 혜근이 대답하니, 다시 이르기를 "부모로부터 이 몸 받기 전에는 어느 곳에서 왔는가?" 하니, 혜근이 이르되 "오늘은 4월 2일입니다"라 하니, 천암이 인정하였다. 그리고 그해에 북녘으로 돌아가서 연경 법원사法源寺에 있는 지공 스님을 두 번째로 친견하였다. 이때 지공은 법의 · 불자 · 산스크리트 책(梵書)을 신표로 전해 주었다. 이에 다시 산을 두루 돌아보니, 소연한 한가로운 도인으로 그 이름이 원나라 조정의 궁 안까지 들렸다. 1355년 가을에는 원나라 순제順帝의 명을 받들어 연경 광제사에 머물게 되었다.

그리고 1356년(공민왕 5) 10월 15일 지공으로부터 법을 받은 기념법회를 가졌는데, 순제는 원사院使를 보내어 축하하였고, 야선첩목아也先帖木兒는 금빛 띠를 두른 가사(金襴袈裟)와 예물을 내렸으며, 황태자도 금띠 두른 가사와 상아 불자를 가지고 와서 선사하였다. 혜근 스님이 가사 등의 선물을 받고 대중에게 묻기를 "맑고 고요(湛然空寂)하여 본래부터 한 물건도 없는 것이다. 이 가사의 휘황하고 찬란함이여! 이것이 어디서 나왔는가?" 하니, 이에 대하여 아무도 대답하는 사람이 없었다. 그리하여 스님께서 천천히 말씀하시기를 "구중궁궐 붇다의 입(金口)에서 나왔느니라" 하고, 곧 가사를 입고 향을 올린 뒤 성상의 복을 축원한 다음 법상에 올라 앉아 주장자를 가로 잡고 몇 말씀 하고 곧 내려왔다.

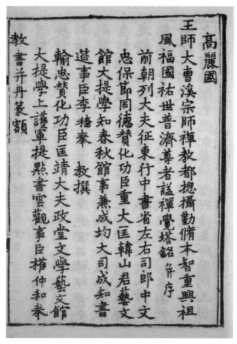

高麗國
王師大曹溪宗師禪教都摠攝勤修本智重興祖
風福國祐世普濟尊者謚禪覺塔銘幷序
前朝列大夫征東行中書省左右司郎中文
忠保節同德贊化功臣重大匡韓山君藝文
館大提學知春秋館事兼成均大司成知書
筵事臣李穡 教撰
輸忠贊化功臣匡靖大夫政堂文學藝文館
大提學上護軍提點書雲觀事臣權仲和奉
敎書幷丹篆額

이색 지음, 「나옹 왕사 비문」

1358년(공민왕 7) 봄에 지공 스님을 하직하고 수기를 받아 귀
국길에 올라 동쪽으로 돌아오는 도중 머물기도 하고 계속 오기
도 하면서 청중의 근기에 맞추어 설법해 주었다. 귀국한 뒤
1360년(공민왕 9)에는 강원도 오대산에 들어가 거주하였다.

1361년(공민왕 10) 겨울 공민왕이 내첨사內詹事(환관) 방절方
節을 보내 스님을 개경으로 영입하여 법문을 청해 듣고 수놓은
가사(滿繡袈裟)와 수정 불자를 내렸고, 공주는 마노 불자를 바

쳤으며, 태후도 직접 찾아와서 보시하였다. 임금께서 신광사神光寺에 주지하도록 청하였으나, 스님은 이를 사양하였다. 이때 임금께서도 매우 섭섭하여 실망 끝에 말하기를 "이젠 불법에서 손을 떼겠습니다"라고 하므로, 부득이 신광사로 가게 되었다. 11월에 이르러 홍건적이 침입하여 경기지방을 짓밟으므로 온 나라 국민들이 남쪽으로 피난을 떠났다. 스님들도 공포에 휩싸여 스님께 피난을 떠나시라 간청하였다. 스님께서 말하기를 "생명이란 이미 정해져 있거늘 적들이 어찌 해칠 수 있겠는가?" 하면서 꼼짝하지 않았다. 며칠 뒤 피난을 떠나시라고 간청함이 더욱 화급하였다. 이날 밤 꿈에 한 신인을 보았는데, 얼굴에 검은 반점이 있었다. 의관을 갖추고 스님께 절을 올리고 말하기를 "만약 대중이 절을 비우고 떠나면 적들이 반드시 절을 없애 버릴 것이오니, 원컨대 스님의 뜻을 굳게 지켜 주시기 바랍니다"라고 하였다. 다음 날 토지 신장의 탱화를 보니 그 얼굴에 검은 점이 있는 것이 꿈에 만난 신인과 같았다. 신인의 말대로 홍건 적들은 과연 들어오지 아니하였다.

1363년(공민왕 12)에는 구월산으로 들어갔다. 공민왕께서 내 시 김중손을 파견하여 개성으로 돌아오도록 청했다. 그리하여 1366년(공민왕 14) 3월에 궁궐로 들어가 있다가 산으로 물러갈 것을 간청하여 비로소 윤허를 받아 용문산 · 원적산 같은 여러 산을 순례하였다. 1366년(공민왕 15) 금강산에 들어갔으며, 1367년(공민왕 16) 가을부터는 청평사淸平寺에 머물렀다. 그해 겨울 보암寶嵓 스님이 원나라 유학을 마치고 돌아오는 편에 지공 스님의 가사와 편지를 가지고 와서 스님에게 전달하면서 "지공 스님이 유언하신 내용이다"라고 하였다. 1369년(공민왕 18) 다시 오대산에 들어가 머물렀으며, 1370년(공민왕 19) 봄에는 원나라 사도司徒 달예達睿가 지공 스님의 영골을 모시고 왔으므로 회암사에 탑을 쌓아 모시고 스승의 탑에 예배를 올렸다. 이어 왕의 부름을 받아 광명사에서 여름 결제를 맺어 해제하고 초가을에 회암사로 돌아와 9월에 공부선功夫選 고시를 베풀었다.

스님이 살던 거실을 강월헌江月軒이라 하였다. 스님은 평생 세속 문자를 익히지 아니하였다. 그러나 어떤 선비이든 시를 읊자고 청해 오면 붓을 잡자마자 곧 시詩·게偈를 읊고, 마음속 깊이 구상하지 않으나 시가 담고 있는 내용은 매우 깊었다. 늘그막에는 먹으로 산수화 그리기를 좋아하여 수도에 방해가 되는 일이라고 비평하는 사람도 있었다. 오호라! 도가 이미 막힘없이 통했다면 여러 방면에서 능한 것도 마땅하지 않겠는가!

신臣 (이)색은 삼가 머리를 조아려 예배하고 비의 글을 지으니 다음과 같다.

展也禪覺 惟麟之角

　선각禪覺 선사여, 기린 뿔 우뚝하여

王者之師 人天眼目

　왕의 스승이고 사람과 하늘 사람의 눈이로다.

萬納宗之 如水赴壑

　많은 납자 몰려옴이 물이 골짜기로 모이는 것 같고,

而鮮克知 所立之卓

　깨달음 뚜렷하고 확고하게 세운 바 뛰어나도다.

隼夢赫靈 在厥初生

　새 꿈이란 빛나는 신령이 날 때부터 나타났고

龍神護喪 終然允藏

　용신이 상여 호위해 마지막 진실을 갈무리했다.

矧曰舍利 表其靈異

　그에 더하여 사리가 그 신령함과 기이함을 보였고

江之闊矣 皎皎明月

　강은 도도히 흐르고 환한 달빛은 맑고 밝았다.

空耶色耶 上下洞澈

공이나 색이나 위아래가 막힘 없이 통하니

邈哉高風 終古不滅

아득히 높은 풍격 영원히 없어지지 않으리.

4) 「누이에게 답하는 글(答妹氏書)」

각련(覺璉), 『나옹화상어록(懶翁和尙語錄)』

어릴 때 집 나와 몇 년 지났는지 모르겠으나 가깝고 먼 것 생각하지 않고 도道만을 생각하며 오늘에 이르렀다. 어짐과 의로움이란 도(仁義道)에서 보면 친족과의 정과 사랑이 없는 것이 아니지만, 우리 불도에서는 이 생각만 해야지 소식을 전하는 것은 큰 잘못이다. 부탁하니 이런 뜻을 알고, <u>만나 보겠다는 마음을 완전히 끊어 버리고, 12시간 내내, 옷 입을 때, 밥 먹을 때, 말할 때, 무엇을 하든 어디서나 아미따불을 념念하여라. 가며 염하고 오며 염하여, 가면서 놓치지 않고 오면서도 놓치지 않고 염하지 않아도 저절로 염하게 되는 경지에 이르면, 나를 기다리는 마음에서 벗어 날 수 있고, 또한 육도 유회의 고통을 벗어 날 수 있느니 부탁하고 부탁하노라.</u> 게송으로 읊는다.

阿彌陀佛在何方(아미따불재하방)

着得心頭切莫忘(착득심두절막망)

念到念窮無念處(염도염궁무념처)

六門常放紫金光(육문상방자금광)

아미따불 어느 곳에 계시는가?

마음 깊이 새겨 절대 잊지 마오.

염이 염불조차 사라진 무념 이르면

6근 문에서 늘 자금색 빛나리.[45]

---

45) 각련(覺璉), 『나옹화상어록(懶翁和尙語錄)』(국립중앙도서관 디지털도서관 원본보
기), "自小出來 不記年月 不念親疎 以道爲念 已到今日 於仁義道中 不無親情 及與愛心
我佛道中 纔有此念 便乃大錯也 請知此意 千萬斷除親見之心 常常二六時中 着衣喫飯
語言相間 所作所爲 於一切處 至念阿彌陀佛 念來念去 持來持去 到於不念自念之地 卽
能免待我之心 亦免枉被六道輪廻之苦 至囑至囑 頌曰, 阿彌陀佛在何方 着得心頭切莫
忘 念到念窮無念處 六門常放紫金光"

於不念自念之地則能免待我之心亦免枉被六
道輪迴之苦至囑之 頌曰
阿彌陁佛在何方着得心頭切莫忘念到念窮無
念慶六門常放紫金光
代語
武帝問達磨云對朕者誰磨云不識帝無語保寧
代吐舌示之師云天地一統
太宗問僧甚處來僧云臥雲來帝云臥雲深處不
朝天因甚到此保寧代云遇明即現師云至化誰逃
安太師進三界晋帝問朕居何界寂無對保寧代

『나옹화상어록』

疑去靜中閙中不提自提或語或默不起自起或
寢或寤頭頭現前要忘不忘要起到此不覺到
翻身一擲只此便是轉女成男轉男成佛之處也
至囑至囑
答妹氏書
自小出來不記年月不念親踈以道為念已到今
日於仁義道中不無親情及與愛心我佛道中縱
有此念便乃大錯也請知此意千萬斷除親見之
心常常二六時中着衣與飯語言相問所作所為
於一切處至念阿彌陁佛念去持來持去到

「누이에게 답하는 글(答妹氏書)」

권 보정의 꼬리말

　유명한 목은 이색이 쓴 나옹화상의 비문에는 다른 비문과 달리 먼저 왕의 스승이 되는 과정, 회암사를 새로 세워 낙성하는 장면, 그리고 그 때문에 유생들에게 비판을 받아 (사실상) 귀양을 떠나다 입적하는 장면을 자세하게 그리고 있다. 그리고 유학자가 쓴 비문으로는 이례적으로 마지막 입적할 때 일어난 이적을 잘 묘사하고 있다.

① 먼저 스스로 세상을 버릴 날을 미리 알렸다. 유배지와 마찬가지인 경상도 형원사鎣原寺까지 가지 않고 여주에서 생을 마치겠다고 예고한다. 그리고 입적한 당일 "나는 곧 이 세상을 떠날 것이다"라 하고, 이날 진시辰時에 조용히 입적하였다"라고 하였다. 이는 죽음을 두려워하지 않았고, 죽음을 스스로 결정할 수 있는 경계였다는 것을 보여 준 것이다.

② 입적하였을 때 "군민들이 바라보니 산꼭대기에 오색구름이 덮여 있었다"라고 했고, 다비가 끝나고, 타나 남은 유골을 씻으려는 순간 "구름 한 점 없는 맑은 하늘에서 사방 수백보 안에서만 비가 내렸다"고 했으며, 사리에서 "3일간 신비한 빛을 비추었다"고 했다.

이러한 이적들은 선사들이 입적할 때에 일어난 정황이 아니고, 염불 행자들이 극락으로 갈 때 나타난 현상이다. 본문에서 본 『누이에게 답하는 글』에서 나옹 화상의 염불선(정토선) 사상을 볼 수 있다. 붇다를 마음 깊이 새겨(念佛) 잊지 않으면(憶念) 마음이 집중되는 일념一念 상태로 들어가고, 그 상태에서 염불을 끊이지 않게 이어가면 마침내 염불조차 사라지는 무념처無念處에 들어가면 생사를 벗어나 6근에서 자금색 빛이 난다고 했다. 이것은 선과 조금도 다름이 없는 것으로, 나옹 화상은 누이에게 바로 그 염불선을 권하였다.

이 글은 비문과 함께 『나옹 화상 어록』에 실린 글인데, 『나옹 화상 어록』은 공민왕 12년(1363)에 처음 간행한 것을 나옹화상의 제자들이 교정하여 우왕 5년(1379)에 다시 찍어낸 것이므로 아주 사료적 가치가 높다.

나옹 화상의 수행과 지도는 선과 염불을 겸했다는 사실을 알 수 있는 기록이 있다. 『나옹 화상 어록』과 함께 전해 내려오는 『나옹 화상 노래와 시(歌頌)』에 「이상에게 알리는 글(示李尙書)」에 이런 7자 시가 있다. ,

重修寺院 接方來(중수사원 접방래)
南北禪和 去再廻(남북선화 거재회)
又向西心 勤念佛(우향서심 근염불)
蓮花上品 自然開(연화상품 자연개)

절을 새로 고쳐 찾아오는 이 맞이하니
떠났던 남북 선객 다시 돌아오고,
또 서녘 가는 마음 내 부지런히 염불하니
연꽃이 상품에서 저절로 피어나네.[46]

---

46) 慧勤 著, 『懶翁和尙歌頌』(국립중앙도서관, 경성제국대학 영인본, 1930)

이 글에서 수행할 절을 제대로 마련하니, 많은 납자가 몰려와 참선하고 염불하여 극락 상품에 간다는 것을 시로 쓴 것이다. 참선하거나 염불하거나 부지런히 하면 극락 9가지 연꽃자리 가운데 상품에서 연꽃으로 피어난다는 것이 발 염불선 사상의 고갱이다.

이와 같은 나옹 화상의 수행문과 입적할 때의 이적을 종합해 보면 나옹 화상은 극락 상품상생증과를 얻었다고 결론 내릴 수 있다.

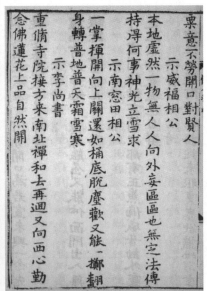

『나옹화상 노래와 시』　　　『示李尙書』(국립중앙도서관 원문보기)

끝으로 나옹 화상이 남겼다고 전해지고 있는 「서왕가西往歌」
와 「승원가僧元歌」에 대해 간단히 보려고 한다.

서왕가는 1704년 명연明衍이 엮은 『염불보권문』에 「나옹화상
셔왕가라」라는 제목으로 실려 있는데, 훈민정음 고어로 쓰여
있다. 그러나 해인사 유기有璣(1707~1785)가 1776년에 엮은 『새
로 엮은 보권문新編普勸文』 부록에는 「강월존자 서왕가江月尊者西
往歌」라는 제목으로 실려 있다. 모두 96구로 내용도 같아 저자에
대한 논의가 있다. 나옹 화상의 저작이 맞다는 주장과 나옹의
이름을 빌려 쓴 것이라는 주장이 있다.

「나옹화상 승원가僧元歌」는 필사본으로 전해 내려왔는데 표
기는 이두문자로 해 놓았다. 이 「승원가」는 비교적 늦게 알려지
긴 하였지만, 우리나라 가사문학의 효시로 보는 견해도 있다.
내용이 「서왕가」와 마찬가지로 '무상한 세상에 매달리지 말고
염불하여 극락 가자' 는 노래이다.

위의 두 가사에 관한 연구는 이미 학계에서 꽤 깊이 연구되어
있으니 참고 바란다.[47] 고리 때 제자들이 화상의 저작을 철저하
게 모아 두 책을 냈는데 그 책 안에 없다는 점에서 후대에서 나
옹 화상의 이름을 빌려 펴냈다고 볼 수도 있는데, 그 경우도 우

리나라 정토법문에서 나옹이 얼마나 중요한 위치를 차지하고 있는지를 보여 주는 좋는 보기라고 할 수 있다.

고리 불교는 보조국사 지눌知訥(1158~1210)의 정혜결사와 원묘국사 요세了世(1163~1245)의 백련결사白蓮結社에서 그 극치에 이르고, 고리가 원에게 항복하여 그 영향권에 들어가자 서서히 그 생명력을 잃어 가고 있었다. 이 무너져 가는 불법을 일으키려고 마지막까지 노력한 사람이 바로 나옹 혜근懶翁 慧勤 (1320~1376)이었다. 세 분의 국사와 왕사들이 모두 정토 수행을 통해 극락에 가서 났다는 것은 고리 시대 정토 법문이 크게 홍했다는 것을 보여준다.

---

47) 金周坤,「懶翁歌辭에 나타난 淨土思想 硏究」,『경산대학교논문집』제8집, 1990; 이철헌,「나옹 혜근의 미타정토관」,『한국불교학』, 1993.05. ; 김창숙,「나옹혜근의 정토관」,『동원논집』, 1997.08. ; 이병철,「나옹작〈서왕가〉일고」,『한국 사상과 문화』, 2008.06. ; 한태식,「나옹왕사의 정토사상이 한국불교 신앙에 미친 영향」,『대각사상』, 2008.12.

19. 1381년, 자녀 다 출가시키고 염불하여 극락 간
강양군 부인

우왕 7(1381)

자료 : 『쌍매당협장집(雙梅堂先生篋藏集)』, 권25,

비명류(碑銘類) - 한국고전번역원 한국고전종합DB

강양군 부인 이씨 무덤돌 글(江陽郡夫人李氏墓誌銘)

허계도許繼道 군은 나의 소중한 친구다. 어머니가 돌아가시자 무덤 곁에 머무르며 시묘하고 있는데, 돌을 옮기고 흙짐을 지면서도 오직 괴로움을 달게 여기고 있다. 하루는 내가 가서 위문하자 허 군이 나에게 말하였다.

"자네는 나와 친하게 지낸 지 오래되었다. 소유少由형의 아들 창昶이 자네에게 처남과 매부 사이가 되고, 자네의 사촌 동생 거秬 또한 형의 조카가 되며, 또 우리 누이의 남편인 강綱과 호皓 또한 모두 자식을 보았네. 우리 가문을 자네가 모른다고 할 수는 없을 터이지. 자네가 비록 때를 만나지 못하였다고는 하나 일찍이 글을 지어 벼슬에 나아갔고, 낭서郎署의 관리를 지냈으니 글솜씨 또한 없다고 하지는 못할 것일세. 우리 어머니의 평소 언행 가운데 후대에 보여 주어도 욕되지 않을 것이 한두 개 있으니, 자네가 나를 위하여 글을 지어 주게."

내가 즉시 애써 사양하며 말하였다.

"비록 평소 일을 안다고 하더라도 모두 다 말하기는 힘들고, 때를 잘못 만났으니 말을 한다고 하여도 세상이 믿어 주기 더욱 어렵네. 하물며 뒷사람들 깨우치기를 바라는 것은 더욱 그러하네."

집으로 돌아온 지 며칠 뒤 허 군이 부인의 언행에 관한 대체 줄거리를 적어 왔는데 그 뜻이 더욱 굳으니, 그러한 뒤에야 감히 사양하지 못하였다.

부인의 성은 이씨이고 합주陜州 선비 집안이다. 증조할아버지 남충南沖과 할아버지 경방景芳은 모두 벼슬하지 않았으나, 아버지 식植은 관직이 승봉랑 통례문지후承奉郞 通禮門祗侯에 이르렀다. 지후공祗侯公이 중현대부 내영윤中顯大夫 內盈尹인 정서鄭犀 씨 딸과 결혼하여 경릉 을사년(충렬 31, 1305)에 부인을 낳았다. (부인은) 의릉懿陵 기미년(충숙 6, 1319)에 봉익대부 전리판서 진현관제학 상호군奉翊大夫 典理判書 進賢館提學 上護軍으로 돌아가신 우헌迂軒 허옹許邕의 짝이 되었다. 우헌 공은 뜻이 크고 기개가 있었으며, 기꺼이 과감하게 말하고는 하였다. 부인은 능히 그 곁에서 유순하면서도 아름답고 정숙하였으며, 타당하지 않은 일이 있으면 모두 다 경계하여 바로잡았다. 그러므로 공이 여러 차례 대간臺諫을 지내면서 말을 하지 않음이 없는 가운데 위태롭기도 하였으나 지지 않고, 도리어 받아들이도록 하여 그 끝을 아름답게 맺은 것은 바로 부인이 안에서 도운 덕분이었다.

영릉(충혜왕) 아무 해에 공이 기거랑起居郎이 되어 간절하게 임금의 잘못을 보필하였다. 그러나 세력을 믿고 일을 꾸미는 자들이 글을 써서 올리자, 많은 사람이 입을 모아 비난하니, 거의 스스로 보전하지 못하게 되었다. 부인이 공에게 일러 말하기를 "공이 강직하므로, 이 직책을 떠나지 않는다면 비방이 어찌 그치겠습니까?"라고 하며, 스스로 물러나기를 권하였다. 이윽고 비방이 가라앉게 되고 얼마 뒤 파직되자 드디어 가족을 이끌고 단계현丹溪縣으로 내려왔다.

명릉 을유년(충목왕 1, 1345)에 공이 감찰집의監察執義에 임명되어 부름을 받고 서울로 가게 되었다. 가족을 데리고 가려 하자 부인이 사양하며 말하였다. "공이 이제 사헌司憲직에 있게 되었으니 반드시 사람들과 거스르게 될 것입니다. 그렇다면 당연히 옮기거나 내쫓기는 일이 따를 터인데, 집안이 다만 편안할 수가 있겠습니까!"라고 하며 함께 가기를 달가워하지 않았다. 공 또한 강요하지 않았는데 그 뒤 과연 언사에 연루되어 행성行省에 잡혀가니 부인의 말처럼 되었다. 얼마 뒤 관직을 면하고 와서 함께 해로하였다.

현릉 정유년(공민왕 6, 1357) 5월에 공이 병들어 위독하게 되자 부인과 자녀들이 곁에 있으면서 소리를 내어 슬피 울었다. 공이 부인을 가리키며 여러 자녀에게 일러 말하기를 "이제 어머니가 족히 너희들을 돌보아 줄 것이니, 뒷일에 대해 나는 걱정이 없다"라고 말을 마치자 돌아가셨다.

부인이 홀로된 지 20년 남짓 어머니의 도리를 지키며 자녀들을 기르면서 모두 다 결혼시켰으나 재산은 줄어들지 않았다. 의에 이르러 마음을 서녘(극락)에 두고 입으로는 그 세계를 다스리는 분(아미따불)의 이름을 외며, 이에 부처님께 향을 사르고 승려들을 공양하는 것을 일로 삼았다. 무릇 절 세 곳을 지었는데, 몽선사夢禪詩는 공이 살아 있을 때 함께 원을 세워 다시 새롭게 지은 것이고, 가은난야加恩蘭若와 운룡사雲龍寺는 돌아가신 아버지와 어머니의 무덤 가까운 곳에 명복을 빌기 위해 세운 것이다. 그러나 운룡사에 재물을 이바지하는 것을 더욱 정성스럽게 하였다.

76세인 홍무 13년(우왕 6, 1380) 5월 25일 돌아가시자, 작고한 지 몇 개월 지난 이듬해 아무 월 아무 일을 가려 단계현의 아무 언덕에 장례 지냈는데, 임금(우왕)이 즉위한 지 8년이 되는 해이다.

부인은 아들 6명과 딸 2명을 낳았다. 장남 소유小由는 봉상대부 감찰장령 직보문각奉常大夫 監察掌令 直寶文閣이었는데 먼저 죽고, 7남 4녀를 두었다. 차남 광보光甫는 벼슬하지 않고 먼저 사망하였으나, 2남 3녀를 두었다. 3남 종도宗道는 봉순대부 판사재시사奉順大夫 判司宰寺事로 부인이 작고한 이듬해 아무 월에 작고하였다. 4남 승유承孺는 전 좌우위보승낭장前 左右衛保勝郎將으로, 5남 2녀를 두었다. 5남은 출가하여 범액사梵額寺의 주지로 있던 대선사大禪師 각경恪經인데, 이미 작고하였다. 6남 계도繼道는 전 통직랑 계림부판관前通直郎鷄林府判官으로, 딸이 한 명 있다. 맏딸은 전 봉선대부 전의부정前 奉善大夫 典醫副正 장강張綱에게 시집갔는데, 딸이 한 명 있다. 둘째 딸은 □(前?) 봉상대부 삼사부사奉常大夫 三司副使 이호李皓에게 시집갔는데, 지금 아들과 딸이 각 한 명 있으나 (그들의) 자녀는 없다. 외·손 남녀가 모두 25명인데, 소유의 아들인 전 별장前 別將 창도昶道□손孫이 □. 소유의 외손인 영동정令同正 정선재鄭善財가 또한 증손의 맏이이다. 나머지 손자 6명을 낳았으나, 모두 어리다.

   명銘하여 이른다.

   여자이면서도 선비의 행실을 갖추었으니
   말은 간단하면서도 뜻은 크도다.

군자가 이에 힘을 입고 자손은 창성하였으며

덕을 이룬 뒤에 복이 따르도다.

자연의 이치는 하늘에 달려 있으니

아, 부인이시어, 이제는 돌아가셨네.

권 보정의 꼬리말

자식들을 모두 출가시킨 뒤 마음을 극락(西方)에 두고 입으로는 아미따불 이름을 외며, 이에 부처님께 향을 사르고 승려들을 공양하는 것을 일로 삼았으며 절을 세 곳이나 지었다. 이는 앞에서 본 극락 가는 조건 가운데, 가운데 동아리(中輩)를 갈 수 있는 조건을 다 채운 것이다. 다만 아들이 이 글을 쓴 친구에게 마지막 가는 모습을 써 주지 않아서 그렇지 마지막까지 염불하여 극락 갔다고 본다. "보살은 씨앗(因)을 중요하게 여기지 열매(果)에 마음을 두지 않는다"라고 한다. 인과를 믿는 보살에게 그 결과는 당연한 것이기 때문이다.

셋째 마당

조선 시대 극락 간 사람들

조선 시대 극락 간 사람들 머리말

조선시대 '극락에 간 사람들'을 가리면서 가장 먼저 검색해 본 것이 〈조선왕조실록〉이다. 그러나 생각했던 대로 조선시대를 기록한 방대한 기록으로 세계문화유산이 된 실록에서 극락 간 이야기를 찾는 것은 어려웠다. '극락' '왕생' '아미따불' 같은 용어를 검색해 보았지만, 극락 간 이야기를 명확하게 밝힌 기록은 없었다. 오히려 화장을 반대한 상소문에 화장하는 불교도들이 "반드시 이와 같이 한 뒤에야 극락에 가서 다시 태어날 수 있고 서녘 정토(西方淨土)에 갈 수 있다"라고 한다며 죄 줄 것을 건의하고 있다(세종 2년, 1420년 11월 7일). 배불정책이 바탕이 된 조선시대 정사에서 '극락 간 이야기'를 찾는 것은 애초에 불가능한 일이라고 생각했다. 그러한 실록의 논조 속에서 '극락에 간 이야기'와 관련된 2가지를 소개하였다.

그리고 가장 먼저 한정섭·오청환,『한국고승전』- 조선편 (하) - (불교정신문화원, 2014)에서 꽤 많은 성현들을 찾아낼 수 있었다. 그리고 그 책은 대부분 이능화의『조선불교통사』를 바탕으로 하였다. 그래서 CBETA에 실린『조선불교통사』를 검색하여 원문을 다운받아 하나씩 대조하면서 다시 꼼꼼히 옮겼다.

이지관, 『교감역주 역대고승비분 - 조선편 1』(가산불교문화연구원, 1999 초판, 2003 2판 1쇄)에서 찾아 5~6편을 추가했다. 그리고 나모아미따불 소릿값 연구를 위해 모았던 『염불보권문』에서도 3편의 극락 간 이야기를 찾을 수 있었다.

그 밖에 서산대사를 비롯하여 용성 스님까지 이미 염불과 정토에 대한 저서가 있어 유명한 대사들을 하나씩 검토하고 특히 서산대사와 용성 대종사는 거의 논문 수준의 검토를 거쳐 긴 꼬리말을 달았다.

고성 옥천사 청련암 서봉 스님 기록은 인터넷에 마치 설화처럼 떠 있는 것을 현장 확인을 통해서 자세하게 밝힌 것은 마지막에 이룬 성과였다. 그밖에 창신동 안양암, 진주 연화사 같은 곳도 이미 2008년부터 현장 답사하고 자료수집과 사진을 확보하고 있어 이번에 구체적으로 실을 수 있었다. 조선시대는 지관, 『한국고승비문총집』(가산불교문화연구원출판부, 2000) 조선조 · 근현대편을 늦게 구입해 대조했으나 비문 332편이나 되어 빠진 것이 있을 수 있다. 현대편을 쓸 때 좀 더 자세하게 보려 한다.

1. 〈조선왕조실록 1〉 태상왕 이성계
"우리는 이미 서녘 정토를 향하고 있다"

『태종실록』3권, 태종 2년(1402) 1월 28일

임금이 태상왕(태조)을 소요산에 가서 뵈었다. 임금이 조용히 잔에 술을 부어 올렸다. 태상왕과 임금은 술이 거나하자 시를 읊고 화답하였다. 술자리에 함께한 종친과 성석린成石璘 등이 태상왕이 대궐로 돌아가실 것을 힘껏 청하였다.

또 사뢰기를,

"염불하고 불경을 읽음에 어찌 꼭 소요산이라야만 되겠습니까?"

하니, 태상왕이 말하기를,

"그대들의 뜻은 내가 이미 알고 있다. 내가 붇다를 좋아하는 것은 다른 것이 아니라 다만 두 아들과 한 사람의 사위를 위함이다."

하고, 공중에다 큰 소리로 말하기를,

"우리들도 이미 서녘 정토(西方淨土)로 향하고 있다."

고 하였다. 태상왕은 무인년에 병이 든 뒤로부터 마음이 항상 답답하여 즐겁지 아니하기 때문에, 놀기 위한 행사가 점점 잦아졌다.

경기전 태조 어진   구리시 건원릉 신도비
(국가문화유산 포탈)

卍 보정의 꼬리말

유명한 함흥차사 이야기는 실제 많이 부풀려진 것이라고 한
다. 『태종실록』은 태조 이성계가 성석린의 요청을 받아들여 태
종 원년인 1401년 4월에 한양으로 환궁했다고 기록해 놓았다.
그러나 이해 11월에 다시 한양을 떠나 경기도 동두천 소요산逍
遙山 절로 갔다. 이듬해 정월에 태종이 직접 성석린과 소요산을
찾아 환궁을 권유하는 장면이 바로 앞에서 본 내용이다.

태조 이성계가 염불하는 것은 "두 아들과 한 사람의 사위를
위함이다"라고 했는데, 두 아들은 태종 이방원에게 죽은 이방

번과 이방석, 한 사람의 사위는 역시 이방원에게 죽은 경순공주의 부마 이제李濟를 가리킨다. 그리고 이어서 큰소리로 "우리들도 이미 서녘 정토(西方淨土)로 향하고 있다"라고 한 것은 아미따 붇다를 향한 염불을 그만큼 극진하게 하고 있었다는 것을 뜻한다. 스스로 쿠데타를 일으켜 많은 사람을 죽이고 새로운 나라를 세우고, 왕자의 난으로 아들과 사위가 죽은 현실을 비관하고 시작한 염불은 독실했을 것이다. 고리 시대 태어나 불교가 생활화된 태조 이성계는 왕이 되기 전 기도한 전설에서 꿈을 풀어준 무학대사와 이야기들은 불교와 뗄 수 없는 인연이 있다. 그러므로 말년 세상을 비관할 때는 자연히 불교에 의지했을 것이고, 앞에서 본 바와 같이 염불에 전념했던 것이다. 그렇다면 아미따불의 48원으로 이루어진 극락은 그런 태상왕 이성계도 받아 주지 않았을까?

2. 〈조선왕조실록 2〉 앉아서 생을 마친
    염불행자 조운흘

『태종실록』8권, 태종 4년 12월 5일

검교 정당 문학檢校政堂文學 조운흘趙云仡이 돌아가셨다. 조운
흘은 호가 석간石磵이었는데, 뜻을 세우는 것이 기이하게 뛰어
나 예스럽고, 호탕함이 남보다 뛰어나고, 경전 뜻을 곧이곧대로
행하여 시속 따르기를 즐겨 하지 않으니, 살아가는 행동이 지극
히 달랐다. 신축년(1361) 고려 공민왕이 쳐들어온 외적을 피해
남쪽으로 순행할 때 조정 신하들이 많이 달아나 숨어 구차하게
삶을 구하였으나, 조운흘은 형부원외랑刑部員外郞으로 임금이
탄 수레를 모시고 따라갔다. 난리가 진정된 뒤 녹과 공이 3등으
로 올랐다. 세상 잇속에 아무 욕심이 없고 초연하고 세상 밖의
일에만 생각이 있었다.

홍무 갑인년(1374) 봄에 전법 총랑典法摠郞 관직을 버리고 물
러가 상주 노음산露陰山 아래 살면서 일부러 미치고 스스로 어
두운 척하였고, 드나들 때는 반드시 소를 타고 다니며 기우찬騎
牛讚 · 석간가石磵歌를 지어 그 뜻을 보였다. 정사년(1377)에 좌
사의대부左司議大夫 자리에 올랐고, 다시 판전교시사判典校寺事로

옮겼지만, 그가 좋아한 바는 아니었다.

신유년(1381)에 물러가 광주廣州 옛 원강촌垣江村에 살면서 자은승慈恩僧 종림宗林과 더불어 세속을 떠나 사귀고, 판교원板橋院[48]과 사평원沙平院이란 두 절을 다시 세워 스스로 원주라고 일컬었는데, 해진 옷 입고 짚신 신고 일꾼들과 더불어 그 힘든 일을 같이하니, 지나가는 사람들은 그가 고관인지 몰랐다.

무진년(1388)에 불리어 밀직제학密直提學이 되었다. 그때 조정에서 의논하여, 각도 안렴사가 봉급이 낮아 직무를 할 수 없다고 하여, 동반의 의정부와 서반의 중추부에서 위엄과 덕망이 있는 자를 골라 도관찰출척사都觀察黜陟使로 삼아 임금 명령서와 도끼(斧鉞)를 주어 보냈는데, 조운흘은 서해도 도관찰출척사가 되어 기강을 바로 세우고, 호강한 이를 억누르고 약한 이를 도왔으며, 법을 어기는 자는 털끝만치도 용서하지 아니하니, 부내部內가 다스려졌다. 돌아와서 첨서밀직사사簽書密直司事가 되었다.

임신년(1392) 가을 (조선) 태상왕太上王이 자리에 올라 강릉

---

48) 현재 판교에 있던 절로 빈민구제기구 역할을 함께 하였다.

대도호부사江陵大都護府使 벼슬을 내렸는데, 은혜와 사랑이 있어 부府 사람들이 산 사람을 위한 사당을 세웠다. 계유년(1393) 가을에 아파서 그만두자 검교정당문학檢校政堂文學 벼슬을 내렸다.

조운흘은 물러가 광주廣州 별장(別墅)에 살았는데, 당시 검교 녹봉을 받게 되었으나, 조운흘은 사양하고 받지 아니하였다. 정승 조준趙浚이 조운흘과 더불어 사귀었는데, 손님을 보내면서 한강을 건넜다가 같은 급 재상과 더불어 기악을 거느리고 술과 먹을거리를 싸가지고 가서 찾으니, 조운흘은 검은 중 옷에 삿갓 쓰고 지팡이 짚고 문까지 나와 길게 읍하고 맞이하여 초가 정자에 이르러 앉았다. 조준이 풍악을 잡히고 술자리를 마련하니, <u>조운흘은 짐짓 귀가 먹어 듣지 못하는 척하고, 눈을 감고 바로 앉아 큰소리로 '나모아미따불'을 두 번 부르는데 마치 옆에 아무도 사람이 없는 것처럼 하니, 조준이 사과하여 말하였다.</u>

"선생이 이를 싫어하는군요."

하고, 명하여 풍악을 중지시키고, 차를 마시고 돌아갔다. 그가 세속을 놀리고 스스로 고고하기가 이와 같았다. 병이 들자, 스스로 묘지墓誌를 짓고, 아무 거리낌 없이 앉은 채로 죽었다.[49]

---

49) 『태종실록』 8권, 4년(1404 갑신, 명 영락(永樂) 2년) 12월 5일(임신) 1번째 기사.

권 보정의 꼬리말

조운흘은 고리(高麗) 충숙왕 복위 1년(1332년) 태어나서 조선 태종 4년(1404)에 세상을 떴다. 조운흘은 고려 말과 조선 초 전환기에 현실참여와 은둔 사이에서 고민하는 지식인이었다. 그러한 고민을 해결해 주는 것이 불교였으며, 유교 사회가 된 뒤 자신의 뜻을 나타낸 것이 바로 '나모아미따불' 6자 염불이었다.

왕조실록에 상서로운 이야기는 기록할 수 없었겠지만 ①스스로 무덤 글을 썼다는 것은 갈 날을 알았다는 것이고, ②아무 거리낌 없이 앉은 채 죽었다는 것은 두려움이 없이 떠났다는 것으로 '아무 거리낌 없이 염불하며 앉은 채로 죽었다' 라고 해석할 수 있을 것이다.

그나마 조선왕조실록에서 초기에는 이런 이야기가 나오지만, 그 뒤로는 찾아볼 수가 없다.

조운흘이 남긴 저서로『석간집石磵集』이 있었다고 하나 지금은 남아 있지 않고, 시를 엮은『삼한시귀감三韓詩龜鑑』이 전한다.

『삼한 시 귀감』(한국학중앙연구원)　　　　　　『고리사』, 「조운흘」

3. 1433년, 함허 득통 선사의 마지막 말
"서녘 극락이로다"

세종 15년(1433)

李能和, 『조선불교통사』 「문인야부록(門人埜夫錄)」, 新久館, 1918. 권1.
『涵虛堂得通和尙語錄』, 「涵虛堂得通和尙行狀」 (한불전7, 251c)

「함허당 득통화상 행장(涵虛堂得通和尙行狀)」

스님의 휘호는 기화이며 법호는 득통이다. 옛 이름은 수이守伊며, 호는 무준無準, 거처하는 방을 함허당涵虛堂이라 하였다. 속성은 유씨劉氏며 중원 사람이다.

돌아가신 아버지의 휘는 청聽이고 관직이 판전객시사判典客寺事에 이르렀으며, 어머니는 방씨方氏이다. 방씨가 자식이 없으므로 자비 대성에게 아기 갖기를 축원하니 어느 날 밤 홀연히 대성이 나타나서 손으로 어린아이를 이끌어 그 배 속에 넣는 꿈을 꾸니 이로써 임신하였다. 홍무 9년 병진년(1376) 11월 17일에 태어났다.

어린아이들과 놀 때도 하는 행동이 보통 아이들과 달랐다. 일찍이 성균관에 들어가 하루에 천 마디 넘게 기억하며, 점점 자라서는 한결같이 꿰뚫는 도를 환히 통했다. 경전을 밝히고 학문을 닦을 때는 아름다운 명성을 드날렸고, 글을 지을 때는 그 이치가 그윽하고 미묘하였다. 갖가지를 말할 때는 그 말소리가 아름답고 고왔으니 이는 마치 비단 위에 꽃을 더한 것 같아서 어디에도 비할 수 없었다.

그러므로 사람들은 "장차 북면北面하여 임금을 섬기는 신하로서 왕명을 천하에 알리고 임금에게 충성하고 백성을 윤택하게 하며, 인륜을 세워 반드시 (주 성왕을 도운) 주공과 소공(周召)에 부끄럽지 않게 할 것이다"라고 하였다.

나이 21세가 되어서 성균관에서 같이 공부하는 친구의 죽음을 보고서 세상의 무상함을 느끼고, 몸은 헛되고 꼭두각시임을 깨달아 두 가지 생사(분단·변역)를 벗어나기로 다짐하고, 일승 열반에 뜻을 두었다. 도를 널리 펴 4가지 은혜를 갚고 덕을 키워 (욕계·색계·무색계) 삼계(三有)를 돕기 위해 출가하려 하였다.

그러나 뜻을 굳게 하지 못하고 마음이 급하여 이리저리 허둥거리면서 언제나 산수 사이에 마음을 보내지 않은 때가 없었다. 이처럼 절로 쓴 거짓 경전(草經)을 손에 들고 갈림길에서 망설이고 있을 때, 혼자서 바삐 가는 어떤 스님을 만나 친척의 정을 끊고 천천히 행장을 꾸려서 그 스님을 따라 관악산 의상암에 다다랐다.

이듬해 정축년(1397) 이른 봄에 회암사로 가서 처음으로 왕사 무학無學 묘엄 존자를 참례하고 친히 불법의 고갱이를 들었다. 그 뒤 물러나와 두루 여러 산을 돌아다니며 쉬지 않고 부지런히 닦았다.

또 갑신년(1404) 봄, 다시 회암사에 돌아와 홀로 독방에 머물며 보고 듣는 것을 모두 끊고 움직이거나 가만히 있거나 밥을 먹거나 쉬는데 조금도 흐트러지지 않았다. 이내 졸음 마(睡魔)를 항복 받고 긴 밤 동안 불도를 닦다가 문득 자기도 모르게 감탄하여 말하였다.

"가고 가다가 홀연히 머리를 돌려 보니 산 뼈가 구름 속에 섰다."

또 어느 날 해우소에 갔다가 돌아 나와 세면 통에 물을 부으면서 말하였다. "오직 이 일만이 진실이요, 다른 것은 진실이 아니다." 이 말이 어찌 헛된 말이겠는가.

병술년(1406) 여름, 공덕산 대승사에 돌아와서 그해부터 기축년(1409)에 이르기까지 4년 동안 세 번 반야 강의를 베풀었다. 경인년(태종 10년, 1410) 여름, 천마산 관음굴에 이르러서 크게 깨달음의 현풍을 드날리며 널리 인연이 있는 모든 것을 교화하였다. 신묘년(1411) 8월, 불희사에 도착하여 3년 결제하며 거듭 절을 새롭게 하고 단월을 모아 선대의 풍도를 널리 폈다.

갑오년(1414) 봄 3월, 자모산 연봉사에 다다라 작은 방을 '함허당函虛堂'이라 하고 부지런히 3년을 참구하면서 조금도 쉼이 없었다. 또 정유년(1417)에서 무술년(1418)에 이르기까지 한 겨울 두 여름 동안 이 절에서 (금강경) 5가의 강의를 세 번이나 베풀었다.

이후로 경계에 얽매이지 않고 언제나 수행하되 마음 가는 대로 스스로 운행하며, 산천에서 두루 자유롭게 거닐고 널리 인간 세에서도 거침이 없었다. 돌아다니기도 하고 머물기도 하면서 한곳에 머물지 않으니, 사람들이 청하기도 하고 만류하기도 하면서 모두 '우리 선지식'이라 하였다. 그리하여 바다의 조수처럼 고루 다녔으므로 사람들의 마음에 그 명망이 아주 높았다. 그러므로 사람들의 청을 받아 경자년(1420) 늦가을에 강릉 오대산에 들어가 정성스럽게 향과 음식을 갖추고 오대산의 모든 성중에게 공양하고 영감암靈鑑菴에 나아가 나옹의 진영에 공양을 올리고 이 절에 묵었다.

한밤중에 한 신승이 나타나 조용히 일러 말하기를, "그대의 이름을 기화己和라 하고 그 호를 득통得通이라 하라" 하니 스님이 절을 하고 이를 받았다. 홀연히 꿈에서 깨어나니 몸과 기분이 상쾌하고 둥실 떠 있는 듯 청정하였다.

다음 날 월정사에 내려가 주장자를 내려놓고 신발을 벗고 편안히 한 방에 머물며 생을 마치도록 길이 쓸데없는 것 가려 버리고, 주리면 밥 먹고 목마르면 물 마시며, 세월 보내려 하였다. 이때 주머니 속 송곳처럼 이미 드러나 아무리 싸도 감추기 어려웠으니, 그 도와 덕은 훤히 드러나 멀고 가까운 곳에 두루 퍼졌다.

우리 임금(세종)께서 늘 삼보에 귀의할 마음을 내고 복전에 뜻을 두었는데, 스님의 도풍을 듣고 그 이름을 아름답게 여겼다. 신축년(1421) 가을 초에 대자 어찰大慈御刹에 머물기를 명하여 돌아가신 대비 전하를 천도하기 위하여 영산재를 크게 베푸니 종실의 모든 왕과 부마, 모든 군들이 분향하라는 명을 받들어 몸가짐을 갖추고 친히 와서 스님에게 법을 설해 줄 것을 청하였다. 스님이 굳이 사양하였으나 이기지 못하고 높은 법좌에 올라 비로소 법요를 베푸니 그 음성이 청량하고 이치가 현묘하여 저절로 음률을 이루고 바람이 불어 파도가 이는 듯하였으니, 멀고 가까운 데서 보고 듣고 다 기뻐 감복하지 않음이 없었다. 이로써 양종 5교의 여러 산중 납자들이 많이 몰려들어 법을 물으니 다 어찌할 바를 몰랐다.

이로부터 4년을 지낸 뒤 갑진년(1424) 가을에 임금님께 글을 올려 물러날 것을 말하고 길상·공덕·운악 같은 여러 산을 다니며 인연 따라 날을 보냈다. 하루는 홀연히 (계정혜) 삼학을 넓히고 일승을 크게 퍼지게 하며, 널리 붇다를 따르는 일곱 가지 제자(비구, 비구니, 식차마나, 사미, 사미니, 우바새, 우바이)가 다 함께 여래의 바른 깨달음에 이르게 하고 참된 선풍을 되찾아 말세 운을 붙들어 세울 것을 생각하였다. 그리하여 신해년(1431) 가을 영남 희양산 봉암사에 들어가 거듭 무너진 절을 다시 지었다. 스님이 다시 미묘하고 원숙한 지혜로 세상의 모습을 관찰하니 때는 바야흐로 말엽이라, 성인이 가신 지 더욱 멀고 근기와 교법이 느슨해져 법을 넓힐 수가 없었다. 그리하여 도리어 이전에 기약한 것을 다시 거두었으므로 평소에 생각한 세 가지 일을 이루지 못하셨다.

선덕 8년 계축년(1433) 3월 25일, 가벼운 병을 보이다가 몸과 마음이 편치 않으셨는데, 4월 1일 오후 3시 조금 넘어 의젓하게 고요히 앉아 말했다.

"담연공적淡然空寂하여 본래 한 물건도 없으면서 신령한 빛이 밝고 밝아 훤히 시방을 비추도다. 다시 몸도 마음도 없으면서 저 생사를 받아 오고감에 걸림이 없도다."

조금 있다가 다시 말하였다.

"시방이 푸른 하늘인데, 없는 속에 길이 있으니 바로 서녘 극락이다(十方碧落 無中有路 西方極樂)."

이것이 곧 마지막 영결이었다. 말소리가 끊어지자마자 고요히 떠나갔다.

절에 모셔둔 채 5일이 지났는데도 안색이 평상시와 같아 조금도 다름이 없었다. 다비를 마치고 치아와 뼈를 수습하여 향수로 씻었더니 뼈에 붙은 사리가 환하게 빛났다. 이때 이상한 향기가 골짜기에 가득하여, 행인들은 그 향내를 맡고 모두 두 손을 맞잡고 머리를 숙여 절하며 공경히 믿지 않는 이가 없었다.

효령대군께서 친히 왕께 아뢰어, 여러 제자에게 명하여 부도를 네 군데(연봉사·현등사·정수사·봉암사)에 세우라고 하였다. 며칠이 지나지 않아 7중들이 모두 와서 석실을 만들어 사리를 봉안한 뒤 성대한 회를 열고 예를 베풀었다. 이때 사람들이 모두 귀의하여 도를 받고 계율을 받드는 이가 구름같이 모여들어 전일보다 더하였으며, 손가락을 꼽아 천만(俱胝, koṭi)에 이를 만큼 수없이 많았으니, 이른바 수량으로써 존재를 나타내고 생멸을 보여 교화한다는 것이다. 스님의 나이는 58세이고 법랍은 38세이었다.

선사께서 평생 저술한 경론과 주소註疏·시詩·부부賦·장章이 진실로 적지 않았다. 그러나 곳곳에 흩어져 다 구할 수가 없어서, 다만 손으로 쓴 『원각경소圓覺經疏』 3권, 『반야오가해설의般若五家解說誼』 2권, 『현정론顯正論』 1권, 『반야참문般若懺文』 2질, 『윤관綸貫』 1권, 『대령소참하어對靈小參下語』 등을 바로잡아 고친 책

몇 권을 원찰에 모셔 두고 후세 사람에게 보였다.

그러나 선사의 덕행이 진실로 위대한지라 미약한 언사로 능히 다 말할 수 없으나, 내가 굳이 기록하는 것은 후세에 모범을 보여 숭앙하고 효도하게 하고자 함이니, 이는 효자 · 효손의 지극한 정성이다. 하물며 병필(秉筆)이라는 직에 있으면서 어찌 감히 사양만 하겠는가. 어쩔 수 없어 거친 글로 처음부터 끝까지 기록하니 영원히 없어지지 않고 전해지기만을 바랄 뿐이다.

행장을 기록하는 말은 다 하였으나 스님을 경모하는 뜻은 진실로 다 쓰기 어려우니 시 한 수를 끝에 붙여 슬픈 정을 표한다.

진리의 절 깊은 은혜는 하늘처럼 광대한데,
슬픕니다.
선사의 은혜 갚을 힘이 없습니다.
붓끝으로 덕을 기록하나 진실로 어린아이 놀음입니다.
만세에 사람들의 입에 이 비가 전해질 것입니다.

■ 함허 득통이 쓴 금강경오가해 서문 첫머리

有一物於此
여기 한 물건이 있어,

絶名相 貫古今

　이름도 모습도 없으나 고금을 꿰뚫고,

處一塵 圍六合

　티끌 속에 있으나 천지사방을 둘러싸고,

內含衆妙 外應群機

　안으로 온갖 묘함 머금고 밖으로 모든 근기 응하고,

主於三才 王於萬法

　하늘·땅·사람 주인이요 만법의 왕이 되니

蕩蕩乎其無比 巍巍乎其無倫

　거세기 비할 것 없고 드높기 짝이 없도다.

㉣ 보정의 꼬리말

　함허 득통은 임제선의 법맥을 계승하였고 행장에 나왔듯이 많은 저서를 남겼는데 특히 『금강경오가해』가 유명하다. 그런 함허 득통이 마지막 세상을 떠나면서 남긴 말이 "시방이 푸른 하늘인데, 없는 속에 길이 있으니 바로 서녘 극락이다(十方碧落 無中有路 西方極樂)"라고 정확하게 극락에 이른 것을 알렸다. 그리고 입적한 뒤로도 갖가지 상서로운 일이 일어나니 극락 가서 태어난 것이 분명하다. 일생 공空을 설하였으나 5가지 더러움으로 물든 세상에서 득도하지 못했을 때는 끝에 가서는 계속 수행하여 니르바나에 이를 수 있는 극락행 보험을 들었던 것이다. 많은 선사들이 선과 정토를 아울러 수행한 것은 고승전에 많이 나온다. 선사로 알려진 함허 득통은 앞에서 본 저술 외에 29편의 문장과 11편의 가송歌頌을 남겼는데 그 가운데 정토에 관한 것으로는 9편의 법어와 「미타를 기림(彌陀讚)」 10송, 「안양(극락)을 기림(安養讚)」 10송, 「아미따경을 기림(彌陀經讚)」 10송으로, 3편 30송의 극락 정토를 기리는 가송이 있다. [자세한 것은 한보광의 「涵虛得通禪師의 彌陀讚에 나타난 正報莊嚴 研究」(『불교학보』 48집, 2008), 「함허 득통의 '安養讚' 에 나타난 依報莊嚴 연구」(『정토학연구』 35집, 2021) 참고.

가평 현등사 함허 득통 탑과 석등(국가문화유산포털)

4. 1534년, 얼굴빛 생시 같고 상서로운 빛 하늘에 번진 야로대사(埜老大師)

중종 29년(1534)

休靜, 『碧松堂埜老行錄』, 雲興寺, 1690. (계명대학교 동산도서관 간직)

李能和, 『朝鮮佛教通史』, 新久館, 1918. 권1

활안 한정섭 · 해월 오청환, 『한국고승전』(下 조선편), 불교정신문화원, 2014.

대사의 법명은 지엄智嚴이고 호는 야로埜老이며, 사는 집을 벽송碧松이라고 하였다. 속성은 송씨고 아버지의 이름은 복생이니 부안 사람이다. 어머니 왕씨의 꿈에 어떤 스님이 예배하고 자고 갔는데, 이에 태기가 있어 천순 8년(1464) 갑신년 3월 15일에 낳았다. 사람의 됨됨이는 골상이 기이하고 빼어났으며, 무술이 사람들 가운데 뛰어났다. 어려서부터 글과 칼을 좋아하였고, 더욱이 병법에 관한 책에 능하였다.

홍치 4년(성종 22년, 1491) 신해년 5월에 여진족(野人)이 북녘을 쳐들어와 진鎭 장수를 죽였다. 성종대왕이 허종에게 명하여 군사 2만을 거느리고 무찌르도록 하였다. 대사도 칼을 집고 따라가 채찍을 들고 한 번 휘둘러 크게 전공을 세웠다. 싸움을 끝내고 한숨을 내쉬며 탄식해 말하기를,

"대장부가 이 세상에 태어나 마음자리를 지키지 않고 허덕이

고 달려 비록 한마(汗馬)의 공을 얻어도 헛된 이름만 쫓는 무리일 뿐이다."

하고는 바로 옷을 벗어 던지고 일어나 계룡산 와초암臥草菴으로 들어갔다.

조징祖澄 대사에게 절을 올리고 갓을 벗고 머리를 깎으니 나이 28세였다. 이로부터 뜻과 행을 높이고 가다듬어 선정을 즐겼으니, 수나라 낭장 지엄과 견줄 만하였다.

하루는 '멀리 사방으로 다니면서 스승을 찾아 가르침을 받으리라' 라고 생각하고, 먼저 연희 교사衍熙教師를 찾아 능엄경의 깊은 뜻을 묻고, 이어서 정심 선사正心禪師를 찾아 법을 전한(傳燈) 속뜻을 물었더니, 모두 현묘한 이치를 밝혀 주었으므로 깨달은 바가 많았다. 5년에 걸쳐 풍악산(금강산)이나 능가산 같은 여러 산을 돌아다니며, 한곳에 머무르지 않았다.

그 뒤 지리산에 들어가 성품과 도량이 더욱 넓어지고 풍채와 지혜가 더욱 밝아졌다. 몸에는 두 벌 옷이 없고 하루 두 번 먹지 않으면서, 문을 닫고 고요히 앉아 세상일은 닦지 않았다. 절(緇林)에서 몸가짐은 당대의 최고였고 후학들의 으뜸이었다. 세상일을 닦지 않았으므로 세상에 아첨하지 않았고, 세상에 아첨하지 않으므로 불법을 값싸게 팔지 않았으며, 불법을 팔지 않았으므로 실속 없이 참선을 배우는 사람을 언덕 바라보듯 하고 물러

나 있으니 거만하고 게으르다고 나무라는 사람이 많았다 (故泛
叅禪學者。望崖而退。多以倨慢譏之).

옛사람들이 "물고기가 아니면 어찌 물고기를 알겠느냐?"라
고 하였는데 바로 이를 두고 한 말이 아니겠는가. 만약 처음 배
우는 사람을 이끌고자 하면, "먼저 『선원집별행록禪源集別行錄』
으로 여실지견如實知見을 세우고, 이어서 『선요어록禪要語錄』으
로 알음알이(知解)란 병을 없앤 다음에 나갈 길을 가르쳐야 한
다"라고 하였으니, 찾아온 사람을 맞이하여 날카로운 문답(機
鋒)을 한다는 것은 대략 이와 같았다.

어느 때 문하생 영관 · 원오 · 일선 같은 60~70인의 무리와 더
불어 여러 대승경론을 강설하였는데, 넉넉한 음성이 맑고 깨끗
하여 큰 바닷물이 파도쳐 넘치는 듯하였다.

가정嘉靖 13년(중종 29, 1534) 갑오년 겨울 여러 제자를 수국
암壽國菴에 모이도록 명하여 법화경을 강의하였는데, 방편품에
이르러 갑자기 크게 한숨지으며 말하였다.

"중생들이 스스로 광명을 가리고 윤회를 달게 받은 지 오
래되었다. 저 세존을 수고롭게 하여 한 줄기 빛을 동쪽으
로 비추게 하고, 힘들어 입을 열어 내보이신 것은 다 중생

을 위해 방편을 베풀었을 뿐이요, 실제 법이 아니었다. 대개 모든 법의 적멸상寂滅相은 말로써 표현할 수 없는 것이다. 지금 그대들 모두가 부처님의 말 없는 말을 믿고, 바로 깨달아 들어간다면 그 자기 집 마음자리(心地)는 보배 창고를 열고 부처님의 은혜를 갚게 될 것이다. 오늘 이 늙은 중이 여러분을 위해 적멸상을 보이며 가고자 하니 여러분은 밖에서 찾지 말고 힘쓰고 진중히 하라."

마침내 시자를 불러 차를 달여오라 하시더니 마신 뒤 문을 닫고 단정히 앉아 한참 동안 잠잠하였다. 제자들이 창문을 열고 보았을 때는 이미 입적하셨으니, 때는 11월 초하루 진시였다. 얼굴빛도 변하지 않고 몸이 움직이는 것은 생시와 같았다. 다비하는 밤, 상서로운 빛이 하늘에 벋쳤고, 재를 드리는 새벽에는 상서로운 구름이 하늘에 서리었다. 정골 한 조각마다 붙어 있는 찰진 사리가 진주처럼 빛났다. 제자 설은雪訔 · 원오圓悟 같은 대중들이 석종(부도)을 만들어 의신동 남쪽 기슭에 모셨다. 대사의 세수는 71세였고, 법랍은 44년이었다.

아아, 섶의 불은 다함이 없고, 의식의 성품은 멈추지 않아 겁의 바다는 망망하고 묵은 자취는 아득하니 어느 세월에 기록할 수 있겠는가. 모두가 이미 지나간 허깨비일진대, 어찌 장차 오

는 것이 곡두(幻化)가 아니겠는가. 삼세의 모든 부처님도 다 허
깨비로 꾸며 허깨비인 중생을 깨우친 즉, 부처와 중생이 다 하
나의 허깨비일 뿐이니, 어찌 우리 대사만이 허깨비가 아니겠는
가. 비록 그러하나 곡두(幻)의 성품은 곡두가 아니니 보는 이는
소홀히 하지 말라.

진영眞影을 기려 말한다.

震旦之皮 天竺之骨 (진단지피 천축지골)
  진단(支那)은 가죽이요, 천축은 뼈라,
華風夷風 如動生髮 (화풍이풍 여동생발)
  중원과 오랑캐 바람이 산 머리털이 나부끼듯 한다.
昏衢一燭 法海孤舟 (혼구일촉 법해고주)
  어두운 거리 촛불 하나, 법의 바다 외로운 배.
嗚呼不泯 萬歲千秋 (오호불민 만세천추)
  오호, 사라지지 않아 만년인가 천추인가!

가정 39년(명종 15년, 1560) 5월 10일 판교종사 겸 판선종사
도대선사행 봉은사 주지 휴정休靜 삼가 씀.

卍 보정의 꼬리말

　야로埜老는 촌스러운 늙은이라는 뜻이다. 그의 행장에 나온 행적만으로는 정토 수행을 했는지 안 했는지 알 수 없으나 입적한 뒤 나타난 상서로움이 예사롭지 않아『극락 간 사람』에 넣는다. 정확한 것은 아미따불께서 잘 아실 것이지만, 혹시라도 엮은이가 극락에 계신 분을 빠트리지 않을까 걱정되어 올렸다.

5. 1604년, "나모아미따불" 6자는
윤회를 벗어나는 지름길 - 서산대사

선조 37년(1604)

있는 곳 : 江原道 淮陽郡 長楊面 長淵里 表訓寺 白華庵

세운 때 : 조선 인조 8년 경오(1630)에 세웠다가 1632년에 다시 세웠다

『조선금석총람』, 『조선사찰사료』, 『유점사본말사지』

회양 표훈사 백화암 청허당 휴정대사 비문
(淮陽表訓寺白華庵清虛堂休靜大師碑文)

유명 조선국 사국일도대선사 선교도총섭 부종수교보제등계 존자 서산 청허당 휴정대사 비문 및 머리말(有明朝鮮國賜國一都大禪師禪教都摠攝扶宗樹教普濟登階尊者西山淸虛堂休靜大師碑銘并序)

나는 불교 가르침을 모르므로 평소에 붇다 이야기를 즐겨 말하지 않지만, 일부러 불교를 반대해서 그런 것은 아니었다. 그렇지만 문장으로 거짓 이름을 얻어 문병文柄을 잡은 지 30년이 넘은지라 나의 명성을 좇아 시를 받으러 오는 승려들이 날마다 문 앞에 이르렀다. 그래서 식견이 높거나 시를 잘 짓는 승려를 만나면 기꺼이 만나보았으나, 이것도 짐짓 불교가 좋아서 그러

는 것이 아니었다.

내 나이가 아직 어릴 때 이미 휴정休靜 스님의 명성을 들었고 그의 시가 세상에 많이 퍼져 읽히고 있었기에 늘 한번 만나고 싶었으나 뜻대로 되지 않았다.

송운松雲 유정惟政은 바로 스님의 법을 전해 받은 사문이다. 그가 일본으로 건너갈 때 경성에 있는 나를 자주 방문했었고, 내가 연산燕山에 갈 때는 그가 청천강 가에서 나에게 정을 드러내 보이는 시를 주면서 스님에 관한 얘기를 흥미진진하게 밤낮이 다하도록 하였었다. 이때 스님은 이미 세상을 떠난 지 여러 해가 지난 터라 아득히 그 맑은 향을 생각하는 마음만 때로 가슴 속에 오갔다.

하루는 공무를 마치고 물러나와 집에 홀로 앉아 있노라니, 세 승려가 밖에서 공경히 서서 기다리고 있다고 했다. 불러오게 하여 보니 바로 스님의 제자인 보진葆眞, 언기彦機, 확흘攫仡이었다. 이들이 상자 속에서 책을 꺼내어 보이며 말하기를 "이는 청허당淸虛堂의 유고입니다." 하고는 이어 두 손을 모아 예를 갖추고 말하기를, "우리 스승님의 도업은 후세에 길이 전할 만합니다. 그러나 구름산이 깊고 고요하니, 세월이 오래가면 더욱 자취가 아주 없어질까 두렵습니다. 그래서 감히 문도가 쓴 기록으로 행장을 만든 다음 경건한 마음으로 밤새워 재를 올리고 단단히 봉해 천리 길을 가지고 와서 바칩니다. 바라건대 상공相公의 글을 받아 비석에 새겨 우리 스승의 자취가 영원히 없어지지 않게 하고자 합니다" 하였다.

내가 말하기를, "그대 스승의 도는 무無로써 유有를 삼고 허虛로써 실實을 삼으니, 보존하길 기다려 보존되는 것이 아니요 없애려 한다고 없어지는 것이 아니니 누가 썩어 없어지게 할 수 있으며, 누가 영원히 없어지지 않게 할 수 있겠소. 우리 유가(夫子)에서는 '도가 서로 같지 않으면 함께 일을 도모하지 않는다' 하였으니, 스님의 도에 대해 내가 무슨 말을 하겠소" 하니, 세 승려가 일어나 대답하기를, "도는 본래 서로 같지 않은 것이니, 감히 구차히 같게 하지 않습니다. 그러나 같으면서 다른 것도 있고 다르면서 같은 것도 있으니, 가섭이 전한 법으로 홀로 종풍宗風을 드러내 밝히는 것은 실로 같으면서 다른 것이지만 집안에서는 효도하고 세상에 나와서는 충성하는 것은 어찌 다르면서 같은 것이 아니겠습니까. 오직 상공은 다른 것은 다르다 하고 같은 것은 같다고 하는 분입니다. 우리 스님이 살아 있을 때 늘 상공의 풍모를 흠모하셨으니, 은연중에 공과 뜻이 들어맞아 그윽한 가운데 감응하신 것이 있는 듯합니다. 부디 상공께서는 은혜를 베풀어 주십시오" 하고 거듭거듭 무릎을 꿇고 절하며 그해가 지나도록 떠나지 않았다. 내가 그 정성을 가상히 여기고 탄식하며 "불교에서 스승에게 온 마음으로 공경하는 것이 이와 같구나" 하였다.

행장을 살펴보건대, 스님의 법명은 휴정休靜이고 자는 현응玄應이며 자호自號는 청허자淸虛子인데 묘향산에 오래 있었기 때문에 서산西山이란 호도 쓴다. 속성은 완산 최씨이며 이름은 여신汝信이다. 외조부인 현감縣監 김우金禹가 연산조燕山朝에 죄를 얻어 안릉安陵으로 귀양 가서 살았기에 그 후대는 안주安州 사람이 되었다. 아버지 세창世昌은 향시에 합격하여 기자전 참봉箕子殿參奉에 임명되었으나 나아가지 않고 시와 술을 즐기며 살았다. 어머니 김씨는 늙도록 자식이 없었는데 하루는 꿈에 한 노파가 와서 "대장부를 배었으므로 마님을 위해 축하하러 왔습니다." 하였는데 그 이듬해 경진년(1520, 중종 15) 3월에 과연 스님이 태어났다.

3살 때 아버지가 4월 8일 저녁 술 취하여 누워 있는데 한 노인이 와서 "어린 사문을 뵈러 왔습니다" 하고 두 손으로 아이를 들고 몇 마디 주문을 외운 뒤 아이의 정수리를 어루만지며 "이 아이 이름을 운학雲鶴으로 지으십시오" 하였다. 그 노인은 말을 마치자 문을 나가더니 어디로 갔는지 홀쩍 사라졌다. 이 때문에 스님의 아명兒名을 운학이라 불렀다.

스님은 어릴 때 아이들과 놀 때 돌을 세워 불상으로 모시고 모래를 모아 탑을 만들곤 하였다. 조금 더 크자 풍채가 빼어나고 학문에 힘써 게으르지 않았으며 지극한 효성으로 어버이를 섬겼기에 고을 원님이 귀여워하였다.

9세 때 모친이 세상을 떠났고, 10세 때에는 부친마저 세상을 떠나니, 스님은 외로운 몸으로 기댈 데가 없었다. 원님이 스님을 데리고 경성으로 가서 성균관에 넣어 주었다. 그러나 성균관이 답답하여 뜻에 맞지 않았다. 그래서 함께 공부하는 몇 사람과 남쪽으로 가서 두류산을 유람하며 명승지를 구경하고 경서經書를 열심히 읽었다. 그러나 늘 일찍 부모를 잃은 슬픔에 잠겼고 더욱 삶과 죽음에 대한 이치를 깊이 느끼게 되었다. 그러다 홀연 선가의 돈오법을 알고 드디어 영관 대사靈觀大師에게 설법을 듣고 숭인 장로崇仁長老 아래서 머리를 깎았다. 그리고 7, 8년 동안 명산을 두루 다니며 수행하고 30세에 선과禪科에 합격하였다. 대선大選을 거쳐 선교양종 판사禪敎兩宗判事 지위에 이르렀다.

하루는 스님이 탄식하며 "내가 출가한 본의가 어찌 여기에 있으리오." 하고는 즉시 인끈(印綬)을 풀어 도로 받치고는 지팡이 하나를 짚고 금강산으로 돌아와 「세 가지 꿈 이야기(三夢詞)」를 지었는데,

主人夢說客 (주인몽설객) 주인 손님에게 제 꿈 얘기하고

客夢說主人 (객몽설주인) 손님 주인에게 제 꿈 얘기하네

今說二夢客 (금설이몽객) 이제 두 꿈 얘기를 하는 나그네도

亦是夢中人 (역시몽중인) 이 역시 꿈속의 사람이어라

하고, 또한 향로봉에 올라 시를 지었는데, 시에 말하길

萬國都城如垤蟻 (만국도성여질의)

　만국 서울은 개미집 같고

千家豪傑若醯鷄 (천가호걸약혜계)

　천가의 호걸은 초파리 같아라.

一窓明月淸虛枕 (일창명월청허침)

　창에 가득 밝은 달빛 베고 누우니

無限松風韻不齊 (무한송풍운부제)

　가없는 솔바람 소리 곡조 갖추었네.

하였다.

이로부터 더욱 명성과 재능을 감추고 산문을 나가지 않으니, 도를 물으러 오는 이들이 날로 많아졌다.

기축년(1589, 선조 22) 옥사獄事 때 요승 무업無業이 거짓 고발

하여 스님이 체포되었다. 그러나 스님이 진술하는 말이 뚜렷하고 들어맞으니, 선조가 스님의 억울한 정상을 알고 바로 놓아주면서 스님이 쓴 시를 가져오게 하여 보고는 감탄하였으며, 몸소 먹으로 대나무를 그려 내리고 시를 읊어 바치게 하였다. 스님이 바로 절구絶句를 바치니 선조도 어제御製 절구 한 수를 내리고 상을 매우 두터이 주고 위로하여 산으로 돌려보냈다.

임진년(1592)에 임금 수레가 왜란을 피해 서쪽으로 가서 의주(龍灣)에 머무르니, 스님은 바로 긴 칼을 비껴들고 나아가 뵈었다. 이에 선조가 "세상의 난리가 이와 같은데 그대가 구제할 수 있겠는가?" 하니, 스님이 눈물을 흘리며 명을 받아 말하기를, "국내의 승려 가운데 늙고 병들어 군대에 들어갈 수 없는 자들은 신이 명령하여 자기 절에서 향을 사르고 축원하여 신명의 도움을 빌게 하고 그 나머지 승려들은 신이 모두 거느리고 군진에 달려가 충성을 바치겠습니다" 하니, 선조가 의롭게 여겨 스님을 팔도십륙종 도총섭八道十六宗都摠攝에 임명하는 한편 지방관들을 타일러 스님을 예우하게 하였다.

이에 송운松雲은 7백 명이 넘는 승려를 거느리고 관동에서 일어났으며, (제자) 처영處英은 1천 명이 넘는 승려를 거느리고 호남에서 일어났으며, 스님은 문도와 스스로 모인 승려 1천 5백 명을 거느렸다. 그리하여 모두 5천 명이 넘는 승군이 순안順安 법흥사에 모여 천자(명나라) 군대와 앞서거니 뒷서거니 하며 명성과 위세를 세웠으며 모란봉 전투에서 죽이고 사로잡은 적이 많았다. 이에 명나라 군사가 드디어 평양을 빼앗고 송도를 되찾자 경성의 적들이 밤중에 달아났다. 스님은 용사 100명을 보내 임금 수레를 맞이하여 서울로 돌아오게 했다. 명나라 제독 이여송이 서찰을 보내 칭찬하였는데 그 가운데 "나라를 위해 적을 쳐 없애는데 충성이 해를 꿰뚫으니, 공경하여 우러러본다"라는 말이 있었고, 또 다음과 같은 시를 보내 주었는데, 그 시에

無意圖功利 (무의도공리) 공리를 도모할 뜻 없이
專心學道仙 (전심학도선) 오로지 오롯이 도만 닦더니
今聞王事急 (금문왕사급) 이제 왕의 일 급하단 말 듣고
摠攝下山嶺 (총섭하산령) 총섭이 산을 내려오셨구려.

하였다.

그리고 여러 (명나라) 장수들도 다투어 서찰과 선물을 보내왔다. 적이 물러나자 스님이 아뢰기를, "신의 나이 여든에 가까워 근력이 다했으니, 군대 일을 제자 유정惟政과 처영處英에게 맡기고자 합니다. 그리고 신은 도총섭 인끈을 반납하고 묘향산 머물던 곳으로 돌아갈까 합니다"하니, 선조가 그 뜻을 가상히 여

기고 그 늙음을 안타깝게 여겨 국일도대선사國一都大禪師 선교도
총섭禪敎都摠攝 부종수교보제등계존자扶宗樹敎普濟登階尊者란 호
를 내렸다.

이때부터 스님의 의와 도는 더욱 높아지고 명성은 더욱 무거
워져 두류산, 풍악산, 묘향산 같은 곳을 오가매 제자가 1천명 넘
었으니 이 가운데 이름이 널리 알려진 제자가 70명이 넘었었다.

갑진년(1604, 선조 37) 정월 23일, 묘향산 원적암圓寂菴에 제자
들을 모아 놓고 향을 사르고 가르침을 설한 뒤 자신의 영정 뒤
에,

八十年前渠是我 (팔십년전거시아)
80년 전 저 사람이 나이더니
八十年後我是渠 (팔십년후아시거)
80년 년 뒤 내가 저 사람이네.

라고 쓰고, 송운과 처영에게 부치는 편지를 쓴 뒤 바로 가부
좌를 한 채 돌아가시니, 나이는 85세이고 법랍은 67세였다. 기
의한 향기가 방 안에 가득하여 3·7일이 지난 뒤에야 사라지기
시작하였다(異香滿室, 三七日後始歇).

제자 원준圓峻 · 인영印英 등이 다비하여 영골靈骨 1조각과 사리 3알을 얻어 보현사와 안심사에 부도를 만들어 모셨으며, 또 제자 유정惟政 · 자휴自休 등이 영골 1조각을 금강산으로 모시고 가서 사리(神珠) 몇 알을 얻어 유점사 북쪽에 돌 종을 세워 모셨다.

표훈사 백화암 부도(김홍도 그림)

표훈사 백화암 부도(1924)

우리 동방은 태고 화상太古和尙이 중국 하무산霞霧山에 들어가 석옥石屋의 법을 이어받아 환암幻庵에게 전하고, 환암은 구곡龜谷에게 전하고, 구곡은 정심正心에게 전하고, 정심은 지엄智嚴에게 전하고, 지엄은 영관靈觀에게 전하고, 영관은 서산西山에게 전하였다. 이것이 실로 임제臨濟의 정파正派인데 서산이 홀로 그 종지를 얻었다 한다.

스님의 저술로는 『선가귀감禪家龜鑑』, 『선교석禪敎釋』, 『운수단雲水壇』 각 1권과 『청허당집淸虛堂集』 8권이 세상에 나와 있다.

아, 스님의 도의 깊고 얕음은 내가 자세히 모르지만, 스님이 남긴 글은 내가 이미 다 읽어 보았다. 시를 보매 스님이 스스로 깨달아 얻은 뜻을 알 수 있고, 글을 보매 스님의 높은 경지를 알 수 있었다. 비록 말을 글자로 만든 것이 바르고 익숙하지 않은 곳도 있으나 글자마다 살아 있고 구절마다 날아 움직여 마치 옛 칼이 칼집에서 나오매 서늘한 바람이 이는 듯하다. 왕왕 개원開 元 · 대력大曆의 시와 매우 비슷한 것도 있으니, 불가佛家의 혜휴 惠休 · 도림道林 정도는 말할 것도 없다.

더구나 환난을 만나서도 그 지조를 잃지 않아 감옥에 갇힌 상태에서 임금의 인정을 받고 대우를 받았다. 임금이 시 쓴 것을 스스로 청해서 보고 시를 지어 바치게 한 영광과 어필로 시를 쓰고 그림을 그려서 내려 준 것은 참으로 지난 옛날에 없던 각별한 돌봄과 사랑이었다. 그리고 국난을 당하자 의병을 모아 천자 군대를 도와 서울을 되찾고 임금 수레를 맞이하여 서울로 돌아와서는 곧 인끈을 도로 바치고 옷깃을 떨치며 산으로 돌아갔으니, 그 나고 드는 절개는 옛사람에 비겨도 못한 점이 없다.

대컨 선비가 세상에 태어나 누군들 당시 임금에게 돌봄과 사랑을 받고 공명을 세워 스스로 높이 드러내고 싶지 않겠는가. 그러나 재능을 가지고 펼치지 못하고 죽을 때까지 이름이 세상에 알려지지 않는 사람이 어찌 끝이 있겠는가. 그런데 스님은 일개 검은 옷을 입은 신분으로 이름이 대궐에 알려지고 명성이

후세에 전해졌으니, 선문禪門에서 이러한 공로를 이룰 수 있을
줄 누가 생각했으랴. 이와 같은 분에 관한 비문 글(銘)을 쓰니,
나의 붓에 부끄럽지 않다.

그 글월은 다음과 같다.

金天之西 (금천지서) 금천 서쪽

薩水之濱 (살수지빈) 살수 물가에

淑氣亭毒 (숙기정독) 맑은 기운 모여

乃降眞人 (내강진인) 참사람 태어났네.

仚婆抱送 (선파포송) 신선 노파 안아 보내고

釋老提携 (석노제휴) 불가 노인 잡아 이끌고

天開寶光 (천개보광) 하늘 보배 빛 열어 주고

帝借金錍 (제차금비) 하느님 금비녀 주었구나.

靈符妙契 (령부묘계) 신비한 꿈 징조와 꼭 맞아

秀骨超凡 (수골초범) 빼어난 골상 예사롭지 않으니

蚌珠出海 (방주출해) 진주가 바다에서 나온 듯

龍鏡發函 (룡경발함) 용궁 거울이 함에서 나온 듯.

失怙無依 (실호무의) 어버이 여의고 기댈 데 없어

千里負笈 (천리부급) 천 리 길 공부하러 가

淹貫諸家 (엄관제가) 여러 대가 두루 많이 읽어

卓然自立 (탁연자립) 의젓하게 스스로 우뚝 섰어라.

乃超覺路 (내초각로) 이에 깨달음 길로 들어서니

遂登法席 (수등법석) 마침내 스승 법석에 오르고

祖月重輝 (조월중휘) 조사의 달 다시금 빛남에

群昏一廓 (군혼일확) 중생 어리석음 한바탕 걷혔네.

餘事詩聲 (여사시성) 틈내 지은 시 명성이

上徹楓宸 (상철풍신) 위로 대궐에 들려

殊恩異渥 (수은이악) 남달리 도타운 성은이야말로

榮耀千春 (영요천춘) 영광이 천추에 길이 빛나도다.

身雖巖穴 (신수암혈) 몸은 바위굴에 있어도

忠不忘君 (충불망군) 충성은 임금을 잊지 못하네

遇難一呼 (우난일호) 난리를 만나 한 번 부르자

義旅如雲 (의려여운) 의병 무리 구름처럼 모였네.

協助天戈 (협조천과) 명나라 군사를 도우며

憑仗靈祐 (빙장령우) 붇다 도움에 기댔으니

驅除腥穢 (구제성예) 더러운 오랑캐를 몰아내고

福我寰宇 (복아환우) 우리 땅과 집이 복을 얻었노라.

出而濟世 (출이제세) 나가서 세상을 건지고
名動華夷 (명동화이) 이름이 화이를 흔들었으며
入而修定 (입이수정) 들어와 선정을 닦음에
法闡宗師 (법천종사) 종사의 가르침을 드러냈네.

在掌靈珠 (재장영주) 손바닥 안 신령한 구슬에서
虛明自玩 (허명자완) 거짓된 빛을 스스로 즐기고
倘來榮辱 (당래영욕) 밖에서 얻은 영광과 모욕
如夢一幻 (여몽일환) 한바탕 꿈과 허수아비로 여겼지.

瞻彼妙香 (첨피묘향) 저 묘향산 굽어보고
與夫金剛 (여부금강) 금강산과 함께하니
寔唯淨界 (식유정계) 이야말로 맑은 세계라
宜我法王 (의아법왕) 이것이 우리 가르침 왕이리라.
來往諸天 (래왕제천) 여러 하늘을 오가니
百靈護持 (백령호지) 온갖 신령 지켜 주고
乘化返眞 (승화반진) 몸 바꾸어 참으로 돌아가니
去又何之 (거우화지) 간 곳은 또 어디인가.

功紀人間 (공기인간) 공은 인간 세에 새겨지고

道在山中 (도재산중) 도는 산속에 남아 있으니

一片貞珉 (일편정민) 이 한 조각 아름다운 돌이

萬古英風 (만고영풍) 만고에 빼어난 모습이로다.

표훈사 백화암 서산대사비 1912년 촬영
(국립중앙박물관 e뮤지엄)

해남 대흥사 서산대사 탑
(디지털 해남문화대전)

卍 보정의 꼬리말

서산 대사(1520~1604)는 법안종과 임제종을 이어받은 선사
지만 선(徑截門), 교학(圓頓門), 염불(念佛門) 같은 3가지 법문

으로 수행법을 체계화하였다. 이는 앞에서 본 보조·나옹 같은 선사들과 궤를 같이하고 있다. 서산 대사는 "선은 붇다의 마음이고, 교는 붇다의 말씀이다"라는 선교관禪敎觀을 가지고 근기가 높은 사람은 선을 통해 단박에 깨달음(頓悟)이 가능하지만, 근기가 낮은 사람은 붇다의 가르침을 배우며 차츰 깨달음의 단계로 가야 한다(漸悟)는 근기론을 내세웠다.

서산대사의 3문 가운데 염불관은 『선가귀감禪家龜鑑』에 잘 나타나 있다.

"염불이란 입으로는 부르고(誦) 마음으로는 염念하되 염念을 잃고 부르기만 하면 도를 얻는 데 이득이 없다(念佛者 在口曰誦 在心曰念 徒誦失念 於道無益)"는 구절에서 이런 주를 단다.

'(나모)아미따불' 6자 법문法門은 반드시 윤회를 벗어나는 지름길이다. 마음은 붇다의 경계와 묶여 있으므로 늘 기억하고 지녀서 잊지 않게 하고, 입은 붇다 이름을 부르되 뚜렷하여 흐트러짐이 없으면 비로소 마음과 입이 서로 통하게 되는 것이니, 이름하여 염불이라고 한다.

서산 대사는 일반적으로 마음만을 중시하는 선사들의 염불에 대한 비판을 열거한다.

파헤쳐 논한다. 5조(홍인선사)가 이르기를 '본래의 참된 마음을 지키는 것이 시방의 여러 붇다를 염하는 것보다 뛰어나다' 라고 했다. 육조(혜능선사)는 이르기를 '늘 아미따불을 염하더라도 나고 죽음을 면하지 못하지만, 나의 본심을 지키면 곧 피안에 이른다' 했으며 또 이르기를 '부처는 성품 속에서 지어야지, 몸 밖에서 구하지 말라' 고 했으며 또 이르기를 '정신이 홀린 사람은 염불하여 왕생하기를 구하지만, 깨달은 사람은 스스로 그 마음을 맑고 깨끗하게 할 뿐이다' 라고 했으며, 또 이르기를 '대개 중생이 마음을 깨달으면 스스로 제도되는 것이고, 붇다 중생을 제도할 수 없는 것이다(등등)' 라고 했다.

서산 대사는 이런 극 상근기 선사들의 말을 아직 깨달음을 얻지 못한 사람이 그대로 외어 이야기하는 것에 대해 이론적으로는 그렇지만 실제 아미따불과 서녘 극락은 분명히 존재한다고 솔직하게 바른말을 한다.

이치로 보면 그렇다고 할 수 있으나 실제 극락세계는 있고 아미따불 48가지 큰 다짐과 바람도 존재한다. 무릇 (아미따불 이름을) 10번만 부르면 이 원력을 통해 연꽃 태 속에서 태어나 쉽게 윤회를 벗어날 것이다. 과거 현재 미래 삼세의 모든 붇다가 한결같이 말씀하셨고 시방의 모든 불·보살들도 다 같은 바람으로 극락에 가서 태어나셨다. 예나 지금이나 극락 가서 태어난 사람들에 대한 기록이 전하고 있다. 모든 수행자는 이 뜻을 오해하지 말고 힘쓰고 힘쓸지어다.

특히 서산대사의 유심정토론에 대한 비판은 서릿발 같다.

"내 마음이 정토이므로 정토에 왕생할 필요가 없다(自心淨土 淨土不可生).", "내 자성이 아미따불이므로 아미타불을 친견할 필요가 없다(自性彌陀 彌陀不可見)"라고 말하는 사람이 있다. 이 말은 얼핏 그럴듯하지만, 사실은 틀렸다.

❶ 저 붇다는 탐하지 않고 화내지 않지만, 나도 과연 탐내지 않고 화내지 않을 수 있는가?

❷ 저 붇다는 지옥을 바꾸어 손바닥 뒤집듯 연꽃으로 만들 수 있지만, 업력 때문에 늘 지옥 떨어질까 두려워하는 내가 감히 연꽃으로 바꿀 수 있는가?

❸ 저 붇다는 가없는 세계를 마치 눈앞에서 보듯 하는데 나는 앞에 벽만 가려도 볼 수 없으니, 하물며 시방세계를 어찌 눈앞에 보겠는가?

그러므로 사람들 성품은 비록 붇다인지 모르나 하는 행동은 바로 중생이라, 그 모습과 쓰임을 논한다면 하늘과 땅 차이다.

(당나라 화엄종 5대 조사) 규봉 선사가 "만약 실제로 단박 깨쳤다(頓悟) 할지라도 결국은 차츰 닦아가야(漸行) 한다." 라고 하였으니 참으로 옳은 말씀이다. 그러면 다시 '자기 성품이 아미따불(自性彌陀)'이라는 사람에게 물어보자.

❹ 어찌 날 때부터 된 석가여래와 저절로 생긴 아미따불이 있

는가?

모름지기 스스로 헤아려 보면, 사람이라면 어찌 스스로 알
아내지 못하겠는가!

❺ 목숨이 다해 삶과 죽음이란 괴로움과 맞닥트렸을 때 과연
거침새 없을 수 있는가?

만약 그렇지 못하다면 한때 만용을 부리다가 길이 악도惡道
에 떨어지는 후회막급의 누를 범하지 말아야 할 것이다.

아이들도 알 수 있는 서산대사의 쉬운 질문 5개는 참으로 폐
부를 찌르는 화살이다. 고승들의 법거량이나 외어 들먹이는 덜
익은 선사들에게는 이보다 더 딱 들어맞는 화두가 없을 것이다.
이 내용은 너무 중요해 엮은이가 잘못 옮기는 부분이 있을 수
있어 원문도 함께 싣는다.

서산 대사의 위대함은 많은 사람이 선사로 떠받들고 있는 상
황에서도 자신의 경계를 찬찬히 들여다보고 그것을 솔직하게
드러냈다는 데 있다.

마명이나 용수는 다 (대승의 종지를 세운) 조사이지만, 모두
'극락 가서 태어나라' 라고 뚜렷하게 말씀하셨고 마음 깊이 권하
셨는데, 내가 누구라고 감히 (극락) 가서 나길 바라지 않겠는가?

『선가귀감』, 「염불」(국립중앙도서관 고문헌 원문보기)

여기서 서산 대사의 믿음(信) 바람(願)이 뚜렷이 드러났고, 꿈에도 아미따붇다를 염했다는 평소 염불수행(行)은 다음 시에서 드러난다.

合掌向西坐 (합장향서좌) 합장하고 서방을 향해 앉아
凝心念彌陀 (응심념미타) 마음을 모아 아미따붇다 염하네.
平生夢想事 (평생몽상사) 평생 꿈속에서도 생각하는 것
常在白蓮花 (상재백련화) 늘 흰 연꽃 속에 머무는 것이네.

앞에서 본 바와 같이 서산 대사는 극락에 갈 밑천인 아미따불다와 극락에 대한 믿음(信), 극락에 가겠다는 바람(願), 염불수행(行)을 모두 갖추고 있었다. 그리고 행장에 "기이한 향기가 방 안에 가득하여 3·7일이 지난 뒤에야 사라지기 시작하였다(異香滿室, 三七日後始歇)"라고 구절이 마지막으로 '믿음(信)+바람(願)+염불(行)=극락가는 영험(證)'이라는 완벽한 공식을 다 채운다.

3·7일 이어진 향기는 대사의 향기이면서 바로 아미따불과 성인들이 오셨을 때 남긴 것이다. 그러므로 대사가 이미 확철대오를 해서 더 닦을 필요 없는 경계였다면 상품상생에 태어나 불퇴전을 얻어 중생을 제도하기 위해 내려왔을 것이고, 아직도 생사를 완전히 벗어나지 못했다면 극락에서 못다 한 수행을 편안하게 이어 가고 있을 것이다. 서산 대사는 말년에 임진왜란에 참전하여 싸우면서 살생을 피할 수 없었으므로 상당 부분 업을 가지고 극락에 갈 수밖에 없었을 것이다. 그러므로 말년에는 자신은 물론 전쟁으로 참화를 겪은 많은 중생을 위해 염불하고 천도하면서 본인도 극락 가기 위해 염불했을 것이고, 마지막에 아미따불의 영접을 받은 것이다.

6. 1660년, 서쪽 바라보고 합장한 채 입적한
수초(守初) 선사

현종 1년(1660)

『해동불조원류(海東佛祖源流)』, 佛書普及社, 1978.
(국립박물관 디지털자료).

李能和, 『朝鮮佛教通史』, 新久館, 1918. 권1

활안 한정섭 · 해월 오청환, 『한국고승전』(下 조선편),
불교정신문화원, 2014

『취미대사 시집』
(동국대학교출판부, 2021)

취미翠微 수초 선사는 자가 태혼太 昏이고 성은 성成씨로 우리나라의 명신 성삼문의 방계 자손이다. 만력 경인년(선조 23, 1590) 6월 3일에 경성에서 태어나 어린 나이에 경헌 장로敬軒長老에게 맡겨 머리를 깎았다.

두류산에 들어가 부휴浮休 선사를 찾아뵈었다. 부휴 선사가 하루는 제자 벽암에게 일렀다.

"훗날 크게 도를 깨달을 자는 틀림없이 이 사미일 것이니, 너희들은 반드시 잘 보호해야 한다."

경자년(현종 1, 1660) 6월 을유일에 세수하고 목욕한 다음 옷을 갈아입고 종을 울리고 스님들에게 결별하는 말을 하였다.

"나는 이제 쉬려 한다."

그리고 3일 뒤 정해 일, 결가부좌하고 서쪽을 바라보고 합장한 채 입적하였다(結趺向西 合掌而逝). 세수는 79세요, 법랍은 60년 남짓이었다. 사리 2매를 오봉산 조계에 모셨다.

ꞏ권 보정의 꼬리말

『해동불조원류海東佛祖源流』에 나오는 아주 짧은 기록이지만 극락 간 사실을 아주 정확하게 기록한 좋은 본보기다.

7. 1662년, 3년 염불하고 연꽃나라(蓮花) 간 명조대사

현종 3년(1662년)
있는 곳 : 평안북도 영변군 북신현면 하행동 안심사
강원도 회양군 장양면 장연리 표훈사(表訓寺)
李能和, 『朝鮮佛教通史』, 新久館, 1918.

조선국朝鮮國 가선대부 국일도대선사 부종수교 복국우세 비지쌍운 의승도대장 등계嘉善大夫 國一都大禪師 扶宗樹教 福國佑世 悲智雙運 義僧都大將 登階를 하사받은 허백당 대사 비문과 머리말(幷序)

원임 대광보국숭록대부原任 大匡輔國崇祿大夫 의정부 영의정 겸 영경연 춘추관 홍문관 예문관 관상감사 세자사議政府領議政兼 領經筵 春秋館 弘文館 藝文館 觀象監事 世子師 이경석李景奭이 글을 짓고, 보국숭록대부輔國崇祿大夫 행지중추부사 겸 판의금부사 예문관 제학行知中樞府事 兼 判義禁府事 藝文館提學 오준吳竣이 글을 쓰고, 숭헌대부崇憲大夫 낭선군 겸 오위도총부 도총관郎善君兼 五衛都摠府 都摠管 우侇는 이 전액篆額을 썼다.

예전에 내가 임금의 은혜를 입어 금강산에 휴가를 갔을 때 처음으로 허백당虛白堂이 선림禪林의 종사가 된 것을 알았는데, 송월당 응상應祥 스님 법통을 이었다 하였다. 몇 년 뒤 하교를 받고

급히 영서 땅으로 내려갈 때 허백이 보개산實蓋山에서 찾아와 밤
새도록 함께 차가운 등잔의 심지를 잘라내며 이야기했으나 내
가 아직 우군右軍 띠를 풀지 못하였으므로 은봉隱峯의 석장錫杖(고
승 은봉이 석장을 타고 날아다녔다는 고사)을 타고 먼저 떠나갔
다. 또 몇 년 뒤 내가 남쪽에서 서쪽으로 왔을 때 대사가 서울에
와서 우리 집을 찾았는데 번화한 도심에는 발길도 하지 않고 나
를 찾아와서 묘향산에 새로 지은 암자의 기문記文을 부탁하였지
만, 오랫동안 손을 대지 못하여 승낙하고도 해 주지 못해 미안함
을 떨쳐버리지 못하고 멀리서 마음으로만 왔다 갔다 했다.

작년 말 그의 제자 삼인三印과 설해雪海 등이 천릿길을 달려와
서 스승이 입적하였다고 말하고 그의 행장을 내놓고 비문을 지
어 달라고 청하였다. 나는 깜짝 놀라 "슬프다! 생전에 그의 부탁
을 들어주지 못했는데 죽은 다음에 어찌 차마 비명을 짓지 않겠
는가?" 하고는 그 행장을 바탕으로 글을 쓴다.

대사의 속명俗名은 계국繼國, 법명은 명조明照, 성은 이씨이고
홍주 사람이고, 허백虛白은 집 이름이다. 아버지 통정대부 춘문
春文은 강동에서 살았고 어머니 신평 한씨新平韓氏는 훈련원 주
부主簿 승무承武의 따님이다. 이상한 꿈을 꾸고 임신하여 만력
계사년(1593년) 11월 초 9일에 (대사를) 낳았는데 골상이 매우
기이하며 귀가 크고 얼굴 아랫부분이 두터웠다. 어려서부터 넘

새나는 남새(葷菜)를 먹지 않고 놀 때도 예불을 하였으며 책을 읽으면 한 번에 몇 줄씩 읽었다.

겨우 7, 8세에 이미 출가할 뜻이 있어 십삼 세에 양육사養育師 나이가 어려 출가하기 전에 돌보아 주는 승려)인 보영普英 스님을 좇아 묘향산으로 가서 사명 대사를 모시고 800명이 넘는 승려와 무리를 지어 지내니 마음이 매우 기뻐서 머리를 깎고 계를 받았다. 이때 사명 대사가 조정의 명을 받아 서울로 가니 현빈당玄賓堂 인영 스님을 좇아 16가지 바깥 경계(六塵)를 끊어 버리고 선종과 교종을 모두 탐구하고 연구하였는데 완허당玩虛堂에게서는 교리敎理, 송월당松月堂에게서는 선리禪理를 배웠다. 얼마 뒤 두류산頭流山에 가서 무염당無染堂에게 의심스러운 것을 질문하고 묘향산으로 돌아왔다.

병인년(1626, 인조 4년) 봄에 관서 도백道伯이 (조정에) 아뢰어 팔도의승도대장八道義僧都大將으로 임명되어 승군 4,000명 남짓을 거느리고 (관군과) 협력하여 안주安州를 지켰다. 흉악한 청나라 군대가 사방에 가득하니 큰스님들도 할 수 없었고, 국토 산하는 큰 변고가 일어났다.

얼마 지나지 않아 민성휘閔聖徽 공이 북관(함경도) 관찰사가 되었는데 대사를 모시니 의승義僧을 거느리고 충성심으로 곡식을 모아 군량을 도왔다. 이 사실이 보고되자 조정에서는 가상하게 여기고 가선대부 국일도대선사 부종수교 복국우세 비지쌍운 의승도대장 등계嘉善大夫 國一都大禪師 扶宗樹教 福國佑世 悲智雙運 義僧都大將 登階 첩지를 내렸다. 대사의 지혜는 더욱 빛나고 자비로운 배로 중생을 구제하니 명성과 업적이 높아져서 민간과 불교계에서 모두 존경하였다.

국가 정세가 안정되자 고요한 산속에서 수도하고자 표주박을 차고 고리 6개 달린 지팡이를 짚고 물 건너 산 넘어 동쪽으로는 봉래산蓬萊山에서 남쪽으로는 방장산(지리산)에 오르고 심지어는 바다의 섬까지 절과 선방을 두루 찾아보았다. 불법의 참된 묘리妙理를 크게 확충하시니 제자들이 구름같이 모여 수백 명에 이르러 소나무 숲길이 막힐 정도였다.

서쪽 구월산九月山에 이르러 패엽사貝葉寺에 머물렀는데 명성을 듣고 쫓아오는 사람들이 전과 다름없었다. 묘향산 보현사 여러 스님이 대사를 맞이하여 모시고 돌아가 스승으로 섬겼다. 옛 사고史庫 터에 불영대佛影臺를 세워서 벽 보고 수도하는 장소로 삼았다.

몸은 도량(祇樹: 祇樹給孤獨園)에 의지하고 입으로는 연꽃(정토)에 태어나기를 바라는(舌欲蓮花) 수행을 3년간 이어 갔다.

하루는 가까운 여러 암자를 한가로이 거닐며 다른 스님과 샘

·우물 등을 구경하다가 홀로 먼저 돌아가면서 "나 이제 가야겠다."라고 하니 듣는 사람들은 절로 돌아간다고 여겼지만, 대사의 뜻은 장차 입적할 것을 안 것이다. 아픈 기색은 전혀 보이지 않고 붓을 잡고 (임종)게를 쓰니 다음과 같다.

劫盡燒三界(겁신소삼계) 겁이 다하면 삼계도 타 버리지만
靈心萬古明(영심만고명) 신령한 마음은 만고에 빛난다.
泥牛耕月色(니우경월색) 진흙으로 비진 소가 달빛을 갈고
木馬掣風光(목마체풍광) 나무로 깎은 말이 풍광을 끌어당
긴다.

이날 저녁 눈을 감고 앉아서 한가롭고 느긋하게 가셨으니, 곧 신축년(1661년) 9월 8일, 나이는 69세, 법랍 57이다. 여러 제자가 그리워하며 슬픔을 머금고 맑고 지극한 정성으로 한 달이 지난 뒤 깨끗한 곳에서 화장火葬하였는데 상서로운 구름이 자욱이 덮였고, 겹겹의 뱅뱅 도는 바람이 세게 불었다. 갑자기 공중에서 쨍그랑 소리를 내며 사舍利 6알이 떨어지니 보현사 서쪽 기슭에 함께 석종石鐘을 만들어서 모셨다. 또 금강산, 보개산, 구월산 및 해남의 대흥사에 나누어 가지고 가서 모셨는데, 그 일을 관리한 사람은 의흠義欽을 비롯한 십여 명이었으니 그 스승을 위한 정성이 참으로 갸륵하다고 하겠다.

그 문도의 말이 "위로 거슬러 올라가 (붇다인) 능인能仁으로
부터 임제臨濟에 이르기까지 무려 70대가 넘는다고 한다. 대대
로 이어져 내려와 근래의 석옥石屋 → 태고太古 → 환암幻庵 등은
모두 잘 드러나 있어 찬찬히 살펴볼 수 있고, 부용芙蓉 → 청허淸
虛 → 사명四溟 → 송월松月도 모든 사람 눈과 귀에 익히 남아 있
다. 대사는 송월이 의발衣鉢(법통)을 전하자 사양하였으나 어쩔
수 없이 받으니 일곱 대중(七衆)의 명망이 더욱 높아져 귀의하
는 마음이 한층 간절하였다. 비문 글(銘)은 이렇다.

休哉慧心(휴재혜심) 빛나라! 슬기로운 마음,
夙自卝兮(숙자관혜) 두 가닥 머리 어릴 적부터,
在醜逈拔(재추형발) 더러운 곳 우뚝 뛰어나니
莫之與齊(막지여제) 더불어 견줄 이 없도다.

早啓明鐍(조계명휼) 일찍이 진리 자물통 열고자
得師師之(득사사지) 스승을 얻어 섬기고,
遍叅覺苑(편참각원) 두루 절을 찾아다니며
法雲日垂(법운일수) 날마다 법 구름 전해 받았네.

香嶽梵住(향악범주) 묘향산 절에 머물며
甁錫淹蹤(병석엄종) 물병 지팡이로 돌아다니니,

淸江之上(청강지상) 맑은 강물 위에

有屹其墉(유흘기용) 성벽처럼 우뚝하구나.

承命協守(승명협수) 왕이 나라 지키라 명하니

義何敢辭(의하감사) 어찌 바른 일 어기겠는가,

金湯失險(금탕실험) 견고한 성을 잃어버리니

雲鳥不枝(운조부지) 구름 속 새도 앉을 가지 없구나.

再登將壇(재등장단) 다시 장수 단에 올라

重建牙旗(중건아기) 거듭 대장군 깃발 세우고

精虔效勞(정건효로) 정성으로 힘써 일하니

優以峻秩(우이준질) 높은 공훈자로 우대하였네.

震盪甫定(진탕보정) 노략질이 비로소 끝나고

畦帔旋拂(휴피선불) 왕이 삼전도에서 항복하니

隻履翩翩(척이편편) 한 짝 짚신 신고 바람결 따라

浮遊四方(부유사방) 사방으로 떠돌아다녔네.

歸來故壑(귀래고학) 옛날 골짜기로 돌아와

嗒然新堂(탑연신당) 모든 것 잊고 새 집에 앉아

六時蓮漏(육시연루) 하루가 내내 끝날 때까지

三乘細繹(삼승세역) 삼승을 찬찬히 풀어냈다.

疑條盡釋(의조진석) 의심나는 가닥 다 풀리고
惑網洞開(혹망동개) 걸림 없이 훤하게 열렸네.

日夕示寂(일석시적) 어느 저녁 떠날 것 알리고
跏趺坐結(가부좌결) 가부좌하고 삶을 마쳤다.
大弟群號(대제군호) 많은 제자들 함께 울고
松泉共咽(송천공열) 나무와 샘도 함께 목메어라

寶珠斯得(보주사득) 이에 보석 구슬(사리) 얻으니
輝暎瑩澈(휘영형철) 밝게 빛나 물속에 비친 것 같으니
視八除二(시팔제이) 여덟에서 둘 뺀 여섯이요
在五加一(재오가일) 다섯에다 하나 더한 여섯이라
于以奉之(우이봉지) 이를 받들어 모시자
寶塔之中(보탑지중) 보배로운 탑속에다.

普賢之西(보현지서) 보현사普賢寺 서쪽이요,
安心之東(안심지동) 안심사安心寺 동쪽이라.
豈獨此專(기독차전) 어찌 이곳에만 모시겠는가!
亦將分藏(역장분장) 그래서 나누어 (6곳에) 모시니

浮雲攸衛(부운유위) 뜬구름이 지켜 주고

明月含光(명월함광) 밝은 달이 비추어 주어

千秋不泯(천추불민) 영원토록 없어지지 않고

有彼妙香(유피묘향) 저 묘향산에 있으라.

임인(1662, 현종 3년) 5월 일 세움

『허백집』(동국대학교 출판부, 2018)

【뒷면 줄임】

권 보정의 꼬리말

허백당虛白堂 명조明照(1593~1661) 스님은 조선 중기 정묘호
란 전후 승병장으로도 크게 활약한 고승이다. 앞에서 보았듯이
허백당은 13세에 사명 유정惟政(1544~1610) 밑에서 승려가 되어

구족계를 받았고 송월 응상松月應祥의 법통을 이었다. 정묘호란 (1627, 인조 5)과 병자호란(1636~1637년, 인조 14~15) 때 의승대장으로 공을 세운 마지막 인물이다. 그러나 인조가 청나라 태종에게 항복하고 전쟁이 끝나자 표주박 차고 6개 고리 달린 지팡이 짚고 봉래산(금강산), 방장산(지리산), 구월산, 묘향산을 두루 다니면서 수행하고 제자들을 길렀다.

난세를 겪은 스님은 말년에 3년간 정토수행을 하였다는 대목이 행장에 나온다. "몸은 도량(祇樹: 祇樹給孤獨園)에 의지하고 입으로는 연꽃(정토)에 태어나기를 바라는(舌欲蓮花) 수행을 3년간 이어 갔다"고 해서 참선한 스님이지만 입(舌)으로는 염불하여 연꽃나라(蓮花)에 태어나기를 바랐다(欲). 그리고 마지막 화장火葬할 때 '상서로운 구름이 자욱이 덮였고, 겹겹의 뱅뱅 도는 바람이 세게 불었다' 라고 해서 극락에 간 증험이 나타났다.

■ 연천군 심원사 터 부도 무리 (경기도 연천군 신서면 내산리 342-1)

2022년 6월 6일 옛 삼원사 터에 남아 있는 부도를 찾아가 ⓭번이 허백당虛白堂 부도라는 것을 확인하였다. 안내판에는 '모르는 부도' 라고 했지만 ⓭번 부도는 이름 쓰인 곳이 뒤로 돌아가 있어 언뜻 판별하기 어려웠으나 한자로 '虛白堂' 세 글자가 뚜렷하였다.

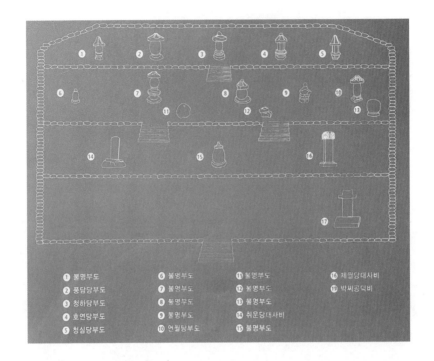

① 불명부도　　　⑥ 불명부도　　　⑪ 불명부도　　　⑯ 제월당대사비
② 풍담당부도　　⑦ 불명부도　　　⑫ 불명부도　　　⑰ 박씨공덕비
③ 청하당부도　　⑧ 불명부도　　　⑬ 불명부도
④ 호연당부도　　⑨ 불명부도　　　⑭ 취운당대사비
⑤ 청심당부도　　⑩ 연월당부도　　⑮ 불명부도

현재 남아 있는 부도^{浮屠}는 ⑭ 취운당대사비^{翠雲堂大師碑}, 취운당
대사비 옆에 있는⑮ 불명의 부도, ⑯ 제월당대사비^{霽月堂 敬軒大}
^{師碑}, ⑰ 박씨공덕비^{朴氏功德碑}, 불명 석종형 부도, 소요당^{逍遙堂} 부
도, 팔각받침과 구형 탑신의 불명 부도, 장고형 중대석이 있는
불명 부도, ⑩ 연월당^{蓮月堂} 부도, 허백당^{虛白堂} 부도, 총음당부
도, ② 풍담당^{楓潭堂} 부도, ③ 청하당^{靑霞堂} 부도, ④ 호연당^{浩然堂}
부도, ⑤ 청심당^{淸心堂} 부도 등 모두 15기이다.

8. 1684년, 서쪽 향해 앉아서 입적한 현변(懸辯) 스님

숙종 10년(1684)

『해동불조원류(海東佛祖源流)』, 佛書普及社, 1978.
(국립박물관 디지털자료).

李能和, 『朝鮮佛敎通史』, 新久館, 1918. 권1

활안 한정섭 · 해월 오청환, 『한국고승전』(下 조선편),
불교정신문화원, 2014

침굉 현변(선암사)

침굉 현변懸辯 선사는 자는 이눌而訥, 호는 침굉枕肱이다. 나주 사람으로 성은 윤씨고, 만력 44년 병진년(광해군 8, 1616) 6월 12일 태어났다. 처음 보광법사保光法師를 따라 천풍산 탑암塔菴에서 출가하였고, 나중에 방장으로 들어갔다. 소요당을 뵙고 법을 배웠는데, 20장 남짓한 경전을 주면 한 번 읽고 모두 외웠다. 평생 목욕을 하지 않았으나 더러움이 없었으며, 발은 날마다 씻었는데 비록 아교풀이 부러지는 추운 겨울에도 그만두지 않았다.

갑자년(숙종 10, 1684) 4월 12일, 서쪽으로 향하고 앉아서 돌아가셨다(面西坐逝).

시신을 금화산 제2봉에 받들어 모셨는데, 작은 돌을 층층이 쌓고 전신을 봉하였는데 날짐승이나 들짐승이 침범하지 않았다. 안색도 변하지 않았다. 땔나무 하는 아이나 궁녀들이 한 그릇의 밥을 낮밥으로 이바지하는데 마치 여래에게 하듯이 하였다.

일찍이 스님이 하루는 손수 글을 써서 후대에 부탁했는데, 부탁받은 율律 제자 약휴若休가 (그 내용을) 말했다.

"만약에 내가 죽은 뒤 화장하면 나와 더불어 백 대의 원수가 될 것이다. 모름지기 거친 숲과 들판에 그대로 두어 새들의 배를 채워 주는 것이 옳을 것이다."

세수 69세이며 법랍이 57년이었다.

순천 선암사 구내 비로암毘盧庵 현판에 다음과 같은 글이 있다.

"몸을 던져 호랑이의 배고픔을 걱정하고, 몸을 갈라 까마귀와 솔개의 배고픔을 구제한다는 말이 어찌 헛된 것이겠는가. 나또한 그를 본받을지니, 내가 죽은 후에 물가나 숲에 두어 새들의 먹이가 되게 하라. 만약 다비하면 실로 백 대의 원수가 되리라."

스님은 문집이 있었는데 스스로 불에 던져 버렸다. 문하의 제자 약휴 등이 몇 편을 모아 새기기를 부탁하니, 은암隱巖 · 청광

자淸狂子 · 박세형朴世亨이 그를 위해 서문을 짓고 또한 스님의
행장을 찬술하였다.

운무송雲霧頌

눈 뜨면 등망봉登望峰

눈 감으면 시루봉(甑峰)

높은 산 올라서 산허리 매달리니

별안간 감도는 구름, 선뜻 몸을 감는구나.

■ 문집『침굉집枕肱集』(上下)은 숙종 21년(1695) 순천 선암사仙
巖寺에서 목판본으로 출판되었다.

『침굉집』
(동국대학교 출판부, 2012)

『침굉집』
(한국향토문화전자대전)

권 보정의 꼬리말

이 짧은 침굉 현변枕肱懸辯(광해8년, 1616~숙종 10년, 1684) 행장
도『해동불조원류海東佛祖源流』에 실려 있는 것인데, 얼굴을 서쪽
으로 하고(面西)라고 해서 극락을 향했다는 것을 분명하게 하
였다. 앞에서 보조국사 지눌(1158~1210)의『염불요문念佛要門』
에 보면 '계신염불戒身念佛' 을 설명하면서 "살생과 도둑질과 음
행을 버려, 몸의 그릇이 청정하고 계율의 거울이 뚜렷이 밝은
뒤에, 몸을 단정히 하고 바로 앉아 서쪽을 향해(面西) 합장하고
한 마음으로 나무아미따불을 공경히 생각하되, 부르는 수가 끝
이 없고 생각이 끊이지 않아, 심지어 앉은 것도 잊고 한 생각이
앞에 나타날 때를 계신염불이라 한다" 라고 했다. 여기서는 앞
뒤 줄이고 "서쪽을 향해(面西)"로 표현하였다.

9. 1700년, 『극락 기리는 100가지 노래』편 성총 스님

숙종 26년(1700)
『조선불교통사』

백암 대선사 비명(栢菴大禪師碑銘 并序)

대광보국숭록대부 의정부좌의정 겸 영경연사감춘추관사 세손전 김상복 씀(大匡輔國崇祿大夫 議政府左議政 兼 領經筵事 監春秋舘事 世孫傳 金相福 撰)

보국숭록대부 원임판중추부사 겸 이조판서 치사봉조하 홍계희 새김(輔國崇祿大夫 原任判中樞府事 兼 吏曹判書 致仕奉朝賀 洪啟禧 篆)

통훈대부 공조정랑 김상숙 글씨(通訓大夫 工曹正郎 金相肅 書)

내가 석씨의 도에 대하여 일찍이 들은 바가 없으니 공과 덕을 칭하는 것이 어떤 까닭인지 그것을 알겠는가. 지금 그 무리들이 말하기를, "불씨의 근본은 자비를 널리 베푸는 것이고, 널리 중생을 구제하는 것으로 공덕을 삼는 것이다. 그 바라는 고갱이는 남겨진 경전을 밝히는 것에 있는 것이며, 깨달은 후에 나

아가는 것이다"라고 하니, 근세의 백암 대사가 곧 그러한 사람
이라고 한다.

대사의 법명은 성총이며, 속성은 이씨이고, 남원南原 사람이
다. 고리(高麗) 안호부원군安平府院君의 10세손이다. 아버지는
강동이요, 어머니는 하씨河氏로 숭정 신미년(인조 9, 1631) 11월
15일 신시에 대사가 태어났다. 13세에 출가하여 16세에 법계를
받았고, 18세에 방장산(지리산)에 들어갔다. 취미 대사에게 나
아가 9년 동안 배우고 그 법을 다 얻었다.

30세부터 명산을 두루 돌면서 승평(순천) 송광사, 낙안 징광
사, 하동 쌍계사 같은 여러 절을 오가며 머물렀다. 늘 어리석고
혼탁한 속세를 깨우치고 가르치고 지도하는 데 마음을 넓게 열
었으며, 『치문(緇門)』3권 뜻풀이를 하였다. 외전에도 능통하고
시를 잘 지어 당시 이름난 사대부, 이를테면 김문곡(壽恒) · 정
동명(斗卿) · 남호곡(龍翼) · 오서파(道一) 같은 여러 공들을 모
두 불가의 벗으로 받아들였다.

일찍이(때는 숙종 7년 1681년, 곳은 임자도) 해변의 포구에
큰 배가 와서 정박한 것을 보았다. 그 배에 실려 있는 것을 보았
는데, 명나라 평림엽平林葉이 교열 · 간행한 『화엄경소초』와 『대
명법수』 · 『화현기』 · 『금강기』 · 『기신기』 · 『사대사소록』 · 『정

토보서淨土寶書』같은 190권이었다. 스님이 이에 크게 놀라고 기이하게 여겨 도반과 대중들과 함께 절을 올리고 정성껏 받들었으며, 신심을 일으켜 모든 경전을 간행하였다. 몇 년 안 되어 세상에 갖추어 내놓으니, 이로부터 사방의 불교를 배우는 자가 복종하여 존경하지 않는 사람이 없었으므로, 추앙받아 종사가 되었다.

경진년(1700) 7월 25일에 쌍계사 신흥암에서 입적하니 세수가 70세였다. 화장하던 날 밤에 빛이 마치 한 필의 베가 하늘에 뻗치는 것 같았다. 며칠이 되어도 없어지지 않았다. 이어 정골 2매를 얻고 이를 나누어서 송광사와 칠불암 두 절에 탑을 세우고 모셨다.

그 법손이 대대로 이어져 내려와 팔정八晶과 최눌最訥에 이르러 스님의 공덕이 세월이 오래되어 잊힐까 두려워 그 문하 70명 남짓과 함께 장차 돌에 새겨 보이고자 하였다. 그 제자 2인이 찾아와서 나에게 글을 청하므로 내가 기이하게 여겨 말하기를, "이상한 일이다. 예로부터 경전을 구하는 이는 신명을 애석히 여기지 아니하거나 산과 바다를 넘어 이역만리에 들어가 그것을 얻었다. 그러나 아직 자비의 바다를 항해하여 보배를 전하였다는 소식은 듣지를 못하였다. 아직도 구하지 못하여 오늘에 이르니 이는 이상한 일일 것이다. 나는 불교가 동쪽으로 와서 신라와 고리 시대에 성하였음을 모른다. 보기를 들어 해인사의 팔만대장경이 충실하게 갖추었다고는 하나 아직 듣지 못하였다. 진리가 가리키는 요체와 귀결이 화엄소초와 비견되고, 그 깊은 인연이 여기에 있으니 사람의 힘이 가히 미치지 못하는 바가 있다. 어찌 마땅히 그러함이 이미 있다고 하지 않겠는가. 스님이 불교와 함께 커다란 공덕이 있음은 또한 옳은 것이고, 이러한 그가 평상시에 매우 뛰어난 수행이 있어 거침이 없는 경지에 오름을 보니, 이것으로 이른바 일세에 이름을 날리는 것이고, 사대부가 자애심을 두텁게 하는 것이다"라고 하였다. 내가 이러한 까닭에 고사固辭하였음에도 글을 짓는다.

명은 다음과 같다.

말세 영재가 선문에서 많이 나오고,
마음은 염불과 주문(呪呪)에 전념하고,
뜻은 따로 나누지 아니하였네.

법을 지키고 가르침을 전하여
잃은 것은 있으나 거짓이 없으니,
오직 이 총명한 스님을 대중이 존경하였네.

바다 건너온 배에서 경전을 얻고, 그 보존에 뜻을 두어

용맹하게 비밀을 전하니 바로 보월 소론疏論이라.

이에 지금 그것을 얻어 미혹함을 깨우치고 어두움을 깨우니

그 법 가운데에 업은 크고 공덕 두텁도다.

그 명성은 길이 생각하고 이를 잇는 법손이 있어

그 행적을 옥돌에 새기고, 내가 더불어 글을 짓는다.

본 비碑 뒷면에 글이 있는데 간추리면 다음과 같다.

살피건대 석가가 마음을 전한 정통 법맥의 6조 이하에는 임제같은 스님이 나오지 아니하니, 임제는 바로 석가의 38대 적손이다. 임제의 도는 10여 세를 지나 해동에 미치고, 태고가 비조가 되었다. 환암 → 구곡 → 벽계 → 벽송 → 부용 → 부휴 → 벽암 → 취미에게 전하고, 아홉 번째 백암에 이르렀다.

스님은 대방(남원)에서 태어나 수학하고, 순창 취암사鷲巖寺에서 출가하였으며, 27세에 곡성 신덕암(동국여지승람에 따르면 신덕왕후 강씨의 원당이다)에 주석하였다. 이후부터 여러 명산에서 많은 사람에게 교화를 베풀었다. 강희 신유년(1681)에 이르러 해안에 정박한 빈 배에서 경전을 얻어 을해년(1695)까지 15년 동안 5천 개의 판목板木에 나누어 간행하고 징광사澄光寺와 쌍계사 양쪽 경전보관소(藏寶所)에 간직하였다. 크게 천

등千燈 불사를 베풀어 낙성하였다.

일찍이 100년 전쯤 온 나라가 일어나 경전을 간행했던 일이 있다. 옛것을 버리고 새로운 것을 따르니, 마치 하천에 이르러 목말라 하는 것과 같았다. 송암松庵과 송계頌溪의 진영을 조성하고 신미년(1691) 선암사에서 화엄대회를 베풀었다.

팔방에서 구름이 나타나듯이 일이 성사되었구나! 가고 오는 때에 거슬리지 않고 모두 기이한 빛을 내뿜는구나.

스님이 쓴 글은 개인 문집 2권과 경전 서문 9수가 있고, 『정토를 기리는 100가지 노래(淨土讚百詠)』가 세상에 유행하니, 이것은 다른 것과 크게 견줄 만하다. 선사의 가르침은 무용無用에게 전해졌고, 무용은 영해影海에게, 영해는 풍암楓庵에게 전하였다. 풍암 뒤에는 고만고만한 자들이 많았으나, 최눌最訥 홀로 경판 보관소(板藏) 옆에서 오래도록 가르침을 받았다. 그 신인의 바람 때문에 하루아침에 분연히 일어나 70명이 넘는 동문이 한양(京洛)에서 돌에 채찍질하여 선조 도량에 공덕을 돌린 것이다.

아! 돌아가신 스승(先師)의 법은 화장華藏에 두루 미쳤다. 이제 돌아가신 스승의 공으로 싸하세계 일을 따라 한 나라에 퍼졌다. 이제 작은 비를 세워 모아 놓으니, 이도 또한 스님의 도인데 과연 여기에 있는 것인가, 없는 것인가. 훗날에 눈물 흘리며 느끼는 사람들이 있을 것이니 시험 삼아 말을 전하게 한다.

현법손玄法孫 최눌最訥이 삼가 기록하고 마땅히 아름답게 쓴다.

숭정 기원 후 3번째 병술년(영조 42, 1766) 6월 어느 날 (비를) 세운다.

『백암집』 (국립중앙도서관)　　　　　　　　『정토찬영』 (국립중앙도서관)

귄 보정의 꼬리말 - 화두 놓고 염불하세 (1)

유학자가 쓴 비 앞면에서 이미 입적할 때 상서로운 일이 있음을 기록했고, 고인을 기리는 비문에서도 "마음은 염불과 주문(念

呪)에 전념하였다"라고 하였다. 그리고 비석 뒷면 제자 최눌이 쓴 글에서는 "『정토를 기리는 100가지 노래(淨土讚百詠)』가 세상에 유행하니, 이것은 다른 것과 크게 견줄 만하다"라고 해서 이미 생전에 많은 사람을 극락으로 이끌었음을 알 수 있다. 따라서 비문에는 빠졌지만 입적할 때 상서로운 일이 있기 이전, 이미 편안히 서쪽을 향해 앉아 염불하고 있는 장면을 더하는 것이 오히려 더 자연스러울 것이다.

비문에서 보듯이 백암당 성총(栢庵 性聰, 1631~1700)은 임제종의 정법안장을 이은 선사임을 강조하고 있다. 그러나 13세에 출가하여 선사로서 활동한 지 50년 만인 63세 때 스님은 스스로 근기가 살아서는 확철대오할 수 없음을 깨닫고 공개적으로 정토 수행을 하기로 했다는 사실을 만천하에 공개적으로 알린다.

『정토를 기리는 100가지 노래(淨土讚百詠)』62번.
吾生六十 又三年(오생육십 우삼년)
   나 태어난 지 60하고 또 3년
徒費光陰 雪滿顚(도비광음설만전)
   헛되이 세월 보내 머리에 흰 눈만 가득.
揮塵講時 盧掉舌(휘주강시허도설)
   불자 휘두르며 한 강론 빈 혀만 놀렸고

貫華吟處 亦妨禪(관화음처역방선)

　게송을 읊는 곳 또한 선에 헤살만 놓았네.

綠蘿烟月 誰爲主(녹라연월수위주)

　푸른 넝쿨 안개 낀 달 누가 주인인가!

碧嶂雲泉 我自專(벽장운천아자전)

　파란 산 구름과 샘물 모두 내가 차지했네.

從此箇中 心靜住(종차개중심정주)

　이런 속에서 마음 고요히 머문 채

西歸淨業 極精硏(서귀정업극정연)

　서녘 갈 정토업 지극정성 닦으리라.

　그 뒤 마지막 6년은 지금까지 닦은 수행력을 바탕으로 정토 수행에 온 힘을 바친다.

『정토를 기리는 100가지 노래(淨土讚百詠)』 87번.

已知斯界 難堪忍(이지사계난감인)

　이승에서 견뎌내기 어려움 알고서

始信西方 有世尊(시신서방유세존)

　서녘에 세존 계심을 믿기 시작했네.

從此不須 開講說(종차불수개강설)

　이제부턴 모름지기 강설을 열지 않고

單提佛號 度朝昏(단제불호도조혼)

　부처님 이름 부르며 아침저녁 지내리라.

　그리고 정토를 기리는 100가지 노래 가운데 마지막 노래에서
이렇게 부른다.

『정토를 기리는 100가지 노래(淨土讚百詠)』100번.

聖居安養 紫金身(성거안양자금신)

　안양 계신 성인은 자금색 몸

相好端嚴 絶等倫(상호단엄절등륜)

　상호 단엄하여 견줄 무리 없어라.

千種寶光 渾不夜(천종보광혼불야)

　천 가지 보배 빛 밤에도 흐리지 않고

六時花雨 是長春(육시화우시장춘)

　하루 내내 꽃비 내리니 늘 봄날,

休論老幼 幷男女(휴론노유병남녀)

　어리고 늙음, 남녀도 논하지 않는데

豈揀尊卑 與富貧(기간존비여부빈)

　어찌 존비와 부자와 가난을 가리겠는가.

三復丁寧 無別說(삼복정녕무별설)

　3번 되풀이하니 절대 다른 교설은 없고

彌陁一句 徃生因(미타일구왕생인)

아미따불 한 구절이 왕생의 씨앗이니라.

마지막 노래는 온몸으로 겪은 수행 결과를 제자와 인류에게 보내는 유언이나 마찬가지다.

백암 성총의 정토사상에 대한 연구성과.

① 황금연, 「백암성총의 정토수행에 대한 연구」, 『淨土學硏究』, (29), 2018.

② 손민정, 「백암 성총(栢庵性聰)의 정토사상과 시적 형상화 연구」, 『불교문예연구』, (15), 2020.

10. 1704년, 『염불보권문(念佛普勸文)』 낸 명연 스님 극락 가셨나?

『염불보권문(念佛普勸文)』
「대미타참 약초요람 보권염불문 머리말
(大彌陁懺畧抄要覽普勸念佛文序)」

살펴보건대, 도는 사람을 멀리하지 아니하고 가르침은 이치를 달리함이 없도다. 비록 만물의 모습이 각기 다르나 깨달음(靈覺)의 본성은 같으며, 중생의 이름이 다르나 심성의 이치는 다르지 않다. 그러므로 『화엄경』에서는 마음과 부처와 중생, 이 셋은 차별이 없다고 하였다. 그러나 시대가 흘러 성인으로부터 멀어지자 도 닦는 마음이 드디어 희미해져 사람들이 모두 본래 지니고 있던 불성을 알지 못하고, 뜬구름 같은 허깨비 몸을 아껴 5가지 길에서 괴로움을 겪고 4가지 태어남(四生)을 겪는다. 이에 오직 우리 부처님 세존께서 정반왕 태자로서 만승의 보위를 버리고 출가 수도하여 중생을 49년 동안 널리 구제하셨고, 부처 입멸 후 1,000년에 불법이 중하中夏에 전파되니 대승의 가르침이 없는 곳이 없었다. 그러므로 예부터 지금까지 천하에 여러 나라 황제나 현명한 임금이나 이름난 재상, 고관들이 모두 불법을 숭상하였고, 이태백, 백낙천, 소동파, 황산곡黃山谷 같은 지혜롭고 통달한 선비들이 모두 저 아미따불을 높이고 찬양할 줄 알아 스스로 발원문을 지었다. 고금 승속에 이름난 이로서 염불하고 도를 행하여 이미 서녘으로 돌아가 붇다가 된 이들은 문헌에 뚜렷하게 기록되어 있다.

(金나라) 극락거사 왕자성王子成은 본디 유가儒家의 명상明相이고 군자다. 유가의 백가가 쓴 책과 불교의 여러 경전을 꿰뚫어 알고 그것을 간추려 염불 참죄懺罪 13문을 지어 널리 여러 사람에게 염불을 권하여 모두 괴로움을 떠나 즐거움을 얻게 하였으니 그 공이 적지 않다.

그러나 글이 넓고 뜻이 깊어 말세 사람들 가운데 아는 사람이 적고 믿지 않은 사람이 많아 잘 알지 못하고, 또한 염불이 주는 큰 이득을 모르고 세간의 물욕에 탐착하고 있다. 저의 작은 소견에 따라 여러 경전의 말씀을 간추려 염불문을 만들고 언문으로 해석하여 선남선녀들이 쉽게 통하고 쉽게 알 수 있도록 잎따고 뿌리를 찾아 거친 것을 정밀하게 하였다. 경에 "나모아미따불(南無阿彌陀佛)' 한 번 염하면 생사의 고해를 면하고 바로 서녘 극락에 바로 가서 모두 불도를 이루게 된다' 라고 하였고, 또한 "다른 사람에게 염불을 권하면 스스로 염불하지 않아도 함께 극락에 태어난다' 라고 하였으니, (여러분은) 모든 사람에게 널리 염불을 권하여 모두 함께 서녘 정토에 돌아가고자 한다. 그러나 여기 적은 좁은 견해는 모두 명아주 잎과 콩잎 같아서 배부른 이는 기꺼이 먹을 수가 없을 것이니, 이에 양식 떨어진 무리를 기다리며 감히 작은 정성을 다하여 삼가 짧은 글을 올린다.

강희 갑신년(1704) 봄, 경상좌도 예천 용문사 청허淸虛 후예 명연明衍 모음[50]

권 보정의 꼬리말

『염불보권문』. 1704년 경상좌도 예천 용문사 비구 명연明衍이 지었는데, 명연 스님에 대한 행장이 없어 자세한 개인사나 수행 과정에 대해서는 알 수 없다. 다만 『염불보권문』에 짧은 소개글이 있다.

"용문산은 영남의 큰 땅일 뿐만 아니라 역시 한 나라의 명산이다. 이 산에 대사가 계시니 법명이 명연明衍인데, 이 세상에

---

50) 원문과 번역문은 https://kabc.dongguk.edu/.

드문 스님이다. 일찍이 정성으로 감로의 문으로 드시고 유유히 스스로 제호의 본성을 증득하셨으니, 선원禪苑의 목탁이고 교해敎海의 빈랑檳榔이시다. 여래가 말씀하시되 '이천오백 년 해가 지나 수마참법須摩懺法이 세상에 성행한다' 하셨더니, 지금이 바로 그때로구나. 미타참경이 글이 넓고 뜻이 깊어 얕은 소견으로는 보기가 어려워 배우는 이가 아프게 여기더니, 대사가 이에 요람을 초록해서 한 권으로 모으고 '미타참절요'라 이름하니, 시방에서 선풍을 보게 되고 삼세의 권선들이 같은 배를 타게 되고, 진서와 언문이 함께 쓰였으니 칠부 대중이 모두 보게 되어 배우는 이에게 크게 공이 있게 되었으니, 비상한 사람이 아니었다면 어찌 이와 같을 수 있겠는가. 말이 많은 것은 대사가 취하는 바가 아니요. 다만 비상한 말만 책 끝에 기록하여 비상한 일을 보이셨으니, 오! 가상한 일이로다." 〈경기도 지평 용문산 해월당 상봉 정원대사 참경절요 발〉

이처럼 구체적인 행장이 없음에도 불구하고 엮은이는 스님을 '극락 간 사람들'에 반드시 넣어야 한다고 보아 스님이 쓴 책의 서문을 실었다. 서문에 보면 『선가귀감禪家龜鑑』을 지은 청허淸虛의 후예라고 하였다. 앞에서 보았지만, 서산대사 휴정은 우리나라 불교를 선문, 교문, 염불문 삼문으로 통합하였고, 제자들은 제각기 한 문을 택해 수행해 왔다. 앞에서 보았듯이 서산대사 법맥을 이은 많은 선승과 교학승들이 활동하였으나 염불문을 이어받아 발전시킨 후예는 보기 힘들었다. 그런데 명연이 서산대사의 정토문을 대중화시키기 위해 어려운 한문을 훈민정음으로 옮겨 책을 내게 된 것이다.

서문에서 언급했지만 조선 전기 염불문을 대표한 것은『예념미타도량참법禮念彌陁道場懺法』이었다.『예념미타도량참법』은 미타도량참법의 의식내용과 절차를 서술한 책인데, 1213년 금나라 왕자성王子成이 편찬한 것으로, ① 귀의 서방 삼보歸依西方三寶, ② 결의생신決疑生信 ③ 인교비증引教比證 ④ 왕생전록往生傳錄 ⑤ 극락장엄極樂莊嚴 ⑥ 예참죄장禮懺罪障 ⑦ 발보디심(發菩提心) ⑧ 발원왕생發願往生 ⑨ 구생행문求生行門 ⑩ 총위예불總為禮佛 ⑪ 자경自慶 ⑫ 보개회향普皆迴向 ⑬ 촉루유통囑累流通 같은 13개 항목으로 되어 있다.[51] 남희숙이 정리한 조선조 발행된 관계 서적은 다음과 같다.

①『예념미타도량참법』해인사본 (1503, 연산군 9년)
②『예념미타도량참법』전라도 청룡산사(1533, 중종 28년)
③『예념미타도량참법』황해도 석두사(1542, 중종 37년)
④『예념미타도량참법』경상도 비로사(1572, 선조 4년)

---

51) 「禮念彌陀道場懺法」, 卍新續藏第 74 冊 No. 1467.

⑤『예념미타도량참법』전라도 송광사(1607, 선조 40년)

⑥『예념미타도량참법』경상도 장수불당(1610, 광해군 2년)

　그러나 미타참은 한문으로 되어 있어 스님들이 의식집으로 쓸 수 있었지만 일반에 보급되기는 한계가 있었다. 그래서 조선 숙종30년(1704) 봄에 여러 경전에서 염불에 관한 좋은 글들을 뽑아 모아서『명연집明衍集』을 내고, 다시 염불의 대중화를 위하여 훈민정음으로 번역하여 유포시킨 것이 명연의『염불보권문念佛普勸文』이다.

　『염불보권문』출판은 많은 불자가 쉽게 정토와 염불을 접하고 수행하는 역할을 하였다는 점에서 엮은이는 한국 정토사에서 획을 긋는 사건이라고 본다. 실제 이 염불보권문은 많은 절에서 찍어내 일반화되었다.

① 용문사본(1704) - 염불보권문의 국어학적 연구 영인(1) (1996)

② 동화사본(1764) - 염불보권문의 국어학적 연구 영인(2)

③ 흥률사본(1765) - 국립중앙도서관(온라인 열람 가능), 홍문각 영인(1978).

④ 용문사본(1765) - 염불보권문의 국어학적 연구 영인(3)

⑤ 해인사본(1776) - 동화사본의 복각본이다.

⑥ 선운사본(1787) - 홍문각 영인(1978).

이 책이 나온 뒤 염불수행자는 물론 일반 법회의식에도 큰 영향을 주어 현재 천수경의 원류라는 주장도 있다.[52]

이처럼 염불을 일반화시킨 명연 스님은 스스로 염불 수행을 열심히 했을 것이고, 그리고 수많은 염불인들을 극락으로 가서 태어나게 했으니 당연히 극락에 갔을 것이다. 엮은이가 스님의 행장을 모르고도 『극락 간 사람들(韓國往生傳)』에 주저 없이 넣은 까닭이다.

---

52) 정각은 여러 문헌에 나온 차례를 도표로 만들어 내용을 비교한 뒤 다음과 같은 결론을 내린다. "사실 앞의 도표를 개관해 보면 애초 『염불보권문』과 함께 『삼문직지』의 기본 틀을 바탕으로 거기에 『운수단가사』 및 『현행법회예참의식』·『작법귀감』의 몇몇 항목이 추가되어 진 채, 『불가일용작법』과 『고왕관세음천수다라니경』·『천슈경·불설 고왕관세음경』·『석문의범』을 거쳐 『행자수지』, 즉 〈현행「천수경」〉이 만들어진 것이 아닌가 추측한다." (정각, 『천수경 연구』, 운주사, 1996, 137~138.)

『염불보권문』
(동국대학교출판부, 2012)

『염불보권문』 (국립중앙도서관)

11. 1689~1749년, 살아서 보살행을 행하고
극락에 간 본원 보살

『염불보권문(念佛普勸文)』

경상좌도 밀양에 사는 성은 현玄씨고 불명은 본원本願이라는 여인이 있었다.[53]

기사년[54] 12월 어느 날 마침 가사 불사 화주를 하는 스님이 시주를 청하였는데, 그녀는 갑자기 신심을 내 시주를 하게 되었다. 그랬더니 그날 밤 삼경(11~1시)에 저절로 자기 입에서 염불 소리가 나와 그 소리를 일상의 업으로 삼아 날마다 염불을 계속하였다. 추우나 더우나, 오가면서 밤과 낮이 길고 짧은지도 모르고 큰소리로 염불을 하였다.

하루 밤낮 3만 번씩 염불하며 36개월이 되는 신미년 12월 24일 밤 삼경에 염불하고 있는데, 이때 서쪽에서 오색 상서로운 구름이 일어 한가로이 날리면서 가까이 다가왔다. 악기 소리가

---

53) 明衍,『念佛普勸文』해인사본, 1776, 마지막 간기 직전.「玄氏行蹟」
54) 명연스님의『명연집』이 1704년에 나왔으니 그보다 앞서는 기사년일 것이고, 아주 오래된 것이 아니라면, 책이 나오기 15년 전인 1689년(숙종 15년) 기사년이고, 해인사본이 1776년에 나왔으니 1749년일 것이다.

아스라이 들려 오며 아름다운 누각 가운데 3송이의 꽃이 있었다. 그리고 그 꽃 위에는 세 분의 부처님이 계셨다.

현씨가 붇다를 우러러보자 붇다께서 말씀하셨다.

"네가 염불하기를 3년을 채웠고, 부처님을 뵙기를 발원하면서 간절히 수행하므로 내가 너의 앞에 나타나 너를 위하여 말하는 것이다. 어서 스승을 정하여 참회하고 출가하여 산으로 들어가거라. 너의 자손과 밭과 땅과 재물이 태산같이 많으나 모두가 허망한 것이니라."

현 씨는 그 말씀을 듣고 잊지 않고 믿고 받들어, 출가하여 계를 받은 지 27년이 되었다. 이처럼 염불하는 동안 25번이나 부처님을 뵈었고 법문을 들었다. 그는 하루 저녁에 서쪽을 향하여 50번씩 예배하며 일념으로 항상 염불하였다. 그러자 다른 사람들도 함께 그를 본받아 염불하게 되었고, 재가불자들도 하루 동안 입산 출가하여 초당에 머물면서 향을 사르고 연비를 하며 더욱 열심히 염불하면서 부처님의 원력으로 극락정토에 가서 태어날 것을 다짐하였다.

현 씨는 목숨을 마치려는 때 자손들을 모아 놓고 유언을 하였다.

"나의 목숨은 오늘밤에 없다. 너희들은 모두 나의 말을 들어라. 나를 화장한 뒤 『염불을 널리 권하는 글(念佛普勸文)』을 책

<u>으로 내서 세상 사람들을 모두 극락정토로 이끌도록 해라. 나는 지금 부처님의 원력으로 마음이 즐겁기 짝이 없다. 나는 이제 서녘으로 돌아갈 것이다."</u>

그때 그들 앞에 아미따불이 나타나 말씀하셨다.

"너희들 대중은 여러 경전의 부처님과 조사의 말씀을 믿고 받들어라. 무수한 방편을 설하였느니라. 이러한 까닭에 상근기와 중근기에는 정법正法과 상법像法이 견고하여 득도하지만, 하근기 말법시대에는 여러 문이 열려 있거나 혹은 닫혀 있기도 하느니라. 이 말법에 고통과 번뇌에서 벗어나고자 하는 사람들을 위하여 설하겠다. 이 시대에 일어나야 할 가장 적당한 수행은 정토문이니, 왕생을 구하며 염불하는 사람은 누구든지 극락세계에 왕생할 것이니라."

---

55) 『염불보권문(念佛普勸文)』: 조선 숙종 30년(1704)에 경북 예천 용문사의 중 명연(明衍)이 만든 염불문. 여러 경전의 좋은 구절만 뽑아 만든 것으로 다시 훈민정음(한글)으로 번역하였다. 영조 52년(1776)에 간행되었다. 명연(明衍)스님은 행적을 자세히 알 수 없다. 다만 이러한 기록이 전해진다. 스님이 1704년(조선 숙종30년) 봄, 경북 예천 용문사에서 주석할 때 염불에 관한 글들을 모아 『명연집明衍集』이라 이름하고, 염불의 대중화를 위하여 유포하였다. 그 뒤 1764년 구월산 흥률사에서 간행하고, 1775년 해인사에서도 간행 유포하였다고 전하니, 조선 중기에 염불 수행이 대중화되었음을 짐작할 수 있다. 이 『명연집』 가운데 「염불보권문(念佛普勸文)」이 들어 있는데, 염불을 널리 권하는 글로서 정토를 염원하여 신심을 일으키도록 하였다.

이때 현 씨는 특별히 막내아들인 각성에게 말하였다.

"너희들은 입산 출가하여 불도를 위하여야 할 것이며, 재물을 내어 판板에 새겨 『염불을 널리 권하는 글(念佛普勸文)』을 펴내 모든 노소 남녀 등에게 아미따불을 염할 것을 권하여라. 매일 이른 아침에 서쪽을 향하여 예불 삼배를 하고 다음에 40번씩 염불하는 자는 내가 가는 국토의 연꽃에 태어날 것이다."

각성은 어머니 현씨의 말씀을 듣고 받들어 봉행하여 『염불을 널리 권하는 글(念佛普勸文)』[55]을 새로 새겨 합천 해인사 장경각에 유치하였다.

본원 비구니 현 씨는 73세에 극락에 가서 태어났다.

㉖ 보정의 꼬리말

이 이야기는 앞에서 본 명연明衍 스님이 낸 『명연집明衍集』 (1704, 숙종 30년 발행) 안에서 염불을 보급하기 위해 훈민정음으로 옮긴 「염불을 널리 권하는 글(念佛普勸文)」 속에 들어 있는 글이다. 본원 보살이 염불을 열심히 하여 입에서 저절로 염불소리가 난 것은 이른바 관세음보살의 이근원통으로 정토선에서는 자성염불이라고 한다. 본원 보살은 이 정도만 가지고도 극락에 가는 밑천(資糧)을 갖추었지만 출가하여 다시 27년을

닦아 상품상생 인연을 맺었고, 특히 「염불을 널리 권하는 글」을
법보시하는 보살행을 자식 대까지 잇게 했으니 극락 상품에 가
서 태어나는 것은 말릴 수 없는 증과라고 생각한다.

12. 1715년, 상서로운 빛이 100리 밖에서도 보인 도안 스님

숙종 41년(1715)
「월저도안선사비(月渚道安禪師碑)」(『조선불교통사』)

글은 홍문관 대제학 이덕수李德 壽가 지어 대흥사大興寺에 세웠다.

선사의 법명은 도안道安이요, 세속의 성은 유劉씨이고, 평양(箕 都) 사람이다. 아버지는 보인輔仁 이요, 어머니는 김씨니 생년이 숭 정 무인년(1638)이요, 죽은 해가 숙종 을미년(1715)이다. 세수가

월저당 영정(한국학중앙연구원)

78세이며 승랍은 69년이다. 처음 천신 장로天信長老에게 계를 받 고 풍담楓覃을 예참하였으며, 서산대사의 밀전密傳을 얻었다. 갑 진년(1604) 묘향산에 들어가 화엄의 대의를 강구하니, 세상에 서 '화엄종주'라고 불렀다. 항상 종풍을 드날려 법을 듣는 대중 이 늘 수백 명이 넘었으니, 법회의 성대함은 근세에 없는 일이 었다. 여러 대승경전을 펴내 절과 일반에 퍼뜨렸다.

정축(숙종 23년, 1697) 옥사에 억울하게 고발당했는데, 임금이 본래 그 이름을 듣고 있었기 때문에 특별히 명하여 놓아 주었다. 이로부터 더욱 숨어 살았으나 그 이름은 크게 울려 온 나라를 흔들었다. 문을 바라보고 달려오는 자가 목말라 강물로 달려가는 것 같았다.

참으로 돌아가는 날(歸眞) 저녁에 상서로운 빛이 하늘을 비추어 100리 밖에서도 보지 못한 사람이 없었다. 다비하여 사리 3과를 얻었는데, 보현사 서쪽 기슭에 탑을 세우고, 또 기성^{箕城} 해남사에 나누어 모셨다.

해남사 석법명(法明)은 스님의 으뜸 제자다. 나를 빈양^{濱陽} (경기도 양근군)으로 찾아와 스님의 비문을 써 달라고 하였다. … 줄임… 스님이 법을 전한 제자 추붕^{秋鵬}이 일찍이 내게 말했었다. 선사는 경을 풀이할 때 작은 가닥에 얽매이지 않고 그 큰 뜻을 잘 통괄하였고, 제자백가에도 아울러 통하여 크든 작든 빠트리지 않았으니, 이것이 스님이 된 까닭이다.

卍 보정의 꼬리말

도안 스님 비문 앞면에서도 임종 때의 장면을 쓰지 않고 다만 "상서로운 빛이 100리 밖에서만 보였다"라고 썼다. 그리고 비석 뒷면 내용도 줄인 것만 남아 있어 자세하게 밝히기 어렵다. 다만 상서로운 빛이 100리 밖에서도 보였다면 필시 아미따 붇 다가 성인들과 함께 맞이하러 왔을 가능성이 크므로 여기에 기 록을 남긴다.

월저당대사집(동국대학교 출판부)

월저당 부도(한국학중앙연구원)

13. 1724년, 아미따 삼존불 금칠하고 염불하다
극락 간 선사 무용당

경종 4년 (1724년)

영해 약탄(影海若坦),『무용당유고(無用堂遺稿)』

「무용당대선사행장(無用堂大禪師行狀)」

무용당 대선사의 행장[56]

선사의 법명은 수연秀演, 자는 무용無用이다. 멀고 가까운 승
속이 모두 '무용'으로 집 이름(軒號)을 삼았기 때문에 그대로
호를 삼았다. 속성은 오씨이고 용안龍安 사람이다.

고리(高麗) 태위문양공 연총延寵의 후손으로 집안이 끊이지
않고 조선까지 내려와 증조부 하몽下蒙은 통훈대부행정의通訓大
夫行旋義와 무안 등에서 현감을 지냈고, 할아버지 응정應鼎은 통
정대부通政大夫 행순천부사行順天府使 증가선대부贈嘉善大夫 한성
좌윤에 이르렀으며, 아버지 섬무暹武는 절행벽단첨사節行碧團僉
使를 지냈다.

---

56) 전라도 순천부 조계산 송광사에서 소장한 목판본을 불교기록문화유산아르카이브에
서 옮긴 것을 바탕으로 (https://kabc.dongguk.edu) 다듬었다.

누런 무늬 큰 곤충 한 마리가 꿈틀거리며 공중에 올라가다가 조금 뒤에 다시 떨어져 방 주위를 몇 겹으로 에워싸는 꿈을 꾸고 선사를 배어 순치 8년(1651, 효종 2) 신묘년 3월 13일 경인 선사를 낳았다. 선사는 태어날 적에 특이하게도 체구가 깔끔하고 머리 끝이 우뚝 솟았으며, 어려서부터 총명하고 말수가 적었다.

나이가 갓 여덟 살이 되었을 적 책과 역사를 읽기 시작하면서 한두 번 읽고는 곧바로 외웠으며 그 뜻을 남김없이 알아내었다. 아, 나이 13세에 느닷없이 부모를 여의고 오직 형을 의지하게 되었다. 그러나 곤궁하고 외로운 처지에서도 삼분오전三墳五典과 제자백가 등을 모두 모아 보면서 글귀를 뽑아 글이나 짓는 작태는 조금도 없었으므로 이로 인해 이름이 원근에 널리 퍼졌다.

나이 19세가 되자 덧없는 인생이 순식간임을 살피고 출가할 큰 뜻을 내었다. 그리하여 하루아침에 형에게 알리지도 않고 빠져나와 남쪽 길을 향하다가 우연히 조계산 송광사에 들어가서 혜관 노사惠寬老師에게 출가하였으며, 그 산 혜공慧空 대사에게 구족계를 받았다.

선사는 체격이 장대하고 얼굴이 방정하였으며, 가슴속이 시원하고 깨끗하여 남의 옳고 그름을 말하지 않았다. 그리고 오직 도道만 따르고 명리를 좋아하지 않으면서 문을 닫고 조용히 지내었다.

나이 22세가 되었을 적에 양사養師가 "예로부터 대도를 통하고 깊은 근원을 깨닫는 자는 선禪과 교敎를 함께 닦아야 한다고 했다. 그런데 선문에 전념한다면 이치상 옳겠는가?'라고 하는 말을 듣고는 바로 태도를 고쳤다. 처음에 침굉枕肱의 문하에 나아가서 한 번 현음玄音을 듣고는 다시 일러 주지 않아도 통달하였으므로, 침굉이 "원돈圓頓 법계가 온전히 너에게 있다'라고 찬탄하였다. 다시 옷을 떨치고 백운산의 백운암에 들어가서 1년 동안 정혜定慧를 닦았다.

26세에 침굉의 부탁을 받고 조계 은적암으로 백암栢庵을 찾아갔는데, 백암이 한번 보고 크게 기특하게 여겨 문도에게 "이 사람은 옛 성현의 자리를 빼앗고 불법의 문을 활짝 열 것이다" 라고 말하니, 문도가 모두 경외하였다. 선사가 이로 인해 여기에 주석하였는데, 경전을 가지고 토론할 때마다 의견이 합치되지 않은 적이 없었으며, 새로 깨닫게 되는 점도 더욱 많았다. 그래서 몇 년 사이에 장경을 모두 섭렵하고는 용문산으로 이주하여 다시 내관內觀을 닦았다.

경신년(1680, 숙종 6) 가을에 금화동 신불암新佛庵에 먼저 머물고 있던 선교를 공부하는 사람들이 매우 간절히 요청하자 선사가 그 인연에 응하였는데, 새로 참여한 자들이 또 많아서 그 장소가 비좁았으므로 본사 미타전彌陀殿으로 옮겼다.

또 임술년(1682, 숙종 8) 가을에는 선암사의 요청에 응하고, 계해년(1683, 숙종 9) 여름에는 또 송광사의 요청에 응하였다. 요청하는 사람들 많아질수록 자신 일에 방해가 되자, 밤중에 희양산의 옛 거처인 백운암으로 몸을 피해 정혜 수행에 더욱 힘썼다.

또 이듬해 봄에는 팔영산 제칠봉 아래로 거처를 옮긴 뒤에 빈 터를 하나 얻어 띠 풀을 베어서 지붕을 얹고는 선관禪關을 정밀히 닦아 슬기로운 깨달음이 더욱 빛났다. 병인년(1686, 숙종 12)에는 또 대중의 청을 어기기 어려워서 본사 능인전으로 옮겨 머물었다.

무진년(1688, 숙종 14)에 조계로 가서 다시 백암을 뵙고 『화엄소초華嚴疏鈔』를 받아 자세히 탐구하고 깊은 뜻을 찾아내어 그 고갱이를 모두 터득하였다. 기사년(1689, 숙종 15) 봄에 백암이 징광사로 가서 『화엄연의華嚴演義』 및 『대명법수大明法數』·『간정기刊定記』·『정토서淨土書』 등을 펴내 사람과 하늘의 눈을 열어 주려 할 때 선사도 함께 그 일을 도왔다.

임신년(1692, 숙종 18) 봄에 선암사의 선오禪俉가 백암을 청하여 화엄회를 크게 베풀자 사부대중이 노루를 쫓듯 몰려갔는데 선사도 따라갔다. 그해 늦겨울에 백암이 지리산으로 거처를 옮기자 선사도 본사의 창파각滄波閣으로 거처를 옮겼는데, 그때 대중 숫자가 100명에 이르렀다. 갑술년(1694, 숙종 20) 봄에 요청에 응해 송광사 은적암에 머물렀다. 기묘년(1699, 숙종 25)에 요청을 받고 동리산으로 갔다.

경진년(1700, 숙종 26) 7월에 백암이 지리산 신흥사에 머물다가 입적하자, 선사가 부음을 듣고 달려가 소리내 울었다. 초 7일에 다비하고 나서 대중이 강석講席을 이어받기를 청했으나 선사가 겸양하며 거절하였는데, 대중이 더욱 간절히 청하자 비로소 문을 열도록 허락하였다. 이듬해 봄에 칠불암으로 갔는데 선승과 교학 승들이 더욱 많이 몰려왔다. 그래서 낮에는 강의하고 밤에는 참선하면서 남을 지도하고 자기를 다스리는 일을 밤낮으로 게을리 하지 않았다.

갑신년(1704, 숙종 30) 봄에 갑자기 대중을 물리치며 말하기를, "부질없이 혀를 놀리기보다는 마음을 기울여 염불하는 것이 낫지 않겠는가?"라고 하고는, 옷자락을 떨치고서 용문 은봉암에 거하였다. 이로부터 가르치기도 하고 그만두기도 하는 등 일정하게 따르는 기준이 전혀 없었는데, 학도가 추종하는 것이 마치 새들이 난새가 날아가는 대로 따라다니는 것과 같았다.

경인년(1710, 숙종 36) 봄에 산양山陽 개흥사에서 조계 옛 절로 돌아왔다. 그리고 날마다 소리내 읽고 외는 틈에 절 동쪽 시냇가에 손수 대를 쌓고 수석정이라는 정자를 세우고는 서문을 지어 그 이름을 해석하였는데, 간추리면 이렇다.

石堅而靜 (석견이정)

돌은 단단하면 고요하니,

吾以欲存心而不動 (오이욕존심이부동)

내가 이를 통해 마음을 붙들어 흔들리지 않게 하려함이요,

水流而淸 (수류이청)

물은 흘러가면 맑으니,

吾以欲應物而無滯 (오이욕응물이무체)

내가 이를 통해 바깥 경계에 대하며 걸림이 없게 하고자 함이다.

이는 바로 어떤 상황을 맞닥뜨리든 간에 잡았다 놓았다 하며 걸림이 없이 바깥 경계를 대하는 도리로서, 선현들의 빛을 낳게 하고 후세 사람들에게 본보기가 될 만한 것이었다.

기해년(1719, 숙종 45) 봄에 호남과 영남의 여러 사찰에서 남의 스승이 되고 이름을 내걸 만한 자들이 3백 명 넘게 대거 이곳에 모여 화엄과 선문에 대해서 강의해 주기를 청하니, 사양하기를, "나 자신이 바르지 못한데 어떻게 남을 바르게 하겠는가?"라고 하였다. 그러나 사양을 하면 할수록 더욱 열성으로 청하였으므로 법좌에 올라 불자를 휘두르며 심오한 뜻을 설파하는데, 높고 큰 가르침이 끝없이 서로 비치자 강회에 참석한 사람들이 모두 위엄에 눌려 엎드렸으니, 이 어찌 비인秘印을 전해 받

아 허리에 차고 임제 종풍을 크게 드날린 것이 아니겠는가.

아, 여름이 끝날 무렵 가볍게 아프셔 앉아 있기도 하고 누워 있기도 하였다. 겨울철 10월에 양공良工을 불러 아미따(彌陀) 삼존상에 금칠을 하게 하고는, 17일 병진일 오전 10시쯤 온마음을 다해 염불을 하다가 왼발을 오른쪽 무릎에 얹고 서거하니, 나이(報齡) 69세요, 하안거가 51세였다.

초칠일 임술일에 절의 백호(우측 산) 밖 오도치悟道峙 아래서 다비하였다. 장례식에 승속이 모두 모였으며, 장례식에 깃발이 이처럼 성대한 것은 일찍이 없던 일이었다. 불길이 바야흐로 일어날 때 갑자기 상서로운 구름이 피어나며 숲과 산의 색깔이 변하였으므로 보는 이들이 기이하게 여겼다.

이듬해 경자년(1720, 숙종 46) 봄에 문인 낭형朗炯 등이 돌을 쪼아 절의 백호 밖 고봉원高峰原 위에 탑을 세웠으니, 이곳은 바로 선사의 옆이었다.

당시 벼슬하는 인사로서 사귀지 않은 자가 드물었는데, 그 가운데서도 영상 이광좌李光佐, 대사성 최창대崔昌大, 참판 이진유李眞儒, 교리 임상덕林象德, 최양양崔襄陽 계옹季翁, 김삼연金三淵 창흡昌翕, 황순천黃順天 익재益再 등과 가장 친하게 지내었다.

참선하는 틈틈이 또 곧잘 게송을 읊고 글을 지은 것들이 많은데, 그 가운데 정요한 것만 몇 편 간추려서 판각하였다. 선사에게 수업을 받고서 각각 가죽(皮)과 살(肉)과 정수(髓)를 얻어 남의 스승이 되거나 바위굴 깊이 숨어 자기 한 몸을 선하게 하는 제자들이 또한 많은데, 그 이름은 여기에 번거롭게 나열하지 않는다.

소승 약탄(若坦 影海, 1668~1754)은 일찍부터 선사의 문지방을 드나들며 자주 귀한 말씀을 듣고 이 도에 들어올 줄을 안 자이니, 어느 것 하나도 선사께서 귀를 끌어당겨 일러 주시고 손바닥을 가리켜 보여 주신 가르침 아닌 것이 없다. 그러고 보면 그 은혜는 천지와 같았고, 그 정은 골육보다도 더하였으니, 은정이 그러하다면 비록 금수라도 목숨을 바쳐서 그 덕에 보답하려 하지 않는 경우가 없을 것이다. 그래서 눈물을 훔치고는 세상 사람들이 모두 보고 들은 자료를 모아 간행하려 하면서 삼가 이 행장을 쓰는 바이다.

옹정 2년(1724, 영조 원년) 갑진 섣달 ○일

국립중앙도서관　　　　　　　　　　국립중앙도서관

권 보정의 꼬리말 · 화두 놓고 염불하세 (2)

　무용 연수無用秀演(1651~1719)는 비문에서 보듯이 선과 교에
능통하여 임제종의 법통을 빛낸 선사였다. 그러나 스승인 백암
당 성총과 마찬가지로 마지막으로는 결국 염불문을 선택하게
된다. 스승인 백암이 출가한 지 50년 만인 63세 때 염불하여 극
락 가겠다는 뜻을 공개적으로 밝혔다면 무용은 19살에 출가하
여 34년만인 1704년 모든 학인들을 물리치고 염불문에 들어가
겠다는 결심을 공개적으로 선포했다.

　행장에서는 임제종과 화엄을 강조하느라 그 뒤 어떻게 정토

를 수련했는지 전혀 기록을 하지 않았지만, 목숨을 다할 때 아미따 삼존불에 금칠하게 하고, 그 삼존상을 바라보며 온 마음을 다해 염불하였으니 그동안 어떻게 정토 수행을 했는지는 쉽게 알 수 있다. 그리고 장례식 때 상서로운 구름이 숲과 산을 덮었으니 이는 아미따 붇다가 성인들과 더불어 맞이하여 극락에 간 것이다. 이보다 더 훌륭한 수행자의 삶이 어디 있겠는가!

한살이 동안 선과 화엄에 통달했지만 결국 생사를 벗어나지 못하고 육도를 윤회하게 될 것을 알아차린 무용 스님이 염불문을 골라 공개적으로 천명하고 남은 삶을 염불하여 극락으로 가서 아무런 거침이 없이 수행을 계속하려 한 것은 겸손한 선사만이 할 수 있는 슬기로운 선택이었다. 이는 스승에 이어 이른바 '화두 놓고 염불하세'를 실천하는 것이고, 세속에 견주어 말한다면 직장에서 월급받고 일하면서 연금 넣고 보험에 든 것처럼 탄탄한 설계를 한 것이다. 그리고 사미 때 염불 배우고 수많은 수행과 경전을 공부하다가 결국 다시 염불한다는 '도로아미따불'을 제대로 보여 주는 것이다. '도로 아미따불'은 이처럼 깊은 도력에서 나오는 아름다운 결과이지 사전에서 나오는 것처럼 "애썼으나 결과가 없다"라는 뜻이 아니었다.

후학들도 선사들이 틈내서 휘갈긴 선시禪詩 해석하느라 시간 보내지 말고, 몇십 년 수행한 내공으로 거리낌 없이 염불을 골라 삼세의 생사 문제를 푼 고승들의 용기를 본받아야 한다.

14. 1741년, 30년 염불하다 가는 날 알리고 하늘의 빛과 함께 극락 간 환몽 대선사

영조 18, 1741년
「유명 조선국 환몽대사 비명과 머리말(有明朝鮮國幻夢大師碑銘并序)」
『조선불교통사』

통정대부 이조참의지제고(吏曹參議知制誥) 조명교(曹命敎) 짓고 새김.

□□□□ 백년 이어지는데 강토에 걱정스러운 일이 이루 말할 수 없을 만큼 많다. 내가 관서 관찰사로 있을 때 묘향산에 들어가 옛 절에 있는 서산 대사의 진영을 보고 감개무량하여 그 뛰어난 모습을 흠모하니 마치 서로 만난 듯하였다. 내가 화두를 들고 산의 승려에게 물었다.

"스님 가문의 서산조사는 물고기와 고기를 먹지 않고 왜적을 먹었다는데, 바른 진리(義諦)란 무엇인가?"

그런데 불행하게도 이 물음에 대답할 수 있는 사람이 없었다.

서산 대사의 6세손인 굉활宏闊은 바야흐로 무리를 모아 안주의 은적암에서 경학을 강의한다고 들었다. 모르는 사이에 그를 '서방대종사西方大宗師'라고 칭하였다. 내가 바로 편지를 보내 급히 물으니 스님은 뛰어난 글을 지어 그것을 변론하니 그 글이

심히 기이하고 그 논이 심히 위대하였다.

군신君臣의 대의에 연모하여 귀의하고, 몸을 버려 순국하는 것을 상승법문으로 삼으며, 그 법의 고갱이는 자비로 두루 구제하는 인에 벗어나지 않는다. 연못에 달이 비치듯 서산 대사의 심법을 받았다.

나와 함께 숨은 뜻을 논하였는데, 어느새 서로 감응하는 바가 있으니, 스님은 참으로 서산 대사의 법을 이은 손자이다. 또한 내가 다른 학문을 하지만 마음을 아는 이라고 (비문을) 부탁한 것은 또한 허물이 되지 않았다.

스님은 신유년(1741) 12월 7일에 황주의 도관사道觀寺에서 입적하였다. 그의 제자 체인體仁이 행장을 가지고 천 리를 달려와 나에게 비문을 부탁하였다. 그 행장은 다음과 같다.

스님의 속성은 안安 씨로 밀성密城 사람이다. 아버지는 기준機俊이고 어머니는 노魯 씨다. 태어날 때 기이한 꿈을 꾸었다. 13세에 출가하여 추붕秋鵬 대사에게 경을 배우고 두루 남방의 여러 종사를 찾아뵈었다. 늦게 월저 도안月渚道安화상 문하에서 학업을 마쳤다.

그가 처음에 체득한 것은 추붕 대사로부터 얻은 것이 많았다. 스님이 뜻을 돈독히 하여 정진하니 법의 바다가 깊고 넓었다. 그러나 글을 쓰는 것을 즐겨 하지 않고 와서 묻는 자가 있으면

외거나 말할 뿐이었다. 말을 마치고는 <u>단정히 앉아 1불 4보살</u>
<u>을 염송하는데(念一佛四菩薩), 30년을 그렇게 하였다.</u>

<u>입적하기 며칠 전 미리 죽을 날을 말하고, 죽는 날에 이르러</u>
<u>서는 상서로운 빛이 하늘을 밝혔다.</u> 다비를 하니 영주 7과가 나
왔고, 또 정골에서 사리 7과가 나왔다. 체인 등이 탑을 세워 이
를 안치하였다. 스님의 세수는 62세였고, 당호는 환몽이라 하였
다고 한다.

내가 유학을 배우는 사람으로서 불교의 이치를 잘 알지 못하
나 선사의 수행 깊이는 진실로 세상의 여론으로 헤아릴 수 없
다. 그러나 만약 홀로 서산의 심법을 얻어 중생으로서 충의의
길에 바쳐 국가가 평안하고 위급할 때 쓰임을 헤아린다면, 그
마음이 밝아지리니 어찌 업신여기겠는가. 내가 오직 이 한 가
지 일을 발휘하여 부도의 기명을 쓰니 무릇 스님을 배우려 하는
자는 모두 다 반드시 이 뜻을 알아야 할 것이다. 명은 다음과 같
다.

14알의 사리는
모두 서산 조사의 마음이다.
마음과 마음을 서로 전하고,

전한 이들 숲을 이루니

곧 남쪽 기운이 서쪽에 스며들었도다.

안개가 걷히고 연기가 가라앉누나.

숭정 기원 후 두 번째 임술년(영조 18, 1742) 8월 ○일.

권 보정의 꼬리말

① 1불 4보살을 염했고(念一佛四菩薩),

② 입적하기 며칠 전 미리 죽을 날을 알렸고,

③ 죽는 날에 이르러서는 상서로운 빛이 하늘을 밝혔다고 하
   였으나 조선시대 유학자의 기록이라는 점을 감안하면 극
   락 간 것이 확실하다고 하겠다.

15. 1743년, 서쪽 향해 돌아가니 상서로운 7가닥이 …, 명진 대사

영조 19년, 1743

「명진 대사 출세 통문(冥眞大師出世通文)」, 『용담집』

명진 대사가 세상을 뜬 일을 알리는 글(冥眞大師出世通文)

말씀드립니다.

올해 계해년(1743) 2월 12일 해시에 새로 열반하신 명진冥眞 대선사는 법호가 수일守一이고, 태인현泰仁縣 목욕동沐浴洞 사람입니다. 서산西山 대사를 법조로 하여 5세손이고, 월저月渚 화상 문하의 제자입니다. 속성은 서씨이고, 본관은 달성이며, 어머니는 완산 이씨로 인을 숭상하고 덕을 닦는 청신사 집안입니다.

나이 16세에 운주산雲住山 용장사龍莊寺 현각玄覺 장로께 (주역의) 규효睽爻 한 점을 던졌는데, 신령한 성품, 문장, 사유에 대중들이 탄복하였습니다.

19세에 보원寶圓 선사께 구족계를 받고 이로 인해 비밀스러운 종지를 받았으며, 25세에 이르러 온갖 전적들을 널리 봐서 3장을 환히 통하고는 남녘 선지식들을 두루 찾아다녔습니다. 그리고 월저 스님 곁에서 화엄의 깊은 종지를 얻었으니, 참다운 법의 집에서 다시 만나 크게 기꺼워한 부자의 정이었을 뿐입니다. 사방을 통달한 큰 안목은 검은 장막을 추켜올리고 찾아온 학인들을 받아야 마땅한데도, 작은 것을 얻은 것으로 만족하지 않고 오히려 자신은 상승의 세계에 도달하지 못했다고 걱정하며 소나무 사립을 닫고 조사의 뜻을 참구한 것이 40년이었습니다.

학자들이 무더기로 몰려들었지만 모두 뿌리쳐 돌려보내고는 금강산과 묘향산의 산수 사이에서 계곡물 마시고 솔잎 씹으면서 모든 인연을 단박에 끊고 자기 살리기를 죽을 때까지 하겠다고 특별히 뜻을 세웠습니다. 단전 아래 소식이 분명히 있었지만 참된 기틀이 누설될까 두려워 학자들이 물으면 늘 아직 이르지 못한 자라 자칭하면서 선정을 뽐내는 교만이 없었으니, 이것이 깨달은 바 없는 모습을 진실하게 나타낸 것일까요? 그의 언덕으로 건너간 자는 한 사람도 없었습니다. 한번은 배우는 이가 이렇게 물은 적이 있습니다.

"화장세계가 모든 곳에 두루 존재한다면, 현재 천당과 지옥은 마땅히 어느 곳에 있습니까?"
"회주懷州 소가 풀을 먹었는데, 익주 말이 배가 터졌구나."

또 물었습니다.

"이렇게 격식을 벗어나 서로 만났지만 진실로 단박에 들어가지 못했습니다. 다시 한 소리를 청합니다."

그러자 말씀하셨습니다.

"천하 사람들이 의원을 찾아 돼지 왼쪽 허벅지에다 뜸을 뜨네."

이로써 관찰해보건대 이와 같은 현묘한 뜻을 누가 알아챌 수 있겠습니까? 아! 대도의 인연이 다하였으니, 다른 세계에 베풀고 싶었던 걸까요? 짐짓 가볍게 아프더니 8일째 되던 날 시자를 불러 이렇게 말씀하셨습니다.

"내 몸을 좀 주물러 다오. 나는 이제 가야겠다."

그리고는 깨끗한 옷과 두건을 착용하고는 몸을 돌려 서쪽을 향하시더니 앉은 채로 가셨습니다. (그러자) 온몸에서 빛이 뿜어져 나와 상서로운 무늬 찬란한 빛 일곱 가닥이 허공에 가로질렀으니, 반야의 영험이 진실로 헛말이 아니었습니다.

3일 뒤 다비하여 백보 남짓 떨어진 반석 옆에서 정골 두 조각과 사리(靈珠) 2과를 얻었습니다. 눈부시게 찬란한 감색이라 대중들이 마음으로 기뻐하였으니, 누가 그러지 않고 누가 그러지 않겠습니까. 또 수많은 까마귀가 떼로 몰려들었다 다비한 지 7일 후에야 모두 흩어져 날아갔으니, 이것이 무슨 징조랍니까.

아, 신기할 따름입니다. 이와 같은 이적은 묻혀 버려서는 안

되기에 모든 산중의 여러 존자들께 두루 알립니다. 엎드려 바라오니, 속히 정토의 업을 닦아서 해탈이라는 큰 법의 바다로 함께 돌아가 일체 중생 세계를 널리 이롭게 하소서. 그리하신다면 천만다행이겠습니다.

명진 대사가 세상을 뜬 일을 알리는 글(冥眞大師出世通文) - 불교 기록문화유산 아카이브

보정의 꼬리말

명진 대사는 깊이 수행했으나 대중들과 만나지 않았으므로 행장이나 글이 남아 있지 않다. 다만 용담 스님의 그릇을 알아보고 찾아와 법거량을 한 인연으로 용담 스님과 내왕을 했던 모양이다. 그런데 40년간 산문을 나서지 않고 수행에 전념한 명진 대사가 한편으로 염불 수행을 하여 마지막에 극락을 간 사실을 직접 본 용담 스님은 그 사실을 산중 여러 수행자들에게 꼭

알려야 하겠다고 생각하여 통지문을 보낸 것이 『용담집』에 남아 있다. 이때 용담 스님은 43세로 나름대로 선교에 달통하여 원돈 법으로 총림을 확 뒤집어 놓고 있었다. 그러나 명진 대사가 극락 가는 것을 보고 모든 수행자들에게 공개적으로 "엎드려 바라오니, 속히 정토의 업을 닦아서 해탈이라는 큰 법의 바다로 함께 돌아가 일체중생 세계를 널리 이롭게 하소서"라고 염불법문에 대한 확신을 당당하게 드러내 보이고 있다.

　용담 대화상 행장을 보면 명진 스님을 만난 것이 33세 이전이다. 그러므로 명진 스님과 10년쯤 오갔다고 보고, 이때 명진 스님으로부터 염불 법문을 이어받았으며, 43세에는 직접 기적적인 일을 접하고 이처럼 모든 수행자에게 정토법문을 권유하기에 이른 것이다.

16. 1750년, 면벽 좌선하다 염불하여 극락 간 설송당 연초 스님

영조 26년(1750)
「설송당 연초 대사 비문 및 머리말(雪松堂演初大師碑銘幷序)」
『조선불교통사』
진암(晉菴) 이천보(李天輔) 지음

옛적에 우리 5대조 월사공이 청허淸虛 대사의 비명을 짓고, 고조 백주공이 편양鞭羊 대사의 비명을 지었고. 종증조 정관공은 풍담楓潭 대사의 비명을 지었고, 종조 지촌공은 월담月潭 대사의 비명을 지었다. 청허에서 월담에 이르기까지 4대의 비문이 다 우리 가문의 4대에서 나왔으니 매우 기이한 일이다.

설송당(양산 통도사)

영남 스님 남붕南鵬이 나에게 스승 설송 대사 비석 글을 써 달라고 부탁했는데, 대개 청허의 후예이다. (청허 이후) 2파로 나누어졌는데, 유정惟政 · 응상應祥 · 쌍언雙彦(1591~1658) · 석제釋霽는 교파敎派이고, 언기彦機 · 의심義諶 · 설제雪霽 · 지안志安은 선파禪派이다. 스님(연초)은 처음에는 석제를 스승으로 섬겼으나 후에 지안을 참례하고 그 법을 모두 이어받으니 청허 계파가 스님에 이르러 비로소 하나로 합치게 되었다.

스님의 속성은 백씨이며, 호는 설송雪松으로 자인현慈仁縣 사람이다. 나이 13세에 운문사에서 머리를 깎았다. 외모가 청초하며 심성이 순하였고 불경에 두루 밝아 그 근원을 탐구하여 묘함을 다하였다. 단에 올라 강설하면 따르는 학도들이 모여들어 종사로 받들었다. 늙어서는 문도들을 물리치고 오로지 면벽 좌선하였다.

하루는 시자에게 차를 가져오라고 하여 차 한 잔을 마시고 임종게를 쓴 다음 염불을 하고 입적하였다(誦佛而化). 대사는 병진년(1676) 5월 1일에 태어나 경오년(1750) 5월 1일에 입적하였다. 나이 75세 법랍 63년이었다. 다비한 뒤 사리를 얻어 통도사와 운문사에 나누어 안치하였다. 나는 부도浮屠에 문자를 기록하는 것을 달가워하지 않았으나 스님에게는 5대에 걸친 우의가 있는데 어찌 가히 사양할 수 있겠는가. 드디어 명을 지었다.

정定은 혜慧,
혜는 곧 정이니
선과 교를 (따로) 말하지 말라.

도에 동動과 정靜 없으니,

달이 물에 비치듯

서와 동으로 비출 뿐이니

오직 스님 마음 법만이

2문을 1종으로 아울렀다.

설송당 탑 (통도사, 2022.9.23)

설송당 탑비 (통도사, 2022.9.23)

卍 보정의 꼬리말

　서산 대사 이후 제자들이 교학과 선학으로 나뉘었으나 연초 스님이 이 두 가지 수행법을 하나로 합쳤다고 했다. 나이 들어서는 오로지 면벽 좌선을 하였지만 결국은 마지막에는 염불에 의지하였다. 본문에서 붇다를 외며 입적하였다(誦佛而化)는 기록은 참선을 강조하는 선사에게는 쓰지 않는 어법이며 염불을 했다는 것은 '나모아미따불'을 뜻한다.

　좌선으로 깨닫지 못하면 다시 6도를 윤회하여 미래가 담보되지 않기 때문에 대부분 선사들이 염불이라는 보험에 들고, 마지막에는 불퇴전 없이 정진하여 붇다를 이루는 극락으로 가는 길을 택한 것이다. 이것이 '도로 아미따불'이다.

17. 1762년, 젊어서 참선 · 간경해도 늙어서는 염불, 용담 대선사

영조 38년(1762)

「지리산 천은사 용담 대선사 행장(智異山泉隱寺龍潭大禪師行狀)」,

『조선불교통사』

『용담집(龍潭集)』, 불교 기록문화유산 아카이브

https://kabc.dongguk.edu/index

「용담조관대사 행장(龍潭慥冠大師行狀)」, 불교사(佛敎社)

『불교(佛敎)』 제43호, 1927년.

문인 혜암 윤장이 짓다(門人 惠菴玧藏 撰)

화상의 법명은 조관慥冠, 자는 무회無懷, 용담은 그의 호이다. 속성은 김씨로 남원 사람이다. 어머니는 서씨인데 꿈에 한 마리 용이 승천하는 것을 보고 임신하였다. 강희 경진년(1700) 4월 8일에 태어났다. 생김새가 신령하게 빼어났고 기세가 높고 재빨랐다.

9세에 배우기 시작하여 눈으로 한 번 보면 모두 외우고, 15세 이전에 유학의 학업을 모두 마쳤다. 이 무렵 시문을 짓고 노는 곳에 들어가 날마다 일과로 삼으니 마을에서는 신동이라 불렀다.

16세에 아버지가 돌아가시자 3년 동안 피눈물을 흘리며 슬퍼하며 삼년상을 마친 뒤 세상이 덧없음을 보고 출가를 깊이 생각하였다.

19세에 출가하고자 어머님께 청하자, 모친은 말릴 수 없음을 알고 허락하였다. 마침내 감로사(현재 구례 천은사) 상흡尙洽 장로에게 나아가 머리 깎고 대허당大虛堂 취간就侃 대덕에게 구족계를 받았다. 고향 유생들이 이 말을 듣고 한숨 쉬며 이르기를, "호랑이가 빈 숲속에 들어갔으니 앞으로 큰 울부짖음이 있을 것이다"라고 하였다.

22세에 화엄사로 가서 처음으로 상월霜月(1687~1767) 대사를 뵈었다. 대사는 한눈에 그릇이 깊음을 알았다. 수년 동안 그 문하에 있다가 영호남의 20개 절을 두루 돌아다녔다. 참례한 유명한 스님으로는 영해影海·낙암洛菴·설봉雪峯·남악南岳·회암晦庵·호암虎巖 같은 여러 큰 화상이다. 선과 교는 신묘에 이르지 못함이 없어 이르는 곳마다 의심을 제거하니 이름이 크게 드러났다. 이를 가리켜 "사향노루가 봄날 산을 지나가면 향내를 덮기 어렵다"라고 하는 것이다. (대사는) 행각을 모두 마치고 오로지 (회광) 반조返照[57]를 자신의 업으로 삼고, 붓과 벼루를

---

57) 회광반조(回光返照) : '빛을 돌이켜 거꾸로 비춘다'라는 뜻으로, 선종(禪宗)에서 언어나 문자에 의존하지 않고 자기 마음 속의 본성(本性)을 직시하는 것을 뜻한다. 여기서는 참선을 업으로 삼았다는 뜻이다.

돌 위에 깨서 없애 버렸다.

견성암見性庵에서 『대승기신론』을 읽던 어느 날 밤 홀연히 모든 붓다의 가르침이 오로지 이것 하나에 있음을 깨닫고 신령한 마음이 훤히 열렸다. 날이 밝자 여러 경전을 손 가는 대로 잡고 살펴보니 과연 말들이 모두 한밤중에 깨달은 바와 같았다. 3일이 지나 꿈속에 신동이 나타나 책 1상자와 종이 10장을 높이 들어 화상에게 주었다. 종이에는 '진곡震谷'이라 쓰였는데, 그것은 그가 동방에서 크게 떨칠 것을 징험하는 뜻이다. 화상이 스스로 깨달은 후 더욱 (지혜가) 밝고 환해져 이에 휘장을 걷어 올리고 배우러 오는 이들을 받아들이는 것이 마땅하지만 작은 것을 얻는 데 만족하지 않고 더욱 앞으로 나아갈 것을 구하였다.

호남에 명진당 수일守一 대사가 있었는데, 곧 월저의 첫째 제자로 종안宗眼이 명백하고 사고가 높고 빼어나 말에는 울림이 있었고, 글에 날카로움을 간직한 분이었다. 스님은 그 말을 듣고서 빨리 가 뵙고 싶었는데 명진 (대사) 역시 스님의 기풍을 듣고는 먼저 대사를 찾아왔다. (명진)대사가 기뻐하며 말하기를, "마침 저의 숙원이었습니다" 하고는 이렇게 물었다.

"연화장은 모든 곳에 두루 있는데, 천당과 지옥은 어디 있습니까?"

노스님이 대답했다.

"회주 소가 풀을 먹었는데, 익주 말이 배가 터졌구나"

또 물었다.

"이렇게 격식을 넘어 서로 만났지만 단박에 진실로 들어가지 못했습니다. 다시 한마디 바꾸어 주시길 구합니다."

"천하 사람들이 의원을 찾아 돼지 왼쪽 허벅지에 뜸을 뜨네."

(용담)스님은 여기서 그 깊은 뜻을 알아차리고 가슴속에 승복하였으니, 가히 신비한 의기가 서로 맞아떨어졌다고 할 수 있다.

33세에 곧바로 영원암으로 들어가 '원공(혜원)이 10년간 그 림자도 산을 나서지 않겠다'라고 한 서원을 (스스로) 깊이 다짐하였다. 암자 동쪽 귀퉁이에 몸소 흙으로 움집을 만들고, 또 암자의 서쪽 기슭에 하나를 더 세워 가은암佳隱庵이라 하고 마칠 때까지 안식처로 삼았으며, 더욱 스스로 욕망을 눌러 이기는(克己) 공부에 힘썼다.

아! 검이 신령하면 빛을 내고, 과일이 익으면 향내가 날리듯 덕 있는 중과 고결한 선비들이 사방에서 다투어 찾아오니, 가히 해동의 절상회折床會[58]라 할 만하였다. 그러나 대사는 늘 스스로

---

58) 여회(如會, 744~823)가 마조 도일에 거처할 때 찾아오는 무리가 많아 승당의 선상(禪床)이 부러졌다고 해서 상 부러진 모임(折床會)이라는 말이 생겼다.

낮추는 것을 기본으로 하였으므로 한결같이 거절하였다. 그 앞 5리가 안개 깔린 시장과 같이 붐볐으므로 끝내 해산하기 어려 웠다. 무리가 어지럽게 섞여 있어도 스스로 깨달음의 문에 올 랐으니 가히 없음(無)에서 깨달음을 이루었다고 하지 않을 수 있겠는가.

(스님은) 사람들이 이끄는 대로 좇다가 마침내 본래의 다짐 을 이루지 못하고, 회문산廻門山 심원사深源寺, 동락산 도림사, 지 리산의 여러 암자를 두루 돌아다니며 교화하는 저잣거리를 널 리 열었다. 『염송拈頌』을 가르쳐 고승(龍象)을 울타리에 가두고, 원돈圓頓법으로 총림을 확 뒤집어 놓은 것이 20년이 넘었다.

강단에 나아가 설법을 하면 소리가 웅장하게 파도치듯 하였 고, 강설은 급히 흐르는 물처럼 거침없었으며 말씀 한 마디 글 귀 한 구절이 사람들에게 (수행의) 입지立地로 이끌게 하였다. (대사를) 뵌 자와 (대사의 말을) 들은 자는 마치 뼈가 바뀌고 내 장을 씻은 듯하였다. 또한 경론 중에 다만 요점과 근본만을 밝 혔고, 경전을 꾸미지 않았으며, 늘 방편만 숭상하는 것이야말로 쓸데없는 것을 받아들이는 것이라고 꾸짖었다.

기사년(1749) 겨울, 상월 화상으로부터 발우와 가사를 전해 받았고, 이를 앞뒤로 해서 5년간 옆에서 모셔 깨달은 바가 더욱 많았다.

신미년(1751) 봄, 대중에게 "52살이 되기까지 글자 공부만 했으니 어찌 부끄럽지 않겠는가?"라고 말하고, 마침내 게로 율시 한 수를 지었다.

強吐深懷報衆知
　깊이 품은 업보 억지로 토해 대중에게 알리노니

講壇虛弄說玄奇
　강단에서 거짓으로 놀리고 현묘하다 기이하다 설하였네

看經縱許年靑日
　경전을 보는 것도 젊은 날에는 허락되겠지만

念佛偏宜髮白時
　머리 희면 도리어 염불이 마땅하네.

生死若非憑聖力
　생사를 성인의 힘에 기대지 아니하고

昇沉無計任渠持
　떠올랐다 가라앉았다 버틸 수가 없지.

況復世間頗鬧鬧
　하물며 또 세간이 자못 시끄러우니,

白雲幽谷有歸思
　흰 구름 깊은 골짜기로 돌아갈 생각이네.

이런 게를 대중들에게 보이며 강의를 그만두었다.

무인년(1758) 여름, 문도들이 다시 강의 듣기를 청하였으므로 다시 대암(臺庵)에서 설법도량을 열었다가 이듬해 겨울 다시 거두면서 율시 한 수를 지었다.

閱經何歲月 경전 본 세월 그 얼마던가.
空費鬓邊春 귀밑머리 청춘만 헛되이 보냈네.
托病知人險 사람들 험한 것 알기에 병을 내세우고
藏縱厭世紛 세상 떠들썩한 것 싫어 자취 감춘다.
谷風時至友 골바람은 때맞춰 찾아온 벗
松月自來賓 소나무 달님은 저절로 오는 손님.
定中知己在 선정 속에 마음 알아주는 벗 있으니
於道喜相親 도에서 서로 사귐을 기뻐하노라.

대컨 앞뒤로 대중을 물리고 선정과 지혜를 고루 익힌 것이 자못 옛날 사람과 같았다.

스님의 외모는 크고 뛰어났으며, 성품과 도량이 바다처럼 넓었다. 일을 처리하는 데는 부드러웠고, 대중을 대하는 데는 너그러웠으며 거리낌이 없었다. (학인을 다룰 때) 쥐었다 폈다 하는 기틀의 변화는 누가 능히 헤아릴 수 있겠는가? 문하에 노니는 제자들이 있어도 그 담장 안을 엿보지 못했고, 무릇 승속 간에 찾아오는 이들은 물러 나오면서 감탄하며 "소문으로 듣는 것보다 직접 뵈니 곱절로 낫다"라고 하였다.

건륭 임오년(1762) 6월 27일 입적하니, 세수는 63세요 법랍은 44년이었다. 임종 때 시자에게 명하여 한 구절의 게송을 받아쓰게 하였다.

先登九品蓮臺上 9품 연꽃 자리에 먼저 올라
仰對彌陀舊主人 아미따불 옛 주인 우러러뵈리라.

그리고 손수 마지막 부탁 글을 썼다.
"사람의 삶이 일어나고 사라짐은 긴 허공에서 구름이 일어나는 것과 같아 본디 실체가 없는 것이니, 어찌 실체가 아닌 것을 실체라 여겨 자신도 힘들고 남도 힘들게 하는 지경에 이르면 되겠는가? 길동무들에게 바라노니, 늙은 중과 이별하는 날 곧바로 다비하고 망령되이 부음을 전하여 번거롭게 사람들이 오가는 일이 없도록 하라. 비록 제자라고 이야기하는 자들이지만 너희가 성의를 보이지 않는다면 어떻게 전하여 가르치겠는가?
재齋라는 것은 동방의 법식이므로 법식을 따르지 않으면 시빗거리가 된다. 그러니 나눈 재(分齋)는 놀랄 만큼 힘써 지내라. 길동무에게 바라노니, 초사흘을 시작으로 해서 쌀 몇 말로 10일

간 이어서 미타불공彌陀佛供을 행하라. 그래야 나눈 재(分齋)를 너무 아껴 지내는 폐단이 없게 될 것이다. 천 번 만 번 엎드려 바라노니, 이 가운데 만일 눈을 흘기며 어기고 거역하는 자가 있다면 곧 나의 문도가 아니니 세세생생 어찌 대할 인연이 있겠는가? 옛 조사들 가운데서도 강물에 몸을 던지고 개미 밥이 되었던 보기들이 많았다. 각자 실체가 없는 것을 실체라 여기지 말고 오로지 염불에 전념하여(專行念佛) 기댈 곳 없는 나를 구제하라."[59]

문인들은 마지막 가르침을 한결같이 받들었다.

다비하는 날 밤 신비한 빛이 내원암 하늘에 두루 뻗치니 밖에 있던 사람들이 먼저 보았다. 문인들이 5재齋 지내는 날 저녁에 5과의 사리를 거두었으니 꿈에서 감응한 것이다. 나누어서 세 곳, 곧 머리를 깎은 곳인 감로사甘露寺, 오랫동안 노닐던 파근사

59) 본디 「행장」에는 앞의 두 줄만 쓰고 줄였는데 『용담집(龍潭集)』 「임종 맞아 곁에 있는 길동무들에게 부탁하여 남기는 글(囑臨終在傍道友等遺文)」로 보충하였다. 〈人生起滅。如雲起長空。元無所實。何可以不實爲實。至於自勞勞他之地。願道友。老僧相分之日。即時闍維。傳訃「文」一字。編者補入。等事。不得妄爲紛沓傳致。雖稱爲弟子云者。其爲無誠。則何以傳示乎。所謂齋事。東方之例也。如不依例。則不無是非之端。故爲其分齋。極爲可駭。願道友等。自初三日爲始。以若干米斗。連行十日彌陀佛供。然後幸無分齋卑吝之弊。千萬伏望。此中如有張目違拒者。則非吾徒也。世世生生。何有相對因緣乎。古祖師多有投水飼蟻之事。各勿以無實爲實。而專行念佛。以救無依之物也。〉

波根寺, 입적한 실상사實相寺에 탑을 세우고 나누어 모셨다.

또 스님께서 읊으신 가송歌頌이 몇 편 있었는데, 일찍이 흩어져 잃어버리고 지금은 겨우 1백 수 남짓 얻어 펴냈다. 그러나 문장은 도인에게 그다지 중요한 일이 아니라 무릇 청하는 이가 있으면 유의하지 않고 붓 가는 대로 휘갈겼는데, 형산 사람이 옥으로 까치를 쫓는 것 같았다. 그러므로 간혹 음률이 맞지 않은 것도 있었다.

도탑고 가득한 집에서 노닐어 문득 가히 엿볼 수가 없으며, 법의 바다에 잠겼다가 솟아오르는 것과 같으니, 몸을 굽혀 잘 살펴보아도 가히 헤아릴 수 없도다. 사실 보잘 것 없는 글재주로 쓸 수 있는 바가 아니지만, 영원토록 전하기 위하여 간략하게 처음부터 끝까지 기록할 뿐이다.

무자년(1768) 8월 ○일에 문인 혜암 윤장惠庵玩藏이 삼가 쓰다.

권 보정의 긴 꼬리말 · 화두 놓고 염불하세 (3)

지금까지 대부분의 비문이나 무덤돌 글은 불자들이 쓰지 않고 이상할 정도로 유학자들에게 부탁해서 쓴 글들이었다. 그러므로 극락 간 사람들의 평소 불교 수행이나 생사의 마지막 순간 일어난 현상에 대해서는 빼먹거나 자세하지 않고 속세의 벼슬이나 본디 모습을 과장하여 묘사하는 현란한 수사들만 가득 차 있어 옥석을 가리는 데 시간이 오래 걸렸다. 그러나 이 행장은 대사와 함께 수행한 법제자 혜암 윤장惠庵玩藏이 직접 쓴 비문으로, 아주 이례적인 행장이므로 내용이 사실적이고 알차서 옮기고 읽는 동안 큰 감동으로 다가왔다.

본문에서 보았듯이 용담 스님(1700~1762)은 청허 휴정 → 편양 언기의 법맥을 잇는 고승으로, 상월을 포함해서 세 분을 스승으로 모셨으며, 제자인 혜암 윤장에게 법을 전했다. 선승이자 대강백으로 지리산 영원암, 벽송사, 대암암, 화엄사 등에서 강학을 펼쳤다.

이처럼 20년 넘게 『염송拈頌』을 가르쳐 고승(龍象)을 울타리에 가두고, 원돈圓頓법으로 총림을 확 뒤집어 놓았던 용담 스님은 이미 "33세에 영원암으로 들어가 '원공(혜원)이 10년간 그림자도 산을 나서지 않겠다'라고 한 서원을 (스스로) 깊이 다짐하였다'라고 하였다. 이는 이때 이미 선교와 함께 염불수행을 함께 하기 시작했다는 것을 뜻하고, 이런 결심은 당대 최고의 선객이라고 보았던 명진 스님 영향이 컸으리라고 본다. 실제 이런 당시의 수행법은 서산 대사의 삼문 일치 사상이 그대로 이어져 내려온 데서 그 흐름을 파악해야 할 것으로 본다.

그리고 20년 뒤 명진 스님이 극락으로 가시고, 27년 뒤 스승

인 설송당 스님이 염불하며 세상을 뜬 것을 본 용담 스님은 유
명세에 밀려 세월을 보내다가 52세가 되는 해에 발표한 게송에
는 수행법에 큰 변화가 생겼다. 19세에 출가하여 33년 만에 새
로운 출가를 결심한 것이다.

> 깊이 품은 업보 억지로 토해 대중에게 알리노니
> 강단에서 거짓으로 놀리고 현묘하다 기이하다 설하였네
> 경전을 보는 것도 젊은 날에는 허락되겠지만
> 머리 희면 도리어 염불이 마땅하네.

선과 교에서 신묘에 이를 정도로 못함이 없었고, 강설하면 찾
아오는 무리가 많아 선상禪床이 부러질 정도라고 한 고승 대덕
이 지난날 강설이 모두 거짓으로 놀린 것이라 고백하고 염불할
것을 공개적으로 선언한 것이다. 이는 예나 지금이나 쉬운 결
정이 아니고, 결정했다고 해도 공개적으로 천명한다는 것은 극
히 드문 일이다. 앞에서 백암당 성총(栢庵 性聰, 1631~1700)에
이어서 조선조에서 두 번째 보는 큰 사건이다.

그리고 완전히 깨우치지 못한 현실을 설명하고 앞으로 어떻
게 하겠다는 길을 분명하게 밝힌다.

생사를 성인의 힘에 기대지 아니하고

변화무쌍 세상에 대책 없이 놔두면 어찌 되겠는가.

하물며 또 세간은 자못 시끄러우니,

흰 연꽃 깊은 골짜기로 돌아갈 생각이노라.

이는 이론이 아니라 본인이 실제 일생 치열하게 붙들고 늘어졌던 선 수행에서 궁극적인 깨달음을 얻지 못할 때 어떻게 해야 할 것인가 하는 대안을 솔직하게 내놓은 것이다. 그리고 대사 스스로 실제로 아미따불 염불을 했다는 것을 증명하는 마지막 게송이 있다.

9품 연꽃 자리에 먼저 올라

아미따불 옛 주인 우러러 마주하리라.

그리고 그에 대한 열매(證)가 행장에 잘 기록되어 있다.

다비하는 날 밤 신비한 빛이 내원암 하늘에 두루 뻗치니 밖에 있던 사람들이 먼저 보았다. 문인들이 5재齋 지내는 날 저녁에 5과의 사리를 거두었으니 꿈에서 감응한 것이다.

이처럼 '믿음(信) + 바람(願) + 염불(行) = 극락(證)' 이라는 과정을 완벽하게 보여주는 '극락 간 이야기(往生記)' 는 참 보기

힘들다. 이렇게 완전하게 극락 간 이야기를 염불보다는 참선이
더 뛰어나다고 보여주고 싶은 사람들은 그 장면을 이렇게 풀이
하고 있다.

구품 연화대 먼저 올라 있을 테니
부디 미타 옛 부처와 마주 보게나.

<u>이것은 항상 참선하라는 말이다. 부지런히 참선해서 뒷날 적멸궁
에서 다시 만나자는 당부 말씀이다.</u>
(「남원김씨 최고의 인물, 용담선사 조관」: 『불교 43호』, 1927, 인용)

「촉임종재방도인등유문囑臨終在傍道人等遺文」에서 마지막 가는
길을 지키는 길동무(道友)들에게 두 번 세 번 간곡하게 "초사흘
을 시작으로 해서 쌀 몇 말로 10일간 이어서 미타불공彌陀佛供을
행하라" "오로지 염불에 전념하여(專行念佛) 기댈 곳 없는 나를
구제하라"라고 부탁한 것을 보면, 참선이니 적멸궁이니 하는
해석이 얼마나 잘못 이해했는지 알 수 있다.
    이처럼 용담 스님이 법석에서 간곡히 읊고, 마지막에 시자에
게 글로 남겨 당부하였지만 겉멋에 빠진 불자들은 진심을 흘려
보내고 억지로 끌어 붙이면서 마치 스님의 말씀을 잘 받아들여
기리는 것으로 잘못 알고 있다.
    그러나 한 고승의 삶과 수행을 제대로 이해하려면 '참선' 만

빼어난 수행법이라는 편견 없이 그 고승이 어떻게 수행하고 어떻게 삶을 마무리해 가는지 진실을 보려고 노력해야 한다. 용담 스님은 그가 지은 시에도 평소 정토를 준비하고 있었다는 것을 알 수 있다.

『미타경』을 써서 가져온 지 상인께 감사하며 드립니다(謝贈 知上人書彌陁經來).

幸借吾師手(행차오사수)
　다행히 우리 스님 손 빌려
書來護念經(서래호념경)
　『보살피는 경』을 써서 가져오셨네
誦持應作佛(송지응작불)
　지녀 외우면 마땅히 부처 되니
他日豈忘情(타일기망정)
　훗날 이 정을 어찌 잊으리오!

여기서 『호념경護念經』이란 『작은 아미따경』을 말하는 것으로 경 안에서 붇다가 말하는 경의 이름은 『모든 붇다가 보살피는 경(一切諸佛所護念經)』이다. 그러므로 용담 스님이 이 경을 평소에 많이 염송하였고, 지니고 염송하면 극락 가서 붇다가 된다는 굳은 믿음이 있다는 것을 보여 주는 시다. 그리고 다른 스님이 이 경을 써서 선물한 것을 보면 용담 스님이 정토 수행을 한다는 것이 주변에 이미 잘 알려져 있었다는 것을 뜻한다. 그리고 마지막에서 여러 제자들에게 길동무라고 하면서 도움염불(助念)을 부탁한 것도 인상적이다. 그리고 입적한 뒤에도 오로지 미타불공만 하여 염불에 전념해 달라고 신신당부하는 모습에서 첫째 어떤 경우도 도움염불이라도 받아 극락 가서 태어나겠다는 강력한 발원을 보여 주고, 둘째 주변 사람들이 이 기회에 염불하여 모두 함께 극락에 가기를 바라는 깊은 뜻이 있다고 하겠다.

용담 스님도 한 생을 걸어 생전에 크게 깨우치려고 피나는 정진을 했지만 결국은 '보험'이 필요했고, '도로아미따불'을 실행해야 했다. 100만 명에 한 명 있을까 말까 한 극상근기 사람에나 맞는 수행법이 현실적인 대책이 아님을 깨닫는 데 백암당 성총 스님은 50년이 걸렸고, 무용스님은 34년이 걸렸으며, 용담 스님은 33년이 걸렸다. 용담 스님의 33년 수도가 가져다준 가장 큰 열매는 바로 지속 가능한 수행법을 발견한 것이었다. 극락은 편히 가서 쉬는 곳이 아니다. 싸하세계(娑婆世界)에서 수행하는 과목과 다를 바 없고, 깨달음을 얻겠다는 궁극적인 목표도 같다. 다만 '자못 시끄러운' 싸하세계에서는 6도 윤회를 멈출 수 없으니 미래가 담보되지 않고, 극락에 가면 6도로 다시 떨어지지 않는 아비니바르따니야(不退轉)[60]가 확보되고 최상의 조건에서 끝내 깨달음을 얻게 되니, 극상근기에 들지 못한 범부에게 이보다 더한 목표가 어디 있겠는가! 그래서 즐거움만 있는 곳(極樂)이라 했고, 아무런 위험 없이 편안히 수행할 수 있는 곳(安養)이라 한 것이다.

이런 참된 길을 보여 주신 성총 스님과 용담 스님의 뜻을 저버리고 50년간 헤맨 가시밭길을 기리며 다른 길로 가는 후학들은 마치 붇다가 6년 고행을 마치고 그 길은 가지 말라고 가운뎃길을 가르쳤는데, 일생을 고행만 따르고, 보지 말라는 '고행상苦行像'에 열심히 예불하는 안타까운 모습이나 마찬가지다.

현대판 성총·용담도 있다. 1994년 6월 1일, 불일회보(조계총림 송광사 발행) 특별초대석에 '수행승 중의 수행승, 월인月

---

60) 물러서지 않는 자리(avinivartanīya, 阿鞞跋致) : 산스크리트의 아비니바르따니야(avinivartanīya)는 아비니바르띤(avinivartin)의 복수 주격 형용사로 '뒤로 돌아가지 않는(not turning back)' '(전쟁에서) 도망하지 않는(not fugitive)'다는 뜻이다. 한자로는 불퇴(不退), 불퇴위(不退位), 불퇴전(不退轉), 불퇴지(不退地)라고 옮긴다. 불도를 구하는 마음이 굳고 단단하여 나쁜 길(惡道)로 넘어가지 않는 것을 뜻하는 말로, 경전에서는 보디쌑뜨와(菩薩) 경지에서 다시는 물러서지 않고 반드시 붇다 되는 것이 결정되어 의심할 여지가 없는 자리(境地)라는 뜻으로 쓰였다. 꾸마라지바는 뜻으로 옮기지 않고 소리 나는 대로 아비발치(阿鞞跋致)라고 옮겼는데 6세기 음으로 apibuati(아뻐봐띠)이기 때문에 avinivartin을 옮긴 것임을 알 수 있다. 그러나 본디 소리인 '아비니바르띤'과 너무 차이가 많이 나기 때문에 뜻으로 옮겼다. (서길수, 『모든 붇다가 보살피는 아미따경』 주석 참고)

印 스님'(법랍 54세, 세속 나이 90세, 1999년 입적) 회견기에서 화두를 타파했지만 염불하는 까닭을 설파하고 있고, 최근 함현 스님이 『머리 한 번 만져 보게나』(도솔천, 2022)를 펴내 '화두 놓고 염불하세'를 선언했다. 1970년대 출가해 해인사, 송광사, 백양사, 극락선원, 대승사, 동화사 등에서 정진하고, 조계종 종립 선원 문경 봉암사 주지 소임도 맡았던 대표적인 선승의 '선언'이다.[61]

◼ 성인의 자취를 찾아 :
  용담 스님 출가한 감로사(현 천은사)와 입적한 실상사

비문을 보면 ❶ 머리를 깎은 곳인 감로사甘露寺, ❷ 오랫동안 노닐던 파근사波根寺, ❸ 입적한 실상사實相寺에 탑을 세우고 나누어 모셨다.

---

61) 『법보신문』 2022.05.17. 「전 봉암사 주지 함현 스님 "나는 이제 정토행자"」, http://www.beopbo.com/news/articleView.html?idxno=309464

❶ 머리를 깎은 곳인 감로사(甘露寺, 현 구례 천은사)

2022년 5월 4일 답사. 극락 갈 준비를 하고 계시는 은산 스님 (『극락 가는 사람들』568쪽)의 안내를 받았다.

천은사 안내문을 보면 현재의 모습은 1773년 불타 버린 것을 혜암 선사가 다시 세운 것이다. 혜암은 바로 용담 스님의 행장을 쓴 상수 제자이다.

혜암은 본전을 극락보전으로 해서 아미따 삼존불을 모시고 절 입구 사천왕각으로 올라가는 계단도 아미따불의 48가지 큰 바람(大願)을 뜻하는 48계단으로 만들었다.

구례 천은사 求禮 泉隱寺
전라남도 문화재자료 제35호

천은사는 신라 흥덕왕 3년(828)에 서역에서 온 인도 승려 덕운(德雲) 조사가 창건하였다. 병든 사람을 샘물(甘泉)로 치료하였다 하여 감로사라고도 불렀다. 신라 말 도선 국사와 고려 중엽 보조 국사가 중건했다는 기록이 있다. 고려 충렬왕(1274~1308년)이 '남방 제일 선찰(南方第一禪刹)'이라고 사격(寺格)을 높여 선승들이 큰 숲을 이루었다고 한다. 그러나 임진왜란 때 불타 버렸고 이후 광해군 2년(1610)에 혜정(惠淨) 선사가 중건하였다. 숙종 5년(1679)에 조유(組裕) 선사가 중수하면서 절 이름을 감로사(甘露寺)에서 '샘이 숨었다'는 뜻을 가진 천은사로 바꾸었다.
영조 49년(1773)에 큰불이 나서 여러 건물이 타 버렸으나 수도암에 주거하던 혜암(慧菴) 선사가 주도하여 당시 남원 부사 이경운(李敬倫)과 산내 암자, 신심 단월 등과 힘을 모아 2년여에 걸쳐 현재 사찰의 모습으로 중수하였다.

현재 절은 1773년 혜암이 중수히였다.

엮은이와 은산 스님(서민선 찍음)

감로사(천은사) 극락보전

감로사 사천왕 입구 48계단

　일주문 옆에 있는 부도지에 「용담대화상 사리탑」이라는 비
가 있고, 그 뒤에 「용담당龍潭堂」이라는 스님의 집 이름(堂號)이
새겨진 쇠 종鐘 꼴의 탑이 있다. 사리를 살았던 집에 모신다는

개념이다.

비 뒷면을 보면 명나라 연호인 "숭정崇禎 기원 후 임오년 10월"에 세웠다고 했다. 1636년 후금의 태종이 청나라라고 이름을 바꾸고 조선에 쳐들어와 1637년 조선이 항복한 뒤 같은 해 명나라 연호 사용을 폐지했다. 그러나 이 비문에서는 125년 뒤인 1762년까지도 명나라 연호를 쓰고 있다는 것을 알 수 있다.

용담대화상 사리탑비
(숭정 임오 1762)

용담당 사리탑
(천은사 은산 스님 찍음, 2022.4.28)

『龍潭集』(한국학중앙연구원)　　　　　『용담집』동국대학교 출판부

❷ 오랫동안 노닐던 파근사(波根寺)

　　파근사는 현재 없어졌으나 파근사 터로 추정되는 절터가 보
존되어 있다. 현재 남아 있는 사리탑 가운데 혜암당惠庵堂이라
쓰인 탑이 있어 파근사로 보고 있다. 혜암은 바로 용담 스님 행
장을 쓴 제자로 천은사를 지금의 모습으로 중창한 스님이다. 아
마 용담 스님과 마찬가지로 파근사에서 오래 머물렀고, 파근사
에서 입적한 것으로 볼 수 있다. 용담 스님의 행장 내용이나 천
은사를 극락보전과 48원을 담은 계단으로 꾸민 것을 보면 혜암
스님도 극락에 갔을 것이 틀림없다고 보지만 기록이 전혀 남지

않아 따로 자리를 마련하지 않았다. 다만 천은사를 오늘의 모습으로 중창한 스님의 사리탑이 깨져 뒹구는 모습을 보며 허무를 느낀다.[62]

내기마을 승탑재 안내

파근사 터 보존 유물

파근사 터에 남은 혜암당 사리 탑 『惠庵堂』

---

62) 위 두 사진(423p)은 조용섭의 〈지리산이야기〉〈45〉「파근사(波根寺) 옛 절터를 찾아서」(『한국농어민신문』 3268호.(2021.01.29.). 아래 사진은 블로그 「지리산」 https://blog.naver.com/iammarx/221826114328 파근사

❸ 입적한 실상사(實相寺)

실상사 「용담대화상탑」은 극락전 뒤에 있지만, 담으로 막혀 있어 정문으로 나가서 빙 돌아 찬찬히 찾아보아야 이를 수 있다.

실상사 용담대화상 탑   극락전 뒤 바깥담 넘어 용담 스님 탑이 있다.

18. 1765년, 기성 쾌선 대사 -
염불하여 고향으로 돌아가자(念佛還鄕)

칠곡(漆谷) 송림사(松林寺) 기성당(箕城堂) 쾌선(快善) 선사 비문
(1693~1765)
『상봉문보(霜峰門譜)』(지관 편,『한국 고승 비문 총집』,
가산불교문화연구원, 2000)
비가 있는 곳 : 경상북도 칠곡군 동명면 구덕리 가산 송림사
연대 : 영조 48년(1772)

기성 쾌선 선사 비문 글과 머리말
이미李彌 지음, 윤동섬尹東暹 글

불교에서 공적空寂으로 무위無爲를 깨닫는 것이 으뜸(宗)이고, 자비로 보시하는 것이 교敎다. 공적空寂으로 마음을 관하면 백 가지가 모두 5근五根과 5진五塵에 속하지만, 자비를 가지고 보기 때문에 중생을 모두 깨달음의 길로 이끌고 있다고 할 수 있다. 경전의 범문자梵文字가 피안으로 건네주는 나룻배가 되므로 불가의 책을 팔만대장경이라고 하고 번잡하고 많은 것을 싫어하지 않는다. 그런즉 글로 이끌도록 권하는 것(敎)이 공적空寂이라는 으뜸(宗)을 해치지 않는다는 것을 알 수 있다. 야릇한 것은 해동 산사에 간직하고 있는 거의 모든 것은 서녘의 옛 경전으

로, 선을 높게 닦고 훌륭하게 해석하여 책을 지어도 붇다를 보살펴 깨달음을 얻은 사람이 많지 않다는 것이다.

나는 기성箕城 대사를 만난 적이 없었다. 그런데 그 제자 혜징慧澄이 스님의 염불환향곡念佛還鄉曲과 청택법보은문請擇法報恩文 두 권을 가지고 와서 나에게 보여주면서 그의 자취와 비석 글을 써달라고 했다. 내가 마다하지 않고 쓰게 된 것은 그의 자비로운 가르침을 귀중하게 여기기 때문이다.

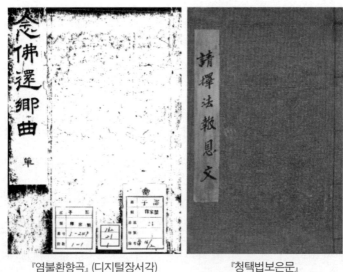

『염불환향곡』(디지털장서각) 『청택법보은문』
(불교기록문화유산 아카이브)

스님의 법호는 쾌선快善, 속성은 유柳, 아버지는 (유)시흥時興 동지同知(벼슬), 어머니는 황씨다. 칠곡부漆谷府 안에서 태어났으니 때는 숙종 계유년(1693)이다. 머리가 트이고 행위가 곧았으며, 얼굴은 검고 눈은 밝았다.

13살에 팔공산 송림사松林寺에 들어가 14살에 민시敏是 문하에서 머리를 깎았다. 16살에 서귀西歸 대사에게 구족계를 받고 도덕산 대조大照에게 수업을 받았으며 낙빈당 홍제弘濟 대사에게 배웠다. 『치문緇門』과 여러 경전을 읽으매 반드시 치밀하게 생각한 뒤 머리를 들었으며 깊이 숨겨진 뜻까지 알아낸 뒤에야 끝을 냈다. 또 붓글씨를 잘 썼는데, 필체가 탄탄하고 물 흐르듯 하여 여러 절의 표와 게는 스님이 쓴 것이 많다.

25살에 배움이 높아져 율암 낙빈律岩洛濱 스승이 마침내 인가를 내리니, 멀고 가까운 곳에서 이름을 듣고 따르는 사람들이 날로 늘었다. 또 말재주가 걸림이 없고 목소리가 크고 맑았다. 친절하게 타이르고 가르치니 희롱하는 마음을 바꾸어 믿음을 가지고 도에 들어서는 사람들이 헤아릴 수 없었다.

그때 늘 신령한 자취에 걸리지 않고 온 세상을 두루 명산대찰을 돌아다니며 발우가 다 달았다. 어느 날 동화사桐華寺에 머물며 대중에게 말했다.

"모든 인연은 고요로 돌아가는 것, 이것이 가장 뛰어난 교법(上乘)이니 어찌 아직도 구차스럽게 게를 설해 여러분을 모두 떠나게 할 것인가, 나는 다시 강론하지 않겠다."

계해년(1743) 초막을 짓고, 화엄경 80권을 보면서, 끝이 나면 다시 시작하기를 되풀이하였고, 밤에는 홀로 가부좌하고 말없이 선을 종지로 삼으니 한밤중이 되어서야 팔을 베고 선잠을 잤다. 입은 옷과 속옷·버선 색이 새까맣게 되어도 입으로 세상 이야기하지 않았고, 바람 부나 비가 오나, 큰물이 나나 가뭄이 들거나 모든 것 떠나 담담하고 소박함을 지키니 법성이 원융함이라. 사람들은 팔공산 정기를 기른다고 했다.

경신년(1760) 동지同知 30명이 돈 수백 량씩을 내서 은해사 위 골짜기에 정갈한 가람(精藍)을 지으려고 하자 스님이 말했다.

"마음과 성품이 다르지 않으니 각자 그런 마음으로 마음을 삼고, 각자 그런 물질로 물질을 삼으면 되지 힘들여 공사하는 것 또한 무슨 이득이 있겠는가? 또 오는 것도 빈손이고 가는 것도 빈손이니 물질이 무슨 소용이 있겠는가!"

모두가 그렇다고 하고, 마침내 방장의 호의로 방장과 함께 기거하기로 하니 마음과 물질이 하나가 되었다. 모두 스님의 융화에 대한 가르침이다.[63]

---

63) 『상봉문보』 「기성쾌선 행장」에는 "경신년 동지 30명과 은해사 윗 골짜기에서 정갈한 절을 짓고 결사(結社)하였으니 오늘날의 기기암이다(庚申 同志三十人 成精藍於銀海寺上谷 與之結社 卽今之寄寄庵也.)"라고 했다.

계미년(1763) 각자 스스로 갈고 닦은 뒤, 팔공산으로 돌아와 머물면서 그해 선본사禪本寺 목암牧庵 장로 병문안을 하였다. 그 절은 이전에 머물던 곳이라 대중들이 모두 문하 출신이다.

열반경을 강설하며 아무렇지 않았는데 다음날 아픈 곳 없이 입적하였다. 나이 72세, 승랍 59였다. 대중은 마지막 남긴 말 대로 동쪽 봉우리 아래서 화장하였는데, 머리뼈가 수백 보 떨어진 바위 위로 튀어나가 백옥처럼 빛나 산과 들이 눈이 부시게 환했다. 이에 동화사 상봉霜峯 대사 부도 아래 탑을 모셨다. 스님은 낙빈洛濱에게 배우고, 낙빈은 상봉霜峯에게 배워 전법제자가 되었다.

옛날 갑오년(1744) 봄, 혜징慧澄이 도봉산장에 있는 나를 찾아와 화엄경 몇 장을 강의해 주었는데 왕성한 도와 학문의 전수, 뛰어난 율律에 나는 늘 신기했고 즐거웠다. 26년 뒤 내가 경상도에 와 보니 혜징은 근심 걱정이 없고, 모습은 담담하고, 마음은 원만하고 고요하니 물어보지 않아도 그 스승에 그 제자였다.

나는 불가의 글을 좋아하지 않으나 스님과 숙세에 서로 교감이 있었고, 또 혜징이 그 스승의 가르침을 펴려는 것이 아름다워 글을 쓰게 되었다. 이후 스님의 법력을 알고자 하는 사람은 그것이 염불환향곡念佛還鄉曲과 청택법보은문請擇法報恩文 두 권에 있으니, 비문의 글을 다음과 같이 짓는다.

釋抱于箕 傳授西鉢

샤꺄무니(釋) 붇다가 기성대사 품어 서녘 발우를 전해 주니

透經悠律 志苦眼徹

경經 꿰뚫고 율律 오래 지켜 뜻이 커지고 안목이 훤해지도다.

峰雲滿衲 性一而寂

산봉우리 구름 납의에 가득하니 자성이 하나고 공적일 뿐이라

念中無物 惟彌陀佛

생각 속에 아무것도 없고 오로지 아미따불(阿彌陀佛)뿐이로다.

還鄕報恩 招招一曲

『염불환향곡』과 『보은문』 묶어서 한 곡이 만드니

八萬同藏 慈悲利益

팔만대장경 같은 자비와 이익이다.

左海緇眾 都歸摠轄

우리나라(左海) 스님 모두 돌아와 함께 굴려

護眞度迷 五十九臘

진리 지키고 번뇌를 여의도록 59년 펴시도다.

卓彼公山 永鎭佛域

뛰어난 대사 오랫동안 붇다의 땅 팔공산에 머무시니

靈骨照世 幡字躍爍

신령한 (머리)뼈 세상을 비치고 기에 쓰인 글 크게 빛나도다.

幻迹雖空 普敎可繹

허깨비 자취는 공한 것이지만 가르침 널리 편 일 내 놓을 만하니

有欲濟筏 視此方石

(번뇌의 강을) 건널 뗏목을 바라는 분들이 비석을 보길 바라노라.

숭정崇禎 기원후 세 번째 임진년(1772) 3월 세움

기성당 비각과 부도 (경북 칠곡 송림사 경외 동북쪽 350m 도로변)

기성대사비명(箕城大師碑銘)

동화사 부도군에 있는 기성당 대사
부도탑(箕城堂大師之塔)

권 보정의 꼬리말

기성당箕城堂 쾌선快善 스님(1693-1765)의 비문을 보면 "계해년(1743) 초막을 짓고, 화엄경 80권을 보면서, 다 읽고 나면 다시 시작하기를 되풀이하였고, 밤에는 홀로 가부좌하고 말없이 선을 종지로 삼으니 한밤중이 되어서야 팔을 베고 선잠을 잤다."라고 하여 낮에는 화엄경, 밤에는 참선하여 교教와 선禪을 함께 수행하였다고 하였다. 그러나 그보다 11년이나 앞선 1732년 간행된『동화사사적기桐華寺寺蹟記』서문을 쓰면서 기성 쾌선 스님은 다음과 같이 답한다.

(내가) 답하길, "<u>내가 하는 일이라야 아침에 경전 (읽고) 저녁 아미따불 (염송하는 것)뿐으로, 글 쓰는 일은 본디 능하지 못합니다.</u>"라고 사양하였으나 그 정성 그렇게 간절하니 어찌 이 일을 면할 수 있겠는가! (答曰 余之所爲 不過朝貝葉而暮彌陀 書契之業固未能而謝之. 其懇甚矣 烏可免乎)[64]"라고 했다.

『동화사사적기』에 따르면 40살쯤 되었을 때 이미 밤에는' 아

---

64) 「事蹟記 序」,『八公山 桐華寺 事蹟記』, 1732.

미따불 ' 염불에 집중하고 있었다는 것을 알 수 있다. 그리고 8
년 뒤인 1743년 밤에는 참선에 집중하므로 해서 서산대사의 종
지대로 선·교·염불을 함께 수행하였다는 것을 알 수 있다.

  비록 선·교·염불을 함께 수행하였지만, 기성 쾌선 스님은
염불이 선禪·교敎를 모두 포용한다고 하였다. 그러한 기성 쾌
선 스님의 사상은 마지막 제자 혜징이 비문을 부탁할 때 가지고
간 염불환향곡念佛還鄉曲과 청택법보은문請擇法報恩文 두 권에 잘
녹아 있다. 그래서 비문에서도 "스님의 법력을 알고자 하는 사
람은 그것이 염불환향곡念佛還鄉曲과 청택법보은문請擇法報恩文
두 권에 있다."라고 했고 "생각 속에 아무것도 없고 오로지 아
미따불阿彌陁佛뿐이로다. 『염불환향곡』과 『보은문』 묶어서 한
곡을 만드니 팔만대장경 같은 자비와 이익이다."라고 했다.

  스님의 정토사상에 대해서는 이미 몇 편의 논문이 나왔으니
[65], 스님이 지은 염불환향곡念佛還鄉曲을 통해 스님이 극락 상품
에 갔음을 밝히려고 한다.

---

65) 高翊晋, 「請擇法報恩文의著者와그思想」, 『佛敎學報』 17집, 동국대 불교문화연구원,
    1980; 康東均, 「箕城快善의 淨土思想」, 『石堂論叢』 제28집, 동아대학교 석당전통문화
    연구원, 1999; 김종수, 「18세기 기성 쾌선의 念佛門 연구」, 『보조사상』 30, 보조사상연
    구, 2008.

스님의 염불 목적은 '고향으로 돌아가자(還鄉)'는 것이다.

『염불환향곡』은 ① 자기 집 있는 고향에 있다(家鄉) → ② 고향을 잃다(失鄉) → ③ 길을 잃다(失路) → ④ 고향을 묻다(問鄉) → ⑤ 고향을 향해 가다(趣鄉) → ⑥ 고향으로 돌아가다(還鄉) 같은 순서로 구성되어 있다.

집에 있던 사람이 무명無明 때문에 고향을 잃은 사람(失鄉)이 고향 가는 길을 몰라 헤매고 있다가(失路) 문득 고향에 돌아가고자 하여 고향 가는 길을 묻고(問鄉) 고향을 향해 나아가(趣鄉) 마침내 고향에 돌아간다(還鄉)는 서사적 노래 가사다.

여기서 고향이란 무명을 깨고 본디 모습을 찾는 깨달음 얻는 것을 말하는 것으로 소를 찾는 10단계를 그린 심우도尋牛圖와 비슷하지만, '고향으로 돌아간다'라는 5단계가 훨씬 중생의 마음에 와닿는다.

기성당 쾌선 스님은 염불문의 뛰어남을 이렇게 노래한다.

八萬法門阿彌陀佛 當機用之阿彌陀佛
　팔만 법문 **아미따불** 근기 따라 쓰니 **아미따불**,
門門各別阿彌陀佛 不相通入阿彌陀佛
　법문마다 각각 달라 **아미따불** 서로 통하지 않지만 **아미따불**,

唯此念佛阿彌陀佛 可通入門阿彌陀佛

오직 이 염불만**아미따불** 통해 들어갈 수 있다**아미따불**.

至聖至惡阿彌陀佛 皆同往生阿彌陀佛

성인에서 악인까지**아미따불** 모두 함께 가서 나니**아미따불**,

諸法比如阿彌陀佛 諸穀之器阿彌陀佛

여러 법 견주면**아미따불** 여러 곡물 담는 그릇이지만**아미따불**

念佛比如阿彌陀佛 都倉之庫阿彌陀佛

염불 견주면**아미따불** 모든 것 넣는 창고라네**아미따불**.

근기가 뛰어난 수행자를 대상으로 한 선문禪門이나 많은 학
식이 필요한 교문敎門보다 누구나 함께 들어갈 수 있는 염불문

念佛門을 통해 극락 가서 태어나는 것이 으뜸이라는 믿음이 진하게 읽히는 대목이다.

조사들이 염불법문은 방편설이므로 본심을 깨치는 길이 아니라고 외면하였지만, 기성 쾌선 스님은 염불이 조사의 법과 다르지 않다고 주장하고 오히려 조사들의 자세를 꾸짖었다.

諸祖非却阿彌陀佛 念佛法門阿彌陀佛
　조사들 아니라고아미따불 물리치는 염불법문아미따불
意在先須阿彌陀佛 悟本心源阿彌陀佛
　뜻은 모름지기아미따불 마음 뿌리 깨달음이네아미따불
悟則萬法阿彌陀佛 即是自心阿彌陀佛
　깨달으면 만법이아미따불 곧 스스로 마음이니아미따불
念佛豈是阿彌陀佛 心外之法阿彌陀佛
　염불이 어찌아미따불 마음 밖의 법이겠는가아미따불
此時方見阿彌陀佛 祖師赤心阿彌陀佛
　이제 보인다아미따불 조사들 참된 마음아미따불
祖師何是阿彌陀佛 異佛之者阿彌陀佛
　조사들 어찌아미따불 붇다와 다르겠는가아미따불
彌陀法門阿彌陀佛 等虛空界阿彌陀佛
　아미타불 법문아미따불 허공계와 같아아미따불

覓則飛過阿彌陀佛 萬里靑山阿彌陀佛

찾으려 날아가길**아미따불** 만리 청산**아미따불**

但可奉持阿彌陀佛 豈得思量阿彌陀佛

받들어 지닐 뿐**아미따불** 어찌 헤아릴 수 있으리**아미따불**.

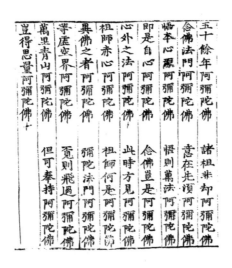

기성 쾌선 스님은 '우리가 왜 염불하는지?' '극락이란 어떤
곳인지?' '우리는 왜 깨달음을 얻어야 하는지'를 아주 뚜렷하
게 제시하고 있다.

念佛何爲阿彌陀佛 要生極樂阿彌陀佛

염불 왜 하는가 **아미따불**, 극락 가서 나기 위해 **아미따불**.

往生何爲阿彌陀佛 樂見彼佛阿彌陀佛

왜 극락 가서 나려는가 **아미따불**,

저 아미따붇다 뵙기 위해 **아미따불**.

見佛何爲阿彌陀佛 得聞正法阿彌陀佛

붇다 왜 뵈려는가 **아미따불**, 바른 법 듣기 위해 **아미따불**.

聞法何爲阿彌陀佛 頓悟本心阿彌陀佛

바른 법 왜 듣는가 **아미따불**,

본디 마음 문득 깨닫기 위해 **아미따불**.

悟心何爲阿彌陀佛 發菩提心阿彌陀佛

마음 왜 깨달으려 하는가 **아미따불**,

깨닫겠다는 마음 내기 위해 **아미따불**.

發心何爲阿彌陀佛 入正定趣阿彌陀佛

마음은 왜 내려 하는가 **아미따불**,

정정취[66]에 들어가기 위해 **아미따불**.

入正何爲阿彌陀佛 稱眞修行阿彌陀佛

정정취는 왜 들어가는가 **아미따불**,

진리에 맞는 수행을 위해 **아미따불**.

眞修何爲阿彌陀佛 十地行滿阿彌陀佛

진리 수행 왜 하는가 **아미따불**,

십지 행 다 하기 위해 **아미따불**.

---

66) 정정취(正定聚) : 견혹(見惑)을 끊어 반드시 열반에 이를 중생들.

地滿何爲阿彌陀佛 入普賢門阿彌陀佛

십지 행 왜 다 하는가 **아미따불**,

보현문 들어가기 위해 **아미따불**.

入門何爲阿彌陀佛 成佛菩提阿彌陀佛

보현문 왜 들어가는가 **아미따불**,

붇다 깨달음 이루기 위해 **아미따불**.

成佛何爲阿彌陀佛 廣度衆生阿彌陀佛

붇다는 왜 되려는가 **아미따불**,

중생 널리 구하기 위해 **아미따불**.

度生何爲阿彌陀佛 報諸佛恩阿彌陀佛

중생 구제 왜 하는가 **아미따불**,

붇다 은혜 보답 위해 **아미따불**.

화엄문과 선문을 모두 아우르기 위해 좀 번다해지기는 했지만, 정토 법문을 짧은 글로 이처럼 확연하게 노래하는 수행자는 본 적이 없어 감탄했다. 이 노래를 더 간단히 간추리면 우리가 왜 염불을 하는지 아주 뚜렷하게 드러난다.

왜 염불하는가? 극락 가서 나기 위해.
왜 극락 가서 나려는가? 아미따붇다 뵙기 위해.
왜 붇다 뵈려는가? 바른 법 듣기 위해.
왜 바른 법 듣는가? 깨달아 붇다 되기 위해.
왜 붇다 되려는가? 중생 널리 구하기 위해.

'고향으로 돌아가자'를 넘어서 그다음 중생을 구하는 것까지 완벽한 가사를 마친 것이다. 이처럼 완벽한 정토 법문에 문구마다 '아미따불'을 붙여, 다 노래하고 나면 이미 그 구절 수만큼 염불 공덕을 자동으로 쌓게 한 것도 놀라운 발상이다.

기성 쾌선 스님은 이처럼 스스로 책을 써서 중생들에게 극락 가서 나기를 권하면서, 세조가 번역한 아미따경에 스스로 서문을 써서 발행하고, 같은 서산대사 문중인 명연明衍 스님이 지은 『염불보권문念佛普勸文』을 펴내 대중들에게 염불법문을 보급했으니, 글쓴이가 스님을 이 『극락 가는 사람들』에 모시는 것은 하릴없는 일 아닌가!

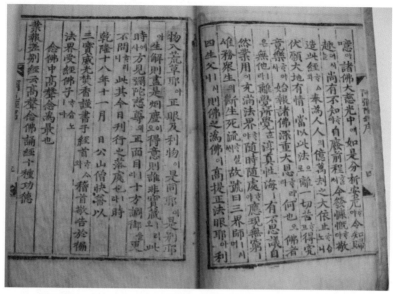

『阿彌陀經』, 건륭 18년(1753) 동화사간본. 동국대학교 중앙도서관(쾌선 序)

19. 1774년, 다비할 때 내쏘는 빛이 뭇사람 눈에 비치니, 추파당

영조 50년(1774)

추파당대사 탑비기(秋波堂大師塔碑記)

경남 산청군 산청읍 웅석봉로 495(내리 산158) 심적사

(경상남도 유형문화재)

추파당 대사 탑비에 새긴 글(秋波堂大師塔碑記)

고개의 남쪽(嶺南)에 이름난 승려들이 많은데 유독 회당晦堂 문하가 매우 성하다. 회당은 나의 돌아가신 아버님께서 가까이 대하고 알아주셨고, 아버님께서 한결같이 늘 그를 칭찬하셨다. 뛰어난 제자가 있어 한암당寒嚴堂이니, 회당은 곧 (추파) 대사 스승의 스승이다.

스님은 숙종 무술년(1718) 5월 20일에 나서 지금 임금 갑오년 (영조 50년, 1774) 5월 13일에 생을 마쳤다. 성은 이씨, 법명은 홍유이며, 본은 완산이다.

스님은 사물의 근본을 아는 학문과 깊고 넓은 재주를 겸했으니 가르침을 받아 마루에 오른 사람만 해도 지금 열넷이나 되니 어찌 그리 성대한가.

죽음에 맞이해서도 두려운 마음(怛意) 없었으니 (임종)게를 보면 알 수 있고, 다비할 때 내쏘는 빛이 뭇사람 눈에 비치니 꾼

믿이 아니다(闍維射光十目不誣), 또 입적(示寂)한 해와 달이 회
당晦堂과 똑같으니 더욱 기이하다.

　지난날 돌아가신 아버님이 회당의 비문에 새긴 글을 지었으
니 내가 어찌 사양하겠는가. 이에 기문을 쓴다.

　숭정 기원 뒤 세 번째 병신년(1776) 3월 ○일
　풍성군豊城君 조재득趙載得 글을 짓고
　남원부사南原府使 서무수徐懋修 쓰다.

「추파당대사 탑비기」

산청 심적사 추파당대사 부도 및 석비
(深寂寺秋波堂大師浮屠─石碑) (한국민족문화대백과)

■ 「추파집 후서」, 『추파집』 권3.
　임제하 32세 추파秋波 홍유泓宥 공은 나와 사이가 좋았는데 일
찍이 같은 산에서 살았다. 어쩌다 길에서 만나기라도 하면 은

근하게 대하며 이야기를 나누었는데 학식이 넓고 깊어 내가 참으로 공경하고 어려워하였다. 갑자기 서둘러 떠나니 늘그막에 좋은 벗을 잃고 말았다. 생을 마친 지 10년이 채 못 되어 문인 관식慣式이 탑과 비석을 세우고 진영을 조성하였으며, 문집 작업을 마쳤다.

또 나에게 책의 끝에 붙일 말을 채워 달라고 부탁하였다. 이에 옛적 서로의 우의를 생각하고 슬프고 또 그리운 나머지 그릇되지나 않을까 하여 사양하였으나, 삼가 소매 속에 갖고 온 초고에 의하여 글을 쓴다.

우리 선조대왕 때 부휴浮休 선수善修 공이 있었고, 부휴의 문하에서 벽암 각성覺性이 나왔으며, 벽암의 문하에서 모운 진언暮雲 震言이 나오고, 그 아래 보광 원민葆光 圓旻 · 회당 정혜晦堂 定慧 · 한암 성안寒巖 性岸이 배출되니, 추파는 곧 한암의 훌륭한 제자이다. 추파는 처음에는 용담 조관龍潭 慥冠에게서 공부하였다.

용담이 하루는 일하다가 말하였다.

"너는 훌륭한 이들이 투자投子 스님을 찾아 세 번이나 산에 오르고 아홉 번이나 동산洞山 스님을 찾아 나섰다."라는 옛이야기를 듣지 못하였는가. 화엄경의 선재동자는 53명의 선지식을 찾아다녔는데 선재의 스승이 아닌 이가 없었다. 너는 이곳에서 머물지 말고 두루 참례하고 다니는 것이 좋겠다."

추파 스님은 이 말을 따라 두루 훌륭한 스승을 찾아다니다가 마지막에 한암寒嚴의 문하에 들어가 그의 법을 잇고 옷과 발우를 전해 받았다. 추파는 종사宗師가 되어서는 거의 30년 남짓 찾아오는 납자를 받아 가르쳤으나 뜻이 말 밖에(言之表)에 있었기에 늘 경전 강의에만 빠져 살며 선정을 닦는 업(定業)에 전념하지 못함을 개탄하였다. <u>문집에 있는 스님의 임종게를 보면 연꽃나라(蓮國)에 가 태어났음을 알 수 있으리라.</u>

스님은 숙종 무술년(1718) 5월 20일 광주廣州 묵동墨洞에서 태어났으며, 본관은 완산完山 이씨로 조상은 유력 가문이었다. 영조 갑오년(1774) 5월 13일에 돌아가셨다. 추파집의 글이 건실하고 단아하니 많은 사람들이 보고 싶어 했는데 종이가 귀해졌다. 공의 심정으로 미루어보건대, 비록 오랜 세월 동안 곁에서 모신 사람일지라도 나만큼 알지 못하리니, 나는 스님의 타고난 성품이 '곧고 공손하였다(直悫)'는 두 글자를 꼭 말하리라.

성상(정조) 4년 경자년(1780) 9월 가야운인伽倻雲人 유기有璣가 쓰다.

■ 임종게(臨終偈) (『추파집 권1)

衲子平生慷慨志(납자평생강개지)
   납자 평생의 의분과 결기로

時時竪起般若刀(시시견기반야도)

때마다 슬기의 검을 곧추세워라.

好從一念彌陀佛(호종일념미타불)

한결같이 아미따불 염불 잘 따르면

直往西方極樂橋(직왕서방극락교)

서녘 극락의 다리 곧장 건너리라.

「임종게」 (국립중앙도서관)

『추파집』 (국립중앙도서관)

권 보정의 꼬리말

추파 홍유(1718~1774)는 처음에는 용담 조관慥冠에게 배웠으므로 삼문을 아울러 공부하면서 염불문을 공부했으리라는 것은 쉽게 알 수 있다. 스승의 추천에 따라 여러 선지식을 찾아다니며 선종과 교종을 두루 통하였으나 마지막에는 결국 나모아미따불 염불법문으로 돌아왔으니 추파도 '도로아미따불'을 실행한 본보기라고 할 수 있다.

추파 홍유는 임종게로 보나 탑비에 새긴 글로 보나 극락 간 사실이 뚜렷하다.

20. 1790년, 하루 1만 번 10년 염불하고 극락 간 화엄 대가 설파당

정조 14년(1790년)

「설파 대사 비문(雪坡大師碑銘)」『조선불교통사』

『번암선생집(樊巖先生集)』 권 57 「雪坡大師碑銘(幷序)」

이 글은 정조 20년 병진년(1796) 대광보국숭록대부大匡輔國崇祿大夫 원임의정부영의정原任議政府領議政 겸 영경연 홍문관 · 예문관 · 춘추관 관상감사검교領經筵弘文舘藝文舘 春秋館觀象監事檢校 규장각제학奎章閣提學 번암樊巖 채제공蔡濟恭이 짓고 썼다.

내가 일로 인해 마침 성문 밖을 나가게 되었는데 해진 옷을 입은 어떤 스님께서 '물렀거라(呵道)' 소리를 듣지 못한 듯 갑자기 검은 옷을 입은 채 앞에 엎드렸다. 그 차림새를 보니 고민이 있어 급한 것 같았다. 나는 괴이하게 여겨 물었다.

"무엇 하는 사람인가?"

"소승은 호남 사문 성연이라 합니다. 법사 설파 화상을 위하여 대인께 한 말씀 얻어 거듭 시방 중생들에게 알리고자 합니다. (그런데) 국가의 금령이 있어서 소승은 도성에 들어갈 수 없으며, 재상의 가문에도 사정을 전할 수 없었습니다. 성 밖 객점에서 먹을 것 빌고, 여름 지나 가을 되고, 가을 지나 겨울 되어 조석 간에 쓰러져 죽더라도 소원을 이루지 못하면 죽어도 돌아가지 않을 것입니다."

나는 그 성의에 저절로 감동하여 그들이 지은 행장을 올리도록 하였다. 그 행장은 다음과 같다.

대사의 법명은 상언尙彦이며, 호남의 무장현茂長縣 사람으로 우리나라 조정 효령대군 11세손이다. 아버지는 태영泰英이며 어머니는 파평 윤씨이다. 일찍이 부모를 여의고 집안이 매우 가난하여 스스로 생활할 수 없었다.

나이 19세에 선운사에 몸을 맡겨 희섬希暹 장로에게 머리를 깎았으며, 연봉蓮峯과 호암虎巖 두 화상에게서 게偈를 받았다. 또한 회암晦菴 스님에게 배웠다. 선종의 계보로 말하면, 스님은 서산의 7세손이며 환성喚醒의 손자뻘이 된다. 33세에 대중들의 간절한 청으로 용추판전龍秋板殿 강좌에 올랐다.

스님은 어릴 때부터 무척 총명하였으며, 이름 있는 스승을 찾아 예를 올리고 3승 5교에 대한 말씀이 떨어지자마자 곧 깨달아 묘하게 들어맞고 신기하게 이해하였다.

화엄에 더욱 돈독하여 반복하기를 헤아릴 수 없을 만큼 많이 하고, 강송하면 가릉빈가가 한차례 지저귀는 것 같았다. 마침내 그 잘못된 것은 바로잡아 그 귀의를 하나로 하여 근세의 어리석은 사람들이 꿈 이야기 같은 견해를 씻어 냈다. 배움을 원하는 자가 나날이 떼지어 모여들었고, 각자에게 뛰어난 깨달음의 길을 보였는데, 그 설법이 끊임없이 이어졌다.

옛날에 청량 대사께서 소과疏科 10권을 찬술한 것이 있는데, 그 뜻이 많이 숨겨져 있어 책을 풀어 밝히려는 자들이 어렵게 여겼다. 대사가 한 번 보고 방점으로 표시하여 소疏라 하고 과科라 하니 각기 주主된 바가 있어 마치 나그네가 돌아갈 것을 얻은 것 같았다.

조금 있다가 승제勝濟, 부영扶穎 등이 대사에게 아뢰기를, "큰 경을 베낀 것 가운데 인용한 것에 잘못되고 쓸데없는 것이 없지 않습니다. 어찌 해인사로 옮겨가서 여러 판본을 고증하여 같고 다름을 보완하지 않습니까?" 라고 하였다. 그러자 대사가 그곳에 가서 머물면서 자세히 고증하고 교정하여 이내 마쳤다. 이로부터 금강산에 간 것이 두 번이요, 묘향산에 간 것은 한 번이며, 두류산에는 늘 면벽(좌선)을 하였다.

경인년(1770)에 징광사澄光寺에 불이 나서 간직하고 있던 80권 화엄경 경판이 모두 타 버렸다. 대사가 한숨 쉬며 말하기를, "여기에 마음을 다하지 않는다면 감히 여래께 예배할 수 있겠는가?" 하고 재물을 모으고 다시 판각하였는데, 사람과 하늘이 도와 봄에 시작하여 여름에 마쳤다.

분명하지 않은 부분은 오직 대사의 구송口誦에 의지하였다.

경판이 완성되자 영각사 옆에 각(장판각)을 새로 세우고 보관하였다. 그 며칠 전에 호랑이가 울부짖고, 또 승려의 꿈에 신인이 나타나 아뢰어 말하기를, "여기는 여래 대장경을 소장할 만하다"라고 하였다. 바야흐로 경판을 장판각에 봉안할 때, 서광이 하늘에 서렸는데 모인 사람들이 다 기이하게 여겼으나 대사는 이를 보고 우연일 뿐이라고 하였다.

이후에 영각사靈覺寺에 머물렀는데, 하루는 절 주지에게 이르기를, "절을 옮겨 짓지 않으면 반드시 물에 무너질 것인데 어찌 대책을 세우지 않는가?"라고 하였다. 얼마 있다가 큰물이 져서 절이 과연 무너지고 승려들도 함께 빠져 죽었다. 그제야 대중들이 그 신통함에 감복하였다.

늘어서 영원사靈源寺에 들어갔는데 죽을 각오를 하고 염불로써 일과를 삼으니, 하루에 1,000번씩 염불하는 것을 10번 되풀이하였는데 10년 넘게 하였다. 경술년(1790)에 가벼운 병세가 보이더니 신해년(1791) 정월 3일에 기쁜 낯으로 입적하시니, 세수가 85세요, 승랍이 66년이었다. 이날 제자 27명이 열반을 받드니, 여러 대덕들이 서둘러 와서 통곡하였고 비록 하계의 중생들이지만 또한 서로 알리며 탄식하지 않는 이가 없었다.

스님이 일찍이 근세에 화장하여 사리가 나오는 것을 논하며 마음에 달가워하지 않으셨는데, 열반하자 상서로운 빛이 7일 밤을 끊이지 않았으나, 끝까지 하나의 사리로도 영험을 나타내지 않았다.

붓다의 이치를 살펴보면, '유(존재)'는 진실로 애초에 없음이 되지 않음이 아니고, 무無도 또한 애초에 있음이 되지 않음이 아니다. 있으나 없다고 이르는 것이 가하며, 없으나 있다고 하는 것 또한 가하지 않음이 없다. 참된 있음(眞有)과 참된 없음(眞無)을 또 누가 능히 분별하겠는가? 여러 제자가 그 정성을 붙일 곳이 없어 영원사에 탑을 세웠다. 선운사 스님 또한 그렇게 하니, 이것은 옛날 머리 깎았던 때를 잊지 못한 것이었다.

슬프다! 대사를 한마디로 말하면 화엄의 충신이시다. 성연聖淵 또한 스님의 충신과도 같아 섬기는 대상에 마음을 다하는 것은 유교나 불교나 일찍이 다르지 않다. 내가 글(銘)을 짓지 않는다면 어떻게 1천 집의 후인들에게 권선하겠는가!

이에 글을 짓는다. 글은 다음과 같다.

佛有華嚴 正法眼藏

　불법에 『화엄경』이 있으니 정법안장이라

誰其抱持 雪坡心長

　누가 품어 가질까 설파가 마음 길렀네.

鬱攸何物 敢爾跳踉

　막는 자 어떤 놈이기에 감히 날뛰는가

移諸腹笥 登彼文梓

뱃속 상자에 옮겼다 저 책판에 올렸도다.

如來色笑 曰余嘉爾

여래 웃으며 가로되 "너 참 갸륵하구나".

雪坡功德 我聞如是

설파의 공덕 나는 이렇게 들었노라.

번암집(민족문화대백과)

함양 영원사 부도군(왼쪽이 설파당 탑)
(국가문화유산포털 문화재 검색)

고창 선운사 설파당 탑 (블로그 산들愛길)

ஐ 보정의 꼬리말

3승 5교를 통달하고, 화엄을 꿰뚫었으며, 두류산에서 늘 면벽
좌선했던 설파 대사가 말년에는 영원사에 들어가 죽을 각오를
하고 하루 10,000 염불을 10년 동안 이어가 극락 가는 씨앗을 심
고, 기쁜 낯으로 입적하니 상서로운 빛이 7일 밤을 끊이지 않았
다. 어찌 사리 몇 알 남겨 신주단지 모시는 듯한 선사들과 극락
에 가서 물러섬이 없이 끝내 붇다가 되는 것과 견줄 수가 있겠
는가? 아, '도로 아미따불'이 얼마나 슬기롭고 값진 깨달음인
가!

사실 추파당 스님이 화엄의 정법안장을 이었다고 하는데 화엄경에서 보현보살의 바람(行願)과 관련하여 아미따 정토에 가서 태어나도록 여러 번 권하고 있다. 「보현행원품」 제40에서 보현보살의 10가지 바람을 낱낱이 말하고 난 뒤 마지막에 이렇게 마무리한다.

"목숨이 다할 때 6가지 모든 뿌리(六根)가 무너지고, 모든 친족이 다 떠나 버리며, 모든 위세가 다 사라져 버리며, 값진 보물 같은 것을 가지고 갈 수 없지만 오직 이 (극락 가겠다는) 바람이란 왕은 여의지 않고 언제나 앞에서 이끌어 한 찰나에 극락세계에 가서 태어날 수 있고, 극락세계에 이른 뒤 아미따 붇다와 문수 · 보현 · 관자재 · 미륵 같은 모든 보살을 몸소 만나보며 아미따붇다의 수기를 받을 수 있다."

『화엄경』 「입법계품」은 아미따 정토 가서 태어나는 것이 그 귀결점이라고 할 수 있다. 화엄의 대가들이 내밀히 정토염불을 닦는 까닭이다.

21. 1862년, 아이에게 염불 권하는 것 본받으니 음악이 하늘에서 - 자하(自下) 스님

철종 13년(1862)
『조선불교통사』

자하 선사 사리탑 글과 머리말(自下禪師舍利塔銘并序)

이 글은 선교양종 도대선사禪教兩宗都大禪師 이봉 낙현离峯 樂玄이 지었다.

사리가 빛을 발하고 선가의 영적을 드러내니 스뚜빠(stūpa, 率堵婆)는 그 위세가 당당하고 의식은 종문에서 행하는 올바른 법식의 예에 따랐다. 도는 사람과 하늘을 비추며 이름은 온 천하에 알려졌다. 이에 감명이 지극하여 사람들의 본보기가 되고 백성의 스승이 되는 이는 오직 선사뿐이니 위대하도다.

선사는 법명이 경신敬信이고 자하自下는 호(道號)이다. 속성은 이씨이며 아버지의 이름은 공대孔大이고 어머니는 나씨로 호남 낭주朗州 송지면松旨面 서포鼠浦 사람이다. 정조대왕 22년 무오년(1798)에 본댁(本邸)에서 태어났다.

어려서 자랄 때 모든 윤리에 뛰어났으며, 타고난 그릇이 순박하고 올바르며 심성이 따뜻했다. 점차 자라서는 어버이께 효도하고 어른들을 공경하니 행동이 예절에 벗어나지 않았다. 기쁘고 화날 때도 얼굴색이 변하지 아니하였으며, 마음에 추한 이익을 담아 두지 않았다. 일찍이 세속의 법도를 뛰어넘었고, 본디 입산할 마음을 가졌는데 나이 겨우 14세에 동산洞山이 어버이를 떠난 사실과 운문雲門이 스승을 속인 자취를 듣고 그 고장에 있는 달마산 미황사로 가서 승려가 되어 구족계를 받았다.

교敎는 통발과 올가미라 방편(筌蹄)을 건넜고, 선禪은 붇다의 경지(醍醐)를 맛보았다. 파륜波侖이 동쪽을 유람한 것을 본받고 선재동자 남순을 사모하여 두루 명산을 찾아다니며 널리 선지식을 찾아뵈었다. 성담性潭에게서 마음의 등(心燈)을 잇고, 해송海松 문하에서 법당을 견고히 하였다. 강회康會가 아이에게 염불을 권한 것을 본받아 허리를 꺾어 머리를 숙이는 자를 보고도 가벼이 여기지 않으니 공경하는 바가 능히 이름과 실상이 서로 꼭 맞았다.

금강산과 오대산에서 참선하기도 하고, 두류사(대흥사) 쌍계사에서 관심觀心하기도 하였으며, 서석대와 조계산에 패를 걸기도 하고 두륜산 덕룡사德龍寺에서 홀로 통달하였다. 만년에 가지산의 송대松臺 내원암內院庵에서 은거하였다. 늘 선을 닦아 높

은 경지에 오르니, 잠해潛海의 신룡神龍에 비유되고, 문표文豹와
안개 속에 숨어 있는 것과 흡사하다. 빛을 감추고 진리를 보전
하며, 본바탕을 쌓아 맑은 마음을 받아들이니 진실로 지극한 사
람이다. 어찌 생각할 수 있겠는가.

임술년(1862) 가을 8월 3일에 내원암 선실에서 가벼운 병을
보인 후에 갑자기 입적하니, 특이한 향기가 선실에 가득차고,
천상의 음악이 하늘에서 울려퍼졌다. 세수는 65세요 법랍은 51
년이었다. 다비하니 골짜기와 숲은 참담해 하고 짐승들은 슬피
울었다.

상좌 보인普印이 재 속에서 영주(사리) 1매를 수습하니 오색
이 찬란하고 빛이 눈부셨다. 석 달이 지나 부도가 완성되어 송
대 남쪽 기슭에 봉안하고 명을 지었다. 명은 다음과 같다.

師道貞固 可較金剛
스님의 도 곧고 단단해 금강과 견줄 만하고
師戒晶潔 可譬氷霜
스님의 계 밝고 깨끗하여 얼음과 서리에 비유할 만하다.
師心靈澈 舍利噴光
스님의 마음 신령스럽게 맑으니 사리가 빛을 내뿜고

無縫塔下 神衛葆藏

꾸밈없는 탑 아래 신이 보살펴 잘 모셨네.

景行美德 載綴銘章

수행은 밝고 덕은 아름다워 문장을 지어 명을 새겨 실으니

風淸六合 山高水長

바람이 천지를 맑게 하고 산 높고 강은 기네.

함풍 임술년(1862, 철종 13년) 11월 ○일

권 보정의 꼬리말

교敎는 방편을 건넜고, 선禪은 붇다의 경지를 맛보았다는 경신(敬信 1798~1862) 대사도 "강회康會가 아이에게 염불을 권한 것을 본받았다고 했다(仿康會之勸兒念佛)" 강회를 강승회康僧會라고 옮긴 책도 있지만(한정섭 · 오청환, 『한국고승전』, 불교정신문화원), 강승회(미상 ~ 280)는 삼국시대 오나라에 불교를 전한 스님인데 '아이에게 염불을 권했다' 는 이야기를 찾지 못했다. 이 사리탑 글 원문을 『조선불교통사』에서 뽑았는데, 그 책 「전역경론찬술장소傳譯經論撰述章疏」에는 "위魏 가평嘉平 4년(252) 천축 사문 강회康會가 강으로 낙양에 이르러 『무량수경』을 옮겼

다'라고 하였다. 이는 강회는 곧 강승개康僧鎧를 말하는 것으로
『불조통기』의 기록을 그대로 옮긴 것이다.

아직 강승개가 아이에게 염불을 권했다는 사실을 확인하지
못했지만 하나 분명한 것은 자하 스님이 일찍이 염불 수행을 했
으며, 입적할 때 "향기가 선실에 가득 차고, 천상의 음악이 하늘
에서 울려 퍼졌다" 라는 기록은 아미따 붇다가 성인들을 이끌고
맞이하러 왔다는 것을 뚜렷하게 증명하는 것이다.

22. 1872년, 한 글자에 3번 염불, 3번 돌기, 3번 절한 아미따경 사경 - 남호당 영기

고종 9년(1872)
「(海東朝鮮國 寶盖山 石臺庵) 南湖律師 開刊 華嚴碑銘 幷序」
『朝鮮佛教通史』

남호 율사 개간 화엄비명 및 머리말(南湖律師 開刊 華嚴碑銘 幷序)

보국 겸 이조판서 이의익 지음(輔國兼吏曹判書李宜翼撰)。
이 글은 이조판서 이의익李宜翼이 지었다.

대사의 법명은 영기이고 호남 고부古阜 사람이다. 속성은 정
씨이며 본관은 진주이다. 우복愚伏(鄭經世)이 바로 할아버지다.
아버지의 이름은 언규彦圭, 어머니는 반潘씨이다. 어려서 부모
를 잃고 14세 되던 해에 삼각산 승가사 대연大演 스님 문하에서
머리 깎고, 임자년(1852)에 보개산 지장암에 들어가 항상 옛일
을 살펴서 따르고 아미따경을 베끼는데 한 글자에 세 번 부처를
부르고 3번 돌고 3번 절하였다. 그런 극진함은 (아미따불의) 48
원에서 흘러나오는 것이니, 4가지 은혜(부모·중생·왕·삼
보)에 보답하는 것이었다. 밤에 붓을 놓으면, 꿈에 서녘 (극락에
서) 고운 빛깔의 깃발이 돌아오는 것을 깨달아 알았다.

계축년(1853) 여름 삼각산에 들어가 그 (아미따경) 판을 펴내고, 이어서 십육관경十六觀經 · 연종보감蓮宗寶鑑을 새겨 수락산 흥국사에 모셨다.

을묘년(1855) 봄에 광주 봉은사에 이르러 여러 동지와 함께 『소초화엄경疏鈔華嚴經 80권』, 별행(별행) 1권, 준제천수합벽準提千手合璧 1권, 천태삼은시집天台三隱詩集을 새겨 새로 세운 경장전에 모셨는데, 편액은 시랑 추사 김정희가 썼다.

경신년(1860), 석대(철원 보개사)에서 머물렀다. 봉우리가 빼어나고 자취가 신령스러운 것에 기뻐하며 오래 머물기로 하고 암자를 중건하여 지장경과 관심론을 봉안하였으며, 여섯 때 정근을 빠지지 않고 하였다.

임술년(1862) 한양에 와서 열흘 동안 무차회를 여니 수륙에 이로움이 있었다.

을축년(1865) 해인사 대장경 2질을 찍어 설악산 오세암과 오대산 적멸보궁에 각각 1질씩 봉안하였다. 동래에서 배에 싣고 온 것인데 상스러운 바람에 서서히 움직이고, 신령한 거북이 앞뒤에서 호위하였다. 봉안한 뒤 2백일 동안 부지런히 기도하고 꿈을 꾼 것이 25번이나 기록하였는데 모두 정근의 힘에서 나온 것이다.

임신년(1872) 심원사 3채와 갈래사葛來寺 보탑을 개수하였다. 그 일을 마친 뒤 병이 생겼는데 한숨 쉬며 말하기를, "허깨비 몸뚱이가 병이 많고 세상에 사는 것도 이익이 없으니 곡기를 끊겠노라" 하고 9월 22일에 돌아가시면서 잠깐 문인에게 "숲속 짐승에게 (내 몸뚱이를) 던져 주어라" 하였으나 답이 없었다. 크게 숨을 몰아쉬면서 "국풍國風"이라는 말을 마치고 돌아가셨다. 세수는 53세였고 승랍은 39년이었다.

아! 율사는 심인心人이 있어 계율을 받들고 말세를 견디기 위해 부지런히 노력하였다. 문인 석정奭淨 · 두흠斗欽 · 유계育溪 같은 여러 상인上人들이 그 자취가 사라지고 후진을 만들지 못할까 봐 두려워 비석을 화엄경전 옆에 세웠다.

비문 글(銘)은 다음과 같다.

事佛如親 淨業穹崇
부처를 어버이처럼 섬기고, 정업 하늘처럼 받드니
誰回狂瀾 毘尼之宗
누가 벗어난 물결을 돌려놓나, 비나야(계율)의 근본이네.

呼嗟護法 人中之龍

아! 법을 수호하니 사람 가운데 용이시로다.

1855년 남호 영기가 지은 봉은사 경장전(板殿) - 봉은사에서 가장 오랜 건물
(2022.6.5. 서윤찬 찍음)

권 보정의 꼬리말

남호 영기 스님은 일찍이 보개산 지장암에 들어가 『아미따경』을 베끼면서 한 글자 쓰고 3번 염불하고, 3번 돌고, 3번 절하는 수행을 지극하게 하여 극락과 연결이 되는 꿈을 꿀 정도로 열심이었다. 그리고 그렇게 쓴 『아미따경』 판을 펴내고, 이어서 『십육관경』·『연종보감』을 새겨 수락산 흥국사에 모셨다. 앞에서 대각국사 의천을 볼 때와 마찬가지로 『무량수경』에서 "윗 동

아리(上輩)는 ① 집을 버리고 사문이 되어 깨닫겠다는 마음을 내어(發菩提心), ② 한결같이 오롯이 무량수불을 염念하고, ③ 갖가지 공덕을 닦아 그 나라(극락)에 태어나고자 하는 중생들은 ④ 목숨을 마칠 때 무량수불이 여러 대중과 함께 그 사람 앞에 나투시면, 붇다를 따라 그 나라에 가서 태어난다(往生)”라고 한 조건을 충족한다고 할 수 있다.

23. 1879년, 3년 염불하여 극락 가고 방광비 남긴 청련암 서봉 스님

『연화(蓮花) 옥천(玉泉)의 향기』(연화산 옥천사, 1999).

청련암은 옥천사의 첫손가락으로 꼽을 수 있는 산내 암자이다. 일주문을 지나 큰절을 향해 가다가 왼쪽으로 난 길을 따라 약 50m 정도 올라가면 유서 깊은 청련암이 큰절을 한눈에 볼 수 있는 곳에 자리하고 있다. 창건 연대는 1678년(조선, 숙종 4년)으로 기록되어 있다. (……)

청련암이 창건된 지 200여 년이 지난 지금까지 많은 고승 대덕이 주석하며, 법등을 이어 왔는데, 특기할 만한 사실로는 서봉瑞峰 스님의 방광放光과 기운奇雲스님 · 영송永松 스님의 이적 및 서웅瑞應 스님의 만일계萬日契 결성 등을 들 수 있다.

서봉瑞峰 스님의 방광放光은 1879년(조선, 고종16)에 있었던 실화이다. 서봉 스님은 60세가 넘어서부터 청련암에 머무셨는데, 계를 잘 지키지 못하고 수행도 제대로 하지 못한 것을 참회하면서 이제 정토에 가서 태어나는 길밖에 없음을 깨달았다. 하루는 어린 스님을 불러 임종할 때까지 방 청소, 빨래, 공양 심부름하기로 약속하고 좋은 논 3마지기를 어린 스님에게 이전하여 주신다. 그리고 나서는 크게 발심하여 모든 것을 내려놓고 '나모 아미따불' 6자 염불을 밤낮 쉬지 않고 정진하는데 남의 눈을 전혀 의식하지 않았다.

스님은 방 출입을 금하고 열심히 염불해 오던 중 지은 업이 무거웠든지 중풍에 걸려서 제대로 움직이지 못하고, 방안에서 똥오줌을 받아 내야 했기 때문에 나쁜 냄새가 심하여 다른 스님들의 출입도 거의 없는 실정이었다. 그렇지만 어린 스님은 정성껏 스님 시중을 들었다.

어린 스님이 심부름한 지 3년이 지난 1879년 10월 밤에 감원監院스님과 부전副殿(知殿) 스님의 꿈에 화관 쓴 보살들이 서쪽에서 꽃가마를 가지고 와서 서봉 스님을 태워 모시고 가는 것이었다. 아침에 일어나서 감원 스님과 부전 스님이 함께 꼭 같은 꿈을 꾼 것을 이상히 여기고 서봉 스님이 계시는 방문을 열고 보니 평소 나던 나쁜 냄새는 간데없고 방안에서 기이한 향기가 진동하고 음악 소리가 크게 나고 있었으며, 서봉 스님은 앉은 채로 입적하셨다. 또 다비한 날 저녁에는 청련암을 위시하여 온 연화산에 빛살이 뻗어나가 대낮처럼 밝은 광명이 나타나니, 옥천사 대중 스님들이 환희심에 북받치어 저절로 '나모아미따불' 6자 염불을 외고 있었다.

다비하여 산중에 뼈가루를 뿌려 장례를 마치니 산속에서 3일

동안 상서로운 기운이 뻗쳐 나와, 마을에서 산불이 났다고 마을 주민들이 동원하여 산에 오르면 아무런 이상이 없어 마을로 돌아간 일이 3일이나 되풀이되었다. 옥천사 스님들로부터 서봉 스님 화장한 곳에서 빛이 난 것이라고 하자 신도들이 방광비석을 세우자 하여 서봉당 방광비를 방광한 곳 아래 자연 암반에 세웠다.

현재 큰절 입구 버스 정거장 옆 암벽에 '서봉 인오 방광탑瑞峰 仁旿放光塔 광서光緖 5년五年 기묘己卯 10월十月 일日' 이라고 새겨져 있어 당시 상황을 증명해 주고 있다.

옥천사 입구 저수지 끝나는 주차장 입구에 '차량출입통제' 팻말이 있고, 왼쪽 위에 '惠雨堂' 이라 쓰인 큰 바위가 있는데 그 오른쪽 큰 바위 위에 방광비가 있다.(2022.5.29)

「서봉당 인오 방광탑」 탁본 : 청련암 원명(圓明) 스님 이바지

꒰ 보정의 꼬리말

처음 이 이야기를 〈카페 연화세계 백련〉에서 읽었을 때 극락 간 이야기 가운데 본보기가 될 수 있는 내용인데, 마지막에 "1990년경에 옥천사 주지 스님께 직접 들은 이야기입니다"라고 되어 있어 마치 설화 같은 감이 들어 보충해야 하겠다고 생각하였다.

『극락 간 사람들』을 쓰면서 가능하면 30년 전 옥천사 주지 스님을 찾아 자세한 이야기를 더 듣고 방광비를 찾아 책에 사진을 넣고 싶었다. 이런 기록이 한 세대만 지나면 묻혀 버리고 자칫 설화처럼 남을 가능성이 크기 때문이다. 마침 고성에서 정토선

을 수행하고 계시는 고성 서방사 등정 스님께 전화로 "1990년
경 옥천사 주지 스님을 아시느냐?"고 물었더니, "현재 적멸보궁
에 계신다"고 하였다. 우리 부부는 바로 적멸보궁으로 내려가
1988년부터 2004년까지 옥천사 주지를 하였던 호암 지성(知性,
1941~) 스님을 만나 뵈었다.

　이제는 "기억력이 좋지 않다" 하시면서 자신이 주지로 있을
때 출판한『연화 옥천의 향기』(연화산 옥천사, 1999)라는 책과
자신의 문집인『성주괴공成住壞空』을 주셨다. 자세한 내용은 책
에서 보기로 하고 바로 현장 안내를 받았다.

청련암에서 지성 스님과 엮은이

원명 스님이 최근 정보를 주었다.

청련암에서 서봉 스님은 이 두 자그마한 방 가운데 하나를 썼다.

「연화산 청련암」이라는 현판과 함께 「정토만일회」라는 간판이 이 절에는 극락 간 성인 나신 절답게 아직도 정토 수련이 이어지고 있다는 것을 보여 준다.

"방광탑은 2015년 고성 특별전 할 때 진주박물관에서 탁본하였습니다."

청련암 감원 원명圓明 스님이 뜻밖의 좋은 소식을 알려주신다. 그리고 방광탑 사진과 탁본이 실린 2014년 특별전 도록『고성固城』(국립진주박물관, 2014년도 지역특별전)을 가지고 나와 그 페이지를 직접 열어 보여 주셔서 사진을 찍었다. 실제 바위에 새긴 글자들은 제대로 판독하기 어려우므로 탁본을 꼭 해야 한다. 그래서 현장 실태를 보고 탁본 전문가들과 다시 내려와서 탁본하려고 마음먹고 있었는데 아주 어려운 문제가 해결되었다. 그리고 서울에 올라와 보니 원명 스님이 바위에 물을 부어 글씨가 잘 나오게 한 사진과 탁본할 때 찍은 사진을 메일로 보내 주었다. 그래서 바로 정확하게 내용을 읽어 내 이 글을 쓰고 본문에 그 탁본을 실었다.

바위에 오목새김한 글자는 이끼가 끼고 그늘이라 음양도 없어 알아보기가 힘들지만 글자가 커서 대강 알아볼 수 있는 정도였다. 이어서 내려와 왼쪽 바위에 새겨진 혜우당惠雨堂 탑 비문도 사진으로 자세히 기록하였다.

지성 스님은 본사인 옥천사로 안내하여 회주 스님과도 자리를 만들어 새로운 정보가 있는지 알아볼 수 있도록 최대한 편의를 봐주어 성공적인 답사가 되었다.

방광탑이 새겨진 부분을 엮은이가 자세히 조사하고 있다. (2022.5.29. 이은금)

옥천사 회주 스님의 이야기도 들었다.

서울로 돌아와 두 책을 검토하고 우선 전거가 확실한 『연화 옥천의 향기』 내용을 『극락 간 사람들』 서봉 스님 이야기의 바탕으로 만들고 다른 자료를 검색하였는데 아주 새로운 글을 하나 발견할 수 있었다. 삼정방三正房 서춘瑞春 스님의 블로그에 실린 영험담 1번인데 이렇게 기록하고 있다.

2003년 7월 23일, 통도사 부산포교원에서 옥천사 성지순례 답사 후에 어린 시절 동東 자 고皐 자 은사 스님을 시봉하면서 옥천사 서봉 스님에 대한 말씀을 기억하여 기록이 없는 것을 처음으로 기록한다. 해인사 일타 스님 인터넷 비문 기록은 옥천사 서봉瑞峯 스님이 아니고 혜우당惠雨堂 혜우 스님 기록으로 서기방광 한 내용이 같다. (⋯) 서봉당 방광 비문은 아미따불

극락세계에 왕생하신 생생한 영험을 보이신 서봉 스님의 얼을
후인들이 답사하여 체험하는 역사 현장이 옥천사이다.[67]

서봉 스님 극락 간 이야기는『연화 옥천의 향기』내용을 바탕
으로 현장에서 들은 이야기와 카페에서 처음 봤던 내용, 서춘
스님이 동고東皐 스님에게 들은 이야기를 모두 합쳐서 새로 구
성하였다. 마지막 순간에 여러분의 도움으로 훌륭한 '극락 간
이야기'를 완성할 수 있었다.

■ 아직 확인하지 못했지만, 서춘 스님이 "해인사 일타 스님이
  인터넷 비문에 기록한 것은 옥천사 서봉瑞峯 스님이 아니고
  혜우당惠雨 혜우 스님 기록으로 서기방광 한 내용이 같다"라
  고 했다. 그래서 혜우당 탑도 꼼꼼히 검토하였다. 다행히 혜
  우당 탑은 사진만 가지고도 정확하게 판독이 가능했다. 전
  체 내용은 다음과 같다.

崇禎紀元 後 : 숭정 기원 뒤
四辛酉年 五月 : 네 번째 신유년 5월
惠雨堂 : 혜우당
華性之塔 : 화성의 탑

❶ 숭정 기원 뒤 4번째 신유년 5월[68]

① 숭정 기원 뒤 첫째 신유년(1681년)

② 숭정 기원 뒤 둘째 신유년(1741년)

③ 숭정 기원 뒤 셋째 신유년(1801년)

④ 숭정 기원 뒤 넷째 신유년(1861년)

따라서 이 탑 비문이 쓰인 것은 철종 12년인 1861년이다.

---

67) 삼정방(三正房) 서춘(瑞春) 스님 블로그 「바른 뜻, 바른 말, 바른 일」.
   https://blog.naver.com/samjung1965/222250920767

68) 숭정(崇禎)은 명나라 의종(毅宗)의 기원으로 4번째 신유년은 인조 6년인 1628년이다.
   그렇다면 왜 1861에 세운 비에 당시 청나라 연호인 함풍 11년을 안 쓰고 명나라 연호
   를 썼을까? 조선 후기 스님들의 비문을 보면 대부분 이처럼 '숭정 기원 뒤 몇 년'이라
   고 썼다는 사실을 밝히고, 나아가 조선 후기 사찰의 기풍을 알 수 있는 문제이므로 간
   단히 보고 넘어가기로 한다. 임진왜란이 일어나면서 동아시아는 커다란 폭풍과 변화
   에 휩싸인다. 1592년, 임진왜란이 벌어지자 일본에서는 새로이 도쿠가와 막부가 성립
   하고 명나라에서는 명·청 교체가 이루어졌다. 쇠퇴의 길에 접어들었던 명나라가 조
   선에 원군을 파견하느라 국운이 더욱 기울어지자, 청 태조 누르하치는 이때를 틈타 후
   금을 건국하고 명을 격파한 것이다. 누르하치는 임진왜란 파병으로 국운이 기울어진
   때를 놓치지 않고 부족들을 통합하고 내부체제를 정비하여 1616년, 마침내 흥경(興
   京)에서 금(金)나라를 세우고 칸 위에 올랐다. 이 금나라를 '후금(後金)'이라고 하는
   데 그의 조상들이 세웠던 금나라(1115~ 1234)를 계승한다는 뜻이다. 명나라와 청나라
   가 피나게 싸우는 도중인 1626년 9월 황태극이 후금 황제로 오르고, 명과 싸울 때 뒤
   탈을 없애기 위해 1627년 1월 조선을 치고 3월에 강화조약을 맺은 뒤, 5월에 요서지방
   금주(錦州)를 친다. 이런 와중에 8월 희종이 죽고 사실상 명나라 마지막 황제인 의종
   (毅宗)이 자리에 오르는데 이때 쓴 연호가 숭정(崇禎)이다. 1627년은 전 황제의 연호
   인 천계(天啓)를 썼으므로 숭정 기원은 1628년이라고 할 수 있다. 조선이 명나라 연호
   를 쓴 것은 명나라를 큰 나라로 섬겼기 때문이다. '조선'은 고리(高麗)의 신하였던 이
   성계가 구데타를 일으켜 정권을 잡은 뒤 당시 동아시아 강국인 명나라의 묵인을 얻으
   려고 여러 사신을 보냈으나 쉽지 않았다. 그래서 나라 이름도 한동안 고리(高麗)라고
   쓰다가 나중에서야 명나라에 '조선(朝鮮)'과 이성계의 고향인 '화령(和寧)'을 올려 조
   선으로 낙점을 받아 쓰게 되었고, 이때부터 조공을 바치고 대국으로 섬기게 되었다.
   대국을 섬기는(事大) 일 가운데 가장 중요한 것이 조공을 바치고 책봉을 받는 것이고,
   황제의 연호를 쓰는 것이었다. 조선은 1628년 2월부터 숭정 연호를 쓰기 시작하였다.

❷ 혜우당惠雨堂 화성華性의 탑

이 탑 비문에는 앞에서 보았듯이 방광비라는 기록이 없다. '혜우당 화성의 탑(惠雨堂 華性之塔)'이라고 했을 때 혜우당은 스님이 살던 집 이름(堂號)이고 화성華性은 법명으로 보인다. 그렇다면 일타 스님이 방광탑을 혜우당의 것으로 기록한 것은 잘못된 것으로 보인다. 진주민란이 일어난 1862년의 1년 전으로 탑을 세울 수 없는 상황에 바위에 탑비문을 쓴 것으로 추측된다.

1636년 태종은 나라 이름을 금에서 청(淸)으로 바꾸고, 명나라 수도를 위협하고, 12월에는 조선을 쳐들어오니 바로 병자호란이다. 명나라를 치는 최강 청나라 군에 조선을 이기지 못하고 정월 30일 인조가 삼전도에서 청 태종에게 항복하고 5월부터는 명나라 연호를 못 쓰고 청나라 연호를 쓰게 되었다. 정부와 유생들이 공식적으로 청나라를 연호를 쓸 때 불교계에서는 대부분의 비문에 명나라 연호를 계속 썼다. 이는 불교문화가 꽃핀 명나라에 대한 사대를 뜻하는 것이고 청에 대한 암묵적 반대 행동이었다.

가까이 찍은 혜우당 비

길에서 본 혜우당 비

24. 1886년, 건봉사 4회 만일회 베푼 벽오상 유총과 서녘 정토

고종 23년(1886)

「高城 乾鳳寺 碧梧堂 侑聰 大禪師 碑文」,『乾鳳寺本末寺蹟』

강원 고성군 거진읍 건봉사로 723

대한국 강원도 건봉사 제4회 만일회를 베푼 벽오대선사 유적비

통정대부 전 승정원우부승지 지제교 겸 경연참찬관 춘추수찬관 항양 여규형이 짓고, 전 승정원 우승지 월성 이시영이 전액과 비문을 쓰다.

이 사바세계 동쪽 땅 대한大韓은 불법이 크게 일어난 것으로 천하 으뜸이다. 바로 천축과 맞닿아 있으니 진단震旦(인도 동쪽 나라, 곧 당·송·명·청)의 변방이 아니다. 어찌 그러하냐고 묻는다면, 그 까닭은 2가지가 있다.

대개 우리 큰 법은 하나로 빛날 뿐이다. 하늘의 해와 같이, 성 안의 주인과 같이, 하늘에 아홉 까마귀 다 떨어지고 해 하나만 걸려 있듯이, 갖가지 가짜를 빼앗아 명부에서 지워 평정하고 대통大統만 받든다. 무엇 때문에 진단震旦에서는 불법에 여러 문파가 있다고 말하는가. 남·북 두 종宗은 이름을 돈종頓宗이니 점종漸宗이니 하는데, 내가 듣기로는 조계 육조대사 가르침에 "법에는 돈·점이란 구별이 없고, 사람에게 날카로움과 무딤(利鈍)이란 차이가 있을 뿐"이라고 하였고, 또 옛날 덕이 높은 장로에게 들으니, 돈오한 뒤에도 모름지기 점수를 해야 한다고 하였다. 이래서 돈·점이 하나이지 둘이 아니라는 것을 알았다. 어째서 돈·점에도 또 많은 갈래가 있다고 말하는가. 거짓으로 위앙종(潙仰) 조계종(曹溪)이니 각각 이름을 내세워 불쑥 불쑥 삶터(聚落)를 이루고 기회를 틈타 이득을 보고 해를 끼치며 서로가 다투기 때문인데, 오직 우리나라에서는 청허·사명 이래 하나의 법통으로 이어 오고 하나의 문파로 전해 받아왔다. 비록 하나가 열에게 전하더라도 열이 다시 하나로 모이게 되었다. 불법이 크게 일어난 까닭은 이것이 그 가운데 하나이다.

(인도의) 동쪽 나라(震旦之國)에서는 3가지 가르침이 서로 맞서고 있으니 불교·유교·도교이다. 신앙하는 모습을 보면 왕족에서 천민에 이르기까지 정성을 다하여 꿇어앉아 절하고 믿는 마음으로 귀의한다. 대사가 당에 올라 자리를 깔고 앉으면 장엄하게 존중하고, 앉아서 신도들의 보시를 받는다. 이렇게 불문의 권세가 세상의 임금과도 맞먹는다. 그러나 오직 우리나라에서는 먼저 불법승 3보로 오만한 무리들을 꺾고 고행을 하며, 남을 높이고 스스로를 낮추는 관습을 본디 모습으로

삼았다.

외부로 보호를 받는 것은 평등하지 않다고 하였다. 그러므로 우리 불문에서는 말법시대를 맞이해도 귀의한 사람을 머무르게 하였다. 대 법사가 있어 기대는 것이 아니라 홀로 두 어깨에 짊어지고 오직 인연이 닿는 일을 하며, 얼굴빛이 구운 그릇처럼 되니, 낮출수록 더욱 존귀해지기 때문이다. 이것이 불조의 정통을 이어받은 것(正宗)이요, 이것이 큰 법문法門이다. 돌이 다듬어지고 뿔이 꺾이어 진리를 깨닫고 눈을 크게 뜨게 되면 여러 부처가 환한 미소 지으며 수기를 전하여 믿음을 나타내고 영접하여 이끌어 준다고 하였으니, 우리나라에서 불법이 크게 일어난 두 번째 까닭이다. 겸손하여 분수를 넘지 않는 것이 서울보다 크고 천하 으뜸인 것이 어찌 우연한 일이겠는가!

옛 산문 건봉선사乾鳳禪寺에 계를 지키는 승려가 있어, 선자리(禪席)를 주재하니, 도호道號는 벽오碧梧, 법명은 유청侑聽이다. 서산 대사가 사명 대사에게 법맥을 대대로 전하게 해서 9세에 이른 설봉 영허雪峯影虛의 큰 제자 봉림 응직鳳林應直 장로가 본원의 주지로 계시며 낙서암에서 우리 스님 머리를 깎아주고 진짜 인물을 얻어 직계 법통을 전했다.

삼가 우리 스님께서 몸소 행하시던 기록을 읽어 보니, 속세의 성은 최씨로 브라흐마나 족(승려계급)이다. 아버지 이름은 강손江遜, 어머니는 정鄭 부인이다. 용포리龍浦里에서 계유년(1813)에 태어나니, 어릴 적부터 노는 것으로 보면 전생의 식識을 가지고 온 것을 알 수 있으니 모래를 모아 탑을 만들고, 꽃을 따서 공양하였다.

21세가 되어 마음에 다짐하고 출가하여 여러 곳으로 돌아다니며 배우고 크게 발원하여, "헛된 몸 돌보지 않고 마음 수양하겠다"라고 하였다. 그리고 신해년(1851) 제4회 '1만일 연꽃모임(萬日蓮會)'을 되살렸다. 한편으로는 학공學公의 도움을 받고, 한편으로는 홍사興師와 힘을 합쳐 발징 스님 옛터에 선원을 새로 지었다. 학공·홍사 두 분이 화주 일을 보았으나, 스님 역할이 더 우뚝하게 보였다. 다짐하고 큰 기획을 맡으니 모두 진짜 화주라고 불렀다.

성품이 점잖고 부지런하였으며, 가르침을 엄숙히 공경하니 남녀 신도들이 늘 존경하며 예를 다 하였다. 널리 연을 맺으니 여러 차례 상서로운 일이 나타났고, 널리 투타 행을 실천하니 (능엄경에 나오는) 향엄동자香嚴童子 같았다. 이·눈·뼈에서 나온 사리를 모두 돌탑에 차례로 모셨다.

병술년(1886) 겨울 가볍게 아프시더니, 인연 따라 살아온 자취 끝나 세상 순리 따라 원적하시니, 법문 나이는 53세, 속세 나

이 74세였다. 거침없이 서녘 정토 가서 태어났으리라(西方淨土
翛然往生).

　문하에 학림 의환鶴林宜還과 만화 관준萬化寬俊이 있어 대업을
그대로 이었다. 관준寬俊이 제5회 (만일회를 열고) 24년 되는 해
에 스승의 행장을 갖추어 비석에 새길 글을 도와 달라고 하기에
문자로는 뛰어난 가르침을 말할 수 없지만, 의리를 중하게 게를
지어 말하노라.

　我聞諸佛法 善惡莫思量 及覩佛萬行 有善而無惡
　내가 불법 들으니 좋고 나쁨 생각해 헤아리지 않는다는데
　붇다 행동 모두 보니 좋은 점 있어도 나쁜 점 없도다.

　我聞祖師禪 飢飯困來眠 及觀諸律師 有戒而無情
　내가 조사 선 들었을 때 주리면 밥 먹고 곤하면 잔다는데
　율사들 모두 보니 계율만 있고 인정머리 없구나.

　千捧與萬喝 我只有一法 不依不了義 不作護人語
　천 번 때리고(捧) 만 번 할(喝)해도 내게는 한 가지 법만
　있으니
　귀의하지 않으면 뜻 모르나니 남 속이는 말만은 않으리라.

有善導眾生 有戒導自己 是名爍迦羅 真是不退轉

착함으로 중생 이끌고, 계율로 스스로 이끄는 것

이것이 차크라(cakra)고, 진짜 물러나지 않는 자리니라.

圓覺大道場 發徵萬日會 第二是康州 第三爲聾虛

흠 없는 깨달음을 얻는 큰 도량 발징의 만일회였으니

두 번째 강주 스님, 세 번째 용허 스님이었도다

傳至我禪師 上承清虛嗣 慈悲以爲用 勤苦以爲體

우리 선사까지 전해 왔는데 위로 청허 뒤를 이은 것으로

자비를 실천으로 삼고 부지런히 애씀을 본질로 삼았도다.

玉柱擎天屹 香城截流渡 牢握大願力 勇往大信志

옥기둥 하늘 우뚝 받치고 붇다 나라(香城) 흘러 건넘을 다스리니

이루려는 큰 힘을 굳게 쥐고 큰 목적(信志)으로 용감히 나아갔도다.

善男與信女 香火恭供養 方行而等慈 一切成樂土

선남 선녀 향 피우고 이바지 올리니

끝없는 자비 널리 미쳐 모든 극락 이루도다.

萬化繼遺囑 復跡弟五會 寔師以啟之 迄今我不乏

만화 스님 뜻을 이어 자취 살려 제5회를 만드니

이 스님의 가르침으로 이제 우리에게 고달픔이 없도다.

唯昔西方國 七處九會成 五會只一處 盛哉未曾有

옛날 서녘 나라에서는 일곱 곳에 아홉 모임 이루었다만

5회 모임 한 곳에서 이뤄졌으니 훌륭하고 전에 없는 일이
로다.

金剛山千仞 東海波萬里 寶月掃坒霧 祥飆息颶浪

금강산 천 길이요 동해파도 1만 리라

보석 달 안개를 쓸고 상서로운 바람 거친 물결 잠재우
도다.

伐石爲穹碑 龍覆神龜戴 嵯峨鎭山門 頂禮千萬襆

돌 다듬어 큰 비석 세워 용 덮고 신령한 거북 엎으니

드높은 산문이여! 천 번 만 번 머리 숙여 절 올리나이다.

광무(光武) 갑진(1904) 7월 ○일 세움

권 보정의 꼬리말

1886년 스님이 입적하고 18년 뒤인 1904년에야 비가 선다. 그 사이 조선은 큰 변화를 겪는다. 1894년 동학란이 일어나고, 청일전쟁이 일어나 청나라가 힘이 약해지자 조선은 홍범 14조를 만들어 종묘에 자주독립을 고한다. 1895년 청일전쟁에서 일본이 이겨 시모노세끼 조약을 맺고, 한국은 청나라 연호를 버리고 건양이란 연호를 쓴다. 1897년 연호를 광무로 바꾸고 고종이 정식으로 황제로 오르고 나라 이름을 대한이라 한다. 이전 비문에 유명有明(=명나라), 명·청 연호가 빠지고 광무光武라는 대한제국의 연호를 썼다. 비문 첫머리에 "진단震旦(인도 동쪽 나라, 곧 당·송·명·청)의 변방이 아니다"라고 강조한 것은 이런 역사적 배경을 보여 준다.

벽오당 유총(1813~1886)은 1851년 4회 '1만일 연꽃모임(萬日蓮會)'을 되살렸으니 그 모임 안에 꽤 많은 극락 간 사람이 나왔을 것이고, 그 모임을 만들고 이끌어 가며 함께 열심히 염불했을 벽오 스님은 당연히 극락에 갔을 것이다. 그런데 이런 성인의 비석이 18년 뒤에야 세우면서 "거침없이 서녘 정토 가서 태어났으리라"라고 하면서 입적 당시의 자세한 묘사가 없다. 다음 근·현대편에서 다시 보겠지만 이상하게 건봉사에서는 이즈음 1만일 연꽃모임을 이어 가면서도 극락 간 사람에 대한 기록을 거의 안 하고…, 사리 줍는 풍토가 만연했기 때문이다.

「벽오당 비석」(국역 건봉사의 역사적 발자취)

극락 간 사람들(증보 판) 상

초판 2022년 08월 12일
증보판 2022년 11월 30일

펴낸곳 도서출판 맑은나라
발행인 이은금
등록 2014년 4월 28일 제 105-91-93194
주소 04056 서울 특별시 마포구 신촌로2안길 47(맑은나라불교연구소)
전화 02-337-1661
이메일 kori-koguri@naver.com

편집인 김윤희
편집·제작 맑은소리맑은나라
출판등록 2000년 7월 10일 제 02-01-295 호
본사 부산광역시 중구 중앙대로 22 동방빌딩 4층
지사 서울특별시 용산구 한강대로 259 고려에이트리움 1613호
전화 051-255-0263   **팩스** 051-255-0953
이메일 puremind-ms@hanmail.net

ISBN 979-11-87305-16-3 03220
가격 27,000원